Organizadores

ALEXANDRE FIGUEIREDO DE ANDRADE URBANO

FRANCO GIOVANNI MATTEDI MAZIERO

A ARBITRAGEM NA CONTEMPORANEIDADE

A ARBITRAGEM NA CONTEMPORANEIDADE

Organizadores

ALEXANDRE FIGUEIREDO DE ANDRADE URBANO

Pós-Graduado em Direito Civil pelo IEC Instituto de Educação Continuada da Pontifícia Universidade Católica de Minas Gerais. Professor de Graduação e Pós-Graduação na Pontifícia Universidade Católica de Minas Gerais e no CEAJUFE. Auditor do Tribunal de Justiça Desportiva de Minas Gerais. Presidente da Comissão de Ética e Disciplina da Ordem dos Advogados do Brasil, Seção Minas Gerais, 2007/2009. Diretor (1º Secretário) do Instituto dos Advogados de Minas Gerais. Diretor Tesoureiro da Ordem dos Advogados do Brasil, Seção Minas Gerais. Advogado.

FRANCO GIOVANNI MATTEDI MAZIERO

Doutorando em Direito pela Universidade de Salamanca. Mestre em Direito de Empresa pela Universidade Fumec/MG. Especialista em Direito de Empresa pelo IEC da PUC Minas. Especialista em Direito Societário pela Universidade Cândido Mendes/RJ. Professor de Direito de Empresa em cursos de Graduação e Pós-Graduação na PUC Minas e na FDCON. Fundador da Comissão de Tecnologia e Inovação da OAB Contagem. Presidente da Comissão de Arbitragem da OAB Contagem. Advogado

Del Rey editora

Belo Horizonte
2019

www.editoradelrey.com.br

Editor: Arnaldo Oliveira

Editor Adjunto: Ricardo A. Malheiros Fiuza (*In memoriam*)

Diagramação / Capa: Alfstudio

Revisão: Maria Elizabete de Sousa

EDITORA
Rua dos Goitacazes, 71 – Lojas 20 a 24
Centro - Belo Horizonte-MG
CEP 30190-909
Comercial:
Tel.: (31) 3284-3284 | 2516-3340
vendas@editoradelrey.com.br
Editorial:
editorial@editoradelrey.com.br

A664 A arbitragem na contemporaneidade / Organizadores: Alexandre Figueiredo de Andrade Urbano, Franco Giovanni Mattedi Maziero, — Belo Horizonte: Del Rey, 2019.

xvi, 284 p.

ISBN: 978-85-384-0561-0

1. Processo civil – Brasil 2. Arbitragem (Processo civil) I. Urbano, Alexandre Figueiredo de Andrade II. Maziero, Franco Giovanni Mattedi III. Título

CDU (1976) 347.918

Ficha catalográfica elaborada pelo bibliotecário Junio Martins Lourenço CRB 6/3167.

PREFÁCIO

As instituições e o Estado precisam pensar em uma forma de fazer Direito sem a necessidade de judicialização. (Ministro Gilmar Mendes)[1]

[...] la notion d'arbitrage évoque naturellement les idées de dialogue et de paix. La qualité première de la procédure arbitrale réside dès lors dans 'un climat de confiance' qui dépasse les rapports entre l'arbitre et les parties car il est particulièrement propice à leur rapprochement et l'aboutissement d'une transaction. (Philippe de Bournonville)[2]

[...] Procedure is the servant of arbitration and not its master. Our guiding principle must be to follow the rules of natural justice or due process so as to ensure that parties are treated equally and fairly. (Arthur Marriott)[3]

I consider negotiated agreement infinitely superior to arbitration. But where private parties cannot negotiate successfully, arbitration is infinitely superior to a shutdown over a period of a vital segment of the nation's economy. (John F. Kennedy)[4]

---

1 MENDES, Gilmar Ferreira. Pronunciamento em Belo Horizonte em 19.02.2009. "CNJ fará em 2009 o Ano da Conciliação", *Consultor Jurídico*, 19.02.2009.

2 BOURNONVILLE, Philippe de. *Droit judiciaire*: L'arbitrage. Larcier: Bruxelles, 2000, p. 78.

3 MARRIOTT, Arthur L. "Pros and Cons of More Detailed Arbitration Laws and Rules". *In*: BERG, Albert Jan van den (Ed.). *Planning Efficient Arbitration Proceedings*: The Law Applicable in International Arbitration. The Hague: Kluwer Law International, 1966, p. 65-71.

4 KENNEDY, John F. "Statement to railroad and operating rail union officials at White House", *New York Times*, 7.10.1963.

É com prazer e alegria que prefacio a obra organizada por Alexandre Figueiredo de Andrade Urbano e Franco Giovanni Mattedi Maziero, intitulada "A Arbitragem na Contemporaneidade", pelo fato de se tratar de livro que procura analisar a arbitragem no seu dinamismo, e na sua evolução abrangendo os vários aspectos dos problemas que surgem na atualidade.

Trata-se de obra que vê a arbitragem em prospecção, construindo o instituto para o presente e o futuro, dando-lhe a devida flexibilidade necessária para que seja eficiente e possa ser utilizada, com sucesso, nos mais variados campos jurídicos com uma estrutura correspondente às várias velocidades que o mundo contemporâneo nos impõe. À rigidez do processo judicial se contrapõe a fluidez dos vários meios não contenciosos de solução de litígios e, em particular, a da arbitragem.

O advogado passa, assim, a atuar num mercado aberto adaptado à busca de soluções eficientes em todos os campos de atividade, utilizando a arbitragem, a conciliação e a mediação.

Tentamos ultrapassar a "era da litigiosidade" para criar um século de parcerias com a institucionalização dos acordos de curto, médio e longo prazo.

Na medida em que se desenvolvem a arbitragem e a mediação em nosso país e no exterior, passou a haver uma tendência a uma certa especialização na matéria.

Na realidade, a maioria das questões suscitadas nas arbitragens são as mesmas de Direito Comercial que são julgadas pelos Tribunais Judiciários, mas a perspectiva, o modo de trabalho e o tempo das duas atividades são diferentes. Como foi lembrado por um Ministro do Superior Tribunal de Justiça, é preciso compreender que além da distribuição da Justiça, que é certamente a sua finalidade maior, a arbitragem é um mecanismo da vida comercial destinada a evitar e solucionar conflitos de acordo com o espírito do Direito Comercial e com os interesses específicos dos empresários. Assim, embora deva respeitar os princípios constitucionais da ampla defesa e do contraditório, não está submetida à aplicação rígida do Código de Processo Civil, que pressupõe um sistema de magistrados hierarquizados e um conjunto de recursos, que não existem na arbitragem. Nela, há, pois, uma espécie de simbiose entre comercialistas, inovadores e processualistas que procuram soluções eficazes, não somente para reparar as lesões de Direito já ocorridas e ressarcir os danos emergentes ou compensar os lucros cessantes, mas também para, numa visão prospectiva, encontrar fórmulas adequadas para a continuação do contrato ou do negócio, ou, ao menos, para que as respectivas rescisões ou resoluções, se necessárias, sejam feitas com o mínimo de prejuízo para ambas as partes[5].

Há assim um outro papel que o árbitro exerce além de ser um julgador. Ele é um indutor de acordos entre as partes, que podem dispor de elementos de negociação dos quais nem o juiz nem o árbitro tem a possibilidade de usar.

Além dessa missao de catalizador da paz, também existe uma advocacia pré-arbitral e outra pós-arbitral. A primeira se destina a verificar se existem as condições necessárias para ganhar a batalha na arbitragem ou, ao menos, para melhorar a situação do cliente numa futura negociação. Há uma espécie de due-diligence prévia que pode – e em muitos casos deve – ser feita para definir a possibilidade ou probabilidade de vitória no caso de vir a surgir o litígio, ou se um acordo é a melhor solução.

O advogado deve, em certos casos, ter a coragem de desestimular o cliente a recorrer à arbitragem, propondo e negociando um acordo. Outras vezes, cabe-lhe preferir a via judicial, embora em quase todos os casos a arbitragem seja a melhor solução, mas não é, nem pode ser, uma manobra hábil e aceitável para ganhar tempo. Há situações nas quais as partes, ou uma delas, precisam ganhar tempo e "desemocionalizar" o conflito e o recurso à arbitragem pode ser uma solução temporária recomendável.

---

5 WALD, Arnoldo. A arbitragem como indução de acordo entre as partes. *Revista de Arbitragem e Mediação*, n. 42, p. 133-144, jul./set. 2014; FISHER, Roger; URY, William; PATTON, Bruce. *Como chegar ao sim. Como negociar acordos sem fazer concessões*. Rio de Janeiro: Sextante, 2018.

Após a sentença parcial ou definitiva, também há um papel importante exercido pelo advogado que pode, conforme o caso, negociar um acordo, abrir nova arbitragem em relação a outro eventual litígio que possa ter surgido entre as partes no curso da primeira ou até pedir, em casos extremos, a anulação das decisões parciais ou definitivas proferidas, se tiverem sido violados os princípios básicos do Direito vigente ou do regulamento aplicável.

Na realidade, há uma série de situações que, na arbitragem, são diferentes daquelas que surgem no processo judicial.

Assim, a escolha dos árbitros é da maior importância e, para tanto, é preciso que os advogados conheçam tanto as visões técnicas como algumas vezes até a ideologia ou as inclinações políticas dos árbitros escolhidos, pois a neutralidade total não é tão comum.

Há uma velha afirmação que é verdadeira: a arbitragem vale tanto quanto os árbitros nomeados pelas partes ou pela Câmara de Arbitragem. É função do advogado da parte tentar prever não só as decisões arbitrais, mas a possibilidade jurídica e econômica de serem cumpridas em determinados casos.

Os árbitros também devem conhecer a cultura do país no qual as operações foram realizadas e o modo pelo qual tem sido aplicada a legislação que incide no caso, sob pena de inviabilizar a futura homologação da decisão arbitral, quando se trata de arbitragem internacional.

Além da eficiência, exige-se do advogado e evidentemente do árbitro, que tenham boa-fé. Se é um imperativo que se impõe a quem milita na Justiça, a arbitragem é ainda mais exigente e não admite qualquer forma de chicana ou tentativa de procrastinação do processo.

Em vários países, foram cridas verdadeiras "boutiques" de arbitragem com especialização na matéria ou ainda departamentos jurídicos que passaram a tratar com autonomia do assunto nos grandes escritórios internacionais. Não tínhamos no Brasil uma boutique de arbitragem de tamanho médio. As que existiam eram, em geral, de árbitros que eventualmente funcionavam também como pareceristas ou advogados. Certos escritórios também têm alguns especialistas na matéria sem que haja necessariamente uma equipe organizada e coordenada na matéria. Ao contrário, tanto nos Estados Unidos quanto na Europa, existem escritórios com equipes médias ou até grandes que se dedicam mais à arbitragem nacional e internacional.

A especialização se impõe nos domínios mais variados diante da multiplicidade de informações que se tornam necessárias para o bom exercício da profissão, da experiência acumulada que facilita a tomada de decisões pelo profissional, das modificações legislativas e de regulamentos e da jurisprudência construtiva dos nossos Tribunais, que nos oferece novas soluções nas quais os juristas não teriam nem mesmo sonhado há alguns anos, como a ADC, a ADPF, o controle das atuações regulamentares das agências.

Na própria arbitragem, questões como as societárias ou as decorrentes dos problemas de infraestrutura merecem um estudo especial do advogado pelas suas particularidades e pelas transformações que sofrem os regimes aplicáveis às concessões e às PPPs, com uma ampliação generalizada da regulação na qual se discute não mais a sua existência, mas as suas dimensões. Nos Estados Unidos e na Europa, discute-se a possibilidade de submeter à arbitragem as ações coletivas (class actions) o que mostra toda a importância da evolução do instituto, que também poderá no Brasil[6].

A criatividade e a inovação passaram enfim – melhor tarde do que nunca – a ser aceitas pelo Direito para, ao lado da Revolução Tecnológica, fazer a "reconstrução do Direito" inspirada num pragmatismo ético.

É a convicção que defendo há longo tempo e que inspirou vários trabalhos da obra ora prefaciada em que encontramos o pluralismo de gerações, de assuntos e de visões jurídicas, técnicas e filosóficas.

Para mim, é a ocasião de reencontrar na presente obra, queridos amigos de ontem e de hoje como Pedro Batista Martins, Franco Maziero, Claudio Finkelstein, e outros eminentes colegas como

---

6 WALD, Arnoldo. A arbitragem de classe no direito societário. In: CARMONA, Carlos Alberto; LEMES, Selma Ferreira; MARTINS, Pedro Batista (Coord.). *20 anos da Lei de Arbitragem*. Homenagem a Petrônio R. Muniz. São Paulo: Atlas, 2017, p. 847-870.

Alexandre Figueiredo Urbano, Bernardo Ramos Trindade, Eduardo Bastos de Barros, Felipe Cunha Pinto Rabelo, Maria Helena Osório, Mariana de Souza Saraiva, Michele Cristie Pereira, Pedro Franco Mourão, Peter Sester, Raphael Miguel da Costa Bernardes, Rodrigo de Almeida Magalhães, Rodrigo Alves Pinto Ruggio e Trícia Navarro Xavier Cabral.

Por outro lado, foram tratados no presente livro assuntos que me são caros como a arbitragem expedita, o equilíbrio econômico-financeiro, as relações entre a arbitragem e o Judiciário, a utilização da arbitragem na Administração Pública, a arbitragem de emergência, a impugnação dos árbitros, etc., e outros nos quais ainda não pude me aprofundar como a arbitragem na era digital.

A leitura da obra é, pois, recomendada para todos aqueles que se interessam pela matéria.

Os seus organizadores e os vários autores estão de parabéns pela contribuição que estão dando ao Direito da colaboração e à arbitragem.

03.12.2018

Arnoldo Wald

Advogado. Professor Catedrático de Direito Civil na Faculdade de Direito da Universidade do Estado do Rio de Janeiro (UERJ). Doutor *Honoris Causa* da Universidade Panthéon-Assas (Paris II) e do Instituto de Direito Público (IDP). Presidente honorário da Comissão de Arbitragem do Conselho Federal da Ordem dos Advogados do Brasil.

SUMÁRIO

A MEDIAÇÃO NO DIREITO EMPRESARIAL: VANTAGENS NA REALIDADE ATUAL

Maria Helena Osório[1]

1. Introdução – 2. O delicado cenário do Poder Judiciário no Brasil – 3. Os significativos números divulgados pelo Conselho Nacional de Justiça – CNJ e sua interpretação – 4. A necessidade de mudança da cultura do litígio – 5. O tratamento normativo da mediação, no Brasil – 6. As peculiaridades da mediação – 7. Negociação e Mediação – 8. A mediação empresarial – 9. Conclusão – Referências

1. INTRODUÇÃO

Todos aqueles que militam no meio jurídico no Brasil, bem como os que dele dependem, aguardando soluções para os mais variados tipos de problemas, conhecem as agruras enfrentadas pelo sistema judiciário, agravadas pela grave crise econômica e de valores instalada no país.

---

[1] MBA em Direito da Economia e da Empresa pela Escola de Pós-Graduação em Economia da Fundação Getulio Vargas – Rio de Janeiro, em 1998. Curso de Formação e Capacitação em Mediação Empresarial pelo Centro Brasileiro de Mediação e Arbitragem – Rio de Janeiro, em 2016. Curso de Direito Audiovisual: negócios e tendências de mercado pela Telezoom – Espaço de Capacitação Audiovisual – Rio de Janeiro, em 2017. Incluída entre "Os mais admirados advogados do Brasil" da Análise Advocacia 500, nas categorias cível e consumidor em 2013.

Não é recente a necessidade de se encontrar novos meios para solução de controvérsias, adequados à realidade dinâmica da sociedade. Entre os diferentes caminhos que podem ser trilhados, ao lado dos tradicionais – a busca do Judiciário e a negociação com vistas à celebração de transação –, cada vez mais são utilizados os chamados métodos adequados de solução de conflitos, entre eles a conciliação, a mediação e a arbitragem.

Neste estudo trataremos de alguns aspectos da mediação, elegendo-se alguns pontos para reflexão, dentro de um cenário com inúmeras possibilidades de trabalho e desenvolvimento.

2. O DELICADO CENÁRIO DO PODER JUDICIÁRIO NO BRASIL

Não se critica aqui – não é objeto deste exame –, a estrutura do Poder Judiciário, nem se pretende demonizar a Justiça, muito pelo contrário. A dura realidade decorre de variadas causas, inclusive da atuação dos próprios advogados, que muitas vezes preferem não orientar seus clientes a realizar acordos, entendendo que a discussão deve se dar no âmbito judicial, por diferentes razões.

As opções existem e estão aptas a ser exercidas, sendo inimaginável dificultar o acesso à Justiça em um Estado Democrático de Direito, o que iria de encontro ao princípio constitucional espelhado no artigo 5º, XXXV, da Constituição Federal,[2] que exalta a igualdade que deveria permear o cumprimento da justiça como ideal do Direito.

Todavia, com o crescimento exponencial da população e de suas demandas – incrementadas em número e complexidade em vista do fascinante aumento do trânsito de informações e da facilitação de sua divulgação –, chegou-se a um ponto no Brasil em que, apesar do esforço

---

[2] Constituição da República Federativa do Brasil de 1988. Disponível em: http://www.planalto.gov.br/ccivil_03/constituicao/constituicao.htm.
"Art. 5º Todos são iguais perante a lei, sem distinção de qualquer natureza, garantindo-se aos brasileiros e aos estrangeiros residentes no País a inviolabilidade do direito à vida, à liberdade, à igualdade, à segurança e à propriedade, nos termos seguintes (...); XXXV - a lei não excluirá da apreciação do Poder Judiciário lesão ou ameaça a direito; (...)."

hercúleo dos magistrados e das Cortes de Justiça, a prestação jurisdicional de forma célere e eficaz não é possível.

A imagem que aflora é a de uma rotatória em uma estrada de alto tráfego, em que o motorista não consegue acesso à saída escolhida e fica ali, girando sem alcançar seu objetivo, sem chegar a lugar algum. A rotatória da Justiça, adotando-se a linguagem metafórica, tem dado sinais de exaustão, impedindo a entrega do seu objetivo maior.

3. OS SIGNIFICATIVOS NÚMEROS DIVULGADOS PELO CONSELHO NACIONAL DE JUSTIÇA – CNJ E SUA INTERPRETAÇÃO

A Ministra Cármen Lúcia, Ex-Presidente do Supremo Tribunal Federal e do Conselho Nacional de Justiça – CNJ, na apresentação do Anuário Justiça em Números 2017 – Ano Base 2016,[3] assim resumiu o momento atual:

> Tem-se, no Relatório, os problemas que precisam ser resolvidos para a prestação da jurisdição em tempo razoável, como constitucionalmente assegurado ao cidadão. Principalmente, busca-se entender em que áreas o Poder Judiciário há de atentar prioritariamente para sua mudança em benefício do jurisdicionado, por ser indiscutível que a tardia prestação jurisdicional é inaceitável. Demonstram-se, também, as dificuldades com que lida o Judiciário, com volume de processos e modelo de legislação processual que adia a finalização dos casos submetidos à jurisdição.
>
> Não há milagre no serviço público. Não é permitida, também, a indolência de conhecimento para que se propiciem as melhorias reclamadas, legitimamente, pela sociedade. O Justiça em Números 2017 responde a esta exigência de conhecimento para que não se viva de crença milagreira. Por igual, oferece dados para que se vença o desânimo diante de problemas que não são pequenos. Inova pela maior densidade e especificidade dos dados, pela maestria com que o Departamento de Pesquisas Judiciárias do Conselho Nacional de Justiça esquadrinhou os elementos obtidos e os examinou. (grifou-se)

---

[3] *Anuário Justiça em Números 2017 – Ano Base 2016*. Disponível em: http://www.cnj.jus.br/files/conteudo/arquivo/2017/12/9d7f990a5ea5e55f6d32e64c96f0645d.pdf.

Interessante e instrutivo consultar no referido Anuário, o resumo das "10 demandas mais recorrentes, segundo a classe e o assunto"[4], bem como os espantosos números expostos nas Considerações Finais, como se vê do trecho a seguir reproduzido[5]:

> O número de processos em tramitação não parou de crescer, e, novamente, houve aumento no estoque de processos que aguardam por alguma solução definitiva. Ao final do ano de 2009 tramitavam no judiciário 60,7 milhões de processos. Em sete anos o quantitativo cresceu para quase 80 milhões de casos pendentes, variação acumulada no período de 31,2%, ou crescimento médio de 4,5% a cada ano. A demanda pelos serviços de justiça também cresceu esse ano, numa proporção de 5,6%, não se verificando a tendência de redução esperada pela retração de 4,2% observada em 2015, comparativamente a 2014.
>
> Em 2016, ingressaram na justiça 29,4 milhões de processos – o que representa uma média de 14,3 processos a cada 100 habitantes. A taxa de congestionamento permanece em altos patamares e quase sem variação em relação ao ano de 2015, tendo atingido o percentual de 73,0% em 2016. Isso significa que apenas 27% de todos os processos que tramitaram foram solucionados. (grifou-se)

Não é à toa que periodicamente se realizam mutirões para encerramento do maior número possível de processos, de modo não só a permitir ao jurisdicionado a efetiva solução de seu problema, como também reduzir o volume inviável de processos em trâmite na Justiça.

Note-se que não se está a falar aqui em produtividade daqueles que compõem o Sistema Judiciário. Muito ao contrário, de acordo com o mesmo estudo do CNJ, o Índice de Produtividade dos Servidores da Área Judiciária cresceu 2%, o que significa uma média de dois casos a mais baixados por servidor em relação a 2015. A alta taxa de produtividade da justiça brasileira fica evidenciada também a partir do índice de atendimento à demanda, que foi de 100,3% em 2016 – ou seja,

---

4 *Anuário Justiça em Números 2017 – Ano Base 2016*, p. 166 e seguintes. Disponível em: http://www.cnj.jus.br/files/conteudo/arquivo/2017/12/9d7f990a5ea5e55f6d32e64c96f0645d.pdf.

5 *Idem*, p. 182.

o Judiciário concluiu quantidade de processos ligeiramente superior à quantidade de casos novos ingressados.[6]

Vale destacar dado específico levantado pelo CNJ, concernente a um aspecto fundamental para a eficácia da justiça: a celeridade. Nela reside uma das maiores vantagens dos chamados métodos adequados de solução de conflitos, especialmente a mediação, como se verá mais adiante.

De fato, o estudo dos dados compilados pelo CNJ, ao tratar do tempo médio de tramitação dos processos e das respectivas etapas indica que a fase de execução demora, em média, o triplo de tempo utilizado na fase de conhecimento:[7]

> Destaca-se que a fase de conhecimento, na qual o juiz tem de vencer a postulação das partes e a dilação probatória para chegar à sentença, acaba sendo mais célere que a fase de execução, que não envolve atividade de cognição, mas somente de concretização do direito reconhecido na sentença ou no título extrajudicial. A Figura 106 ilustra esse paradoxo, sendo observável para a maior parte dos tribunais. Para receber uma sentença no Poder Judiciário, o processo leva, desde a data de ingresso, quase o triplo de tempo na fase de execução (4 anos e 6 meses) comparada à fase de conhecimento (1 ano e 4 meses). Esse dado é coerente com o observado na taxa de congestionamento, 87% na fase de execução e 64% na fase de conhecimento. (grifou-se)

Em outras palavras, em incontáveis situações, a parte, apesar de vencedora no mérito, não consegue ver exercido o seu direito, enfrentando obstáculos na execução da sentença, o não cumprimento das obrigações de fazer e/ou de pagar impostas à parte vencida, em uma autêntica vitória de pirro.

Esse é um dos aspectos que merecem mais atenção – a falta de celeridade que se traduz em ineficácia da decisão judicial –, a clamar por novos meios de resolução de conflitos.

---

[6] *Anuário Justiça em Números 2017 – Ano Base 2016*, p. 182. Disponível em: http://www.cnj.jus.br/files/conteudo/arquivo/2017/12/9d7f990a5ea5e55f6d32e64c96f0645d.pdf.

[7] *Idem*, p. 133.

Não há, portanto, como insistir no modelo até agora vigente. Evidentemente que o que se propõe não é o aniquilamento da Justiça como existe hoje ou algo do gênero, por certo que não. O que se propõe é que novas formas criativas sejam endereçadas, novos caminhos que permitam a efetiva solução de controvérsias sejam trilhados. O ideal é ter diferentes opções para que os interessados possam escolher a maneira como pretendem alcançar o melhor resultado possível para suas questões.

4. A NECESSIDADE DE MUDANÇA DA CULTURA DO LITÍGIO

A efetiva melhora na aplicação da justiça, com a redução significativa do volume de matérias levadas ao Poder Judiciário, caminha lado a lado com a conscientização dos benefícios na utilização dos chamados meios adequados de resolução de conflitos, transformando-se a prática adversarial mediante, sobretudo, a mudança da cultura do litígio.

Para tanto é essencial começar pela formação dos advogados e demais profissionais do direito, até então pontuada pela cultura do embate, da vitória, do vencedor e do vencido. É fundamental entender que nem sempre a vitória formal compreende e permite o alcance do real objetivo das partes.

Quanto ao ponto, registre-se o disposto no art. 2º, parágrafo único, inciso VI, do Código de Ética e Disciplina da Ordem dos Advogados do Brasil:

> O advogado, indispensável à administração da Justiça, é defensor do Estado democrático de direito, da cidadania, da moralidade pública, da Justiça e da paz social, subordinando a atividade do seu Ministério Privado à elevada função pública que exerce.
>
> Parágrafo único. São deveres do advogado: (...)
>
> VI – estimular a conciliação entre os litigantes, prevenindo, sempre que possível, a instauração de litígios; (...). (grifou-se)

Alan Dershowitz, professor da Universidade de Harvard e considerado um dos mais aguerridos advogados criminalistas americanos, em seu livro "The Art of Mentoring – Letters to a Young lawyer"[8], ao discorrer sobre a atuação do advogado militante na defesa de seus clientes, faz a seguinte afirmação, cuja interpretação pode ser aplicada como analogia ao que se vê na prática da negociação e da mediação: "Learn how to surrender when losing does less harm to your client than winning".[9]

O que se quer deixar claro, é que, em algumas situações, o advogado, ao se render quando está perdendo – possibilitando a realização de acordo, por exemplo –, pode atender melhor ao seu cliente do que ganhando a causa, pois a vitória, apesar de justa, nem sempre implica no sucesso almejado.

Quanto ao ponto, há que se ter cuidado com os compromissos firmados pelas partes, não sendo saudável estabelecer termos e condições que se mostrem de impossível atendimento e reflitam preponderância de uma parte sobre a outra: essa é a receita para a frustração do processo de entendimento, pois a celebração de acordo trará alívio momentâneo, mas não impedirá o recrudescimento do antagonismo se for aquele descumprido.

Em suma, deve haver uma mudança de atitude, enxergando-se na mediação e suas técnicas, além dos demais métodos existentes, uma saída eficaz, inteligente e vantajosa para a resolução de controvérsias.

5. O TRATAMENTO NORMATIVO DA MEDIAÇÃO NO BRASIL

Entre as regras normativas concernentes à mediação, destacam-se algumas que demonstram o seu reconhecimento como possibilidade viável e vantajosa para a solução de conflitos. São elas:

---

8 DERSHOWITZ, Alan. *The Art of Mentoring Letters to a Young lawyer*. New York. Basic Books. A member of the Perseus Books Group, 2001, p. 162.

9 Em tradução livre: "aprender a se render quando estiver perdendo, causará menos dano ao seu cliente do que ganhar".

i) Resolução nº 125, de 2010, do CNJ, que "institui a Política Nacional de tratamento dos conflitos de interesses, tendente a assegurar a todos o direito à solução dos conflitos por meios adequados à sua natureza e peculiaridade".[10] Da leitura de alguns de seus Considerandos[11] se confirma a importância atribuída ao tema, especialmente pela facilitação do "acesso à ordem jurídica justa e a soluções efetivas" (grifou-se).

ii) Recomendação nº 50, de 2014, do CNJ[12], que, "Considerando a necessidade de se consolidar a política pública permanente de incentivo e aperfeiçoamento dos mecanismos consensuais de solução e prevenção de litígios", em seu art. 1º recomenda aos "Tribunais de Justiça e Tribunais Regionais Federais, por meio de seus Núcleos Permanentes de Métodos Consensuais de Solução de Conflitos, que: (...) II – estimulem os magistrados a encaminhar disputas para a mediação de conflitos em demandas nas quais haja necessidade de preservação ou recomposição de vínculo interpessoal ou social, não apenas decorrentes de relações familiares, mas todos os afetos a direitos disponíveis; (...)" (grifou-se).

---

[10] Disponível em: http://www.cnj.jus.br/busca-atos-adm?documento=2579.

[11] Disponível em: http://www.cnj.jus.br/busca-atos-adm?documento=2579:
CONSIDERANDO que o direito de acesso à Justiça, previsto no art. 5º, XXXV, da Constituição Federal além da vertente formal perante os órgãos judiciários, implica acesso à ordem jurídica justa e a soluções efetivas;
CONSIDERANDO que, por isso, cabe ao Judiciário estabelecer política pública de tratamento adequado dos problemas jurídicos e dos conflitos de interesses, que ocorrem em larga e crescente escala na sociedade, de forma a organizar, em âmbito nacional, não somente os serviços prestados nos processos judiciais, como também os que possam sê-lo mediante outros mecanismos de solução de conflitos, em especial dos consensuais, como a mediação e a conciliação;
CONSIDERANDO a necessidade de se consolidar uma política pública permanente de incentivo e aperfeiçoamento dos mecanismos consensuais de solução de litígios;
CONSIDERANDO que a conciliação e a mediação são instrumentos efetivos de pacificação social, solução e prevenção de litígios, e que a sua apropriada disciplina em programas já implementados no país tem reduzido a excessiva judicialização dos conflitos de interesses, a quantidade de recursos e de execução de sentenças; (grifou-se).

[12] Disponível em: http://www.cnj.jus.br/busca-atos-adm?documento=1241.

Cabe frisar o louvável e eficaz empenho dos Tribunais em incentivar a utilização de outros meios de solução de conflitos, como exemplificado pela transação realizada nos autos do Recurso Especial nº 1.593.118 – SP, Relator o Ministro Luis Felipe Salomão, que em determinado momento, "objetivando estimular a solução do litígio de maneira consensual, suspendeu o curso do presente processo e designou mediadores", com êxito.[13]

Outro exemplo de sucesso na construção do consenso para encerrar uma gama enorme de processos judiciais e, principalmente, facultar o exercício efetivo do direito, vem da notícia, recentemente divulgada[14], de acordo realizado na demanda que versa sobre o pagamento de valores de expurgos inflacionários não computados aos depósitos em cadernetas poupança nos planos econômicos dos idos de 1980 a 1990. Nas palavras do Ministro Dias Toffoli, do Supremo Tribunal Federal, "A iniciativa encontra-se em absoluta consonância com as disposições do CPC/15, que adota dentre suas normas fundamentais, a promoção pelo Estado da solução consensual dos conflitos (art. 3º, §2º, do CPC)" (grifou-se).

O Tribunal de Justiça do Estado do Rio de Janeiro, a seu turno, estimulando a participação das partes na audiência de mediação, editou o Enunciado 32[15], tornando obrigatória a presença pessoal das partes ou de seus representantes.

---

13 Recurso Especial nº 1.593.118-SP, Relator Ministro Luis Felipe Salomão, 4ª Turma STJ, decisão datada de 18.10.2016. Disponível em: https://ww2.stj.jus.br/processo/revista/documento/mediado/?componente=MON&sequencial=66325136&num_registro=201600972025&data=20161024&tipo=0&formato=PDF.

14 Disponível em: http://www.migalhas.com.br/Quentes/17,MI271303,41046-Toffoli+homologa+acordo+sobre+planos+economicos+em+processos+de+sua.
Recursos Extraordinários 591.797-SP e 626.307-SP. STF. Disponível em: http://portal.stf.jus.br/.

15 Disponível em: http://www.tjrj.jus.br/documents/10136/71563/aviso-conj-tj-cedes-22-2015.pdf.
Enunciado 32: "É obrigatória a presença pessoal das partes ou de seu representante na audiência de conciliação e ou de mediação, vedada a cumulação de funções na pessoa do advogado. Justificativa: *A proposição visa estimular a participação das partes na fase de mediação e conciliação.* Embora seja a presença do advogado essencial, não pode,

iii) Lei nº 13.140/2015, de 26 de junho de 2015,[16] que dispõe sobre mediação como meio de solução de controvérsias entre particulares e sobre a autocomposição de conflitos no âmbito da administração pública (art. 1º), trazendo as diretrizes básicas para o exercício da mediação, ressaltando-se os princípios elencados no art. 2º:

> Art. 2º A mediação será orientada pelos seguintes princípios:
> I – imparcialidade do mediador;
> II – isonomia entre as partes;
> III – oralidade;
> IV – informalidade;
> V – autonomia da vontade das partes;
> VI – busca do consenso;
> VII – confidencialidade;
> VIII – boa-fé. (...).

iv) Código de Processo Civil (Lei nº 13.105, de 16 de março de 2015), que, além de trazer significativas alterações no trâmite processual, destinadas a dar celeridade aos feitos, prestigiou a conciliação e a mediação como métodos de solução de controvérsia, como se vê da redação de seu art. 3º, §3º,[17] arts. 165 a 175 (especialmente art. 166, *caput*,[18] que trata dos princípios norteadores da mediação no âmbito do Processo Civil), art. 334,

---

todavia, acumular a função de representante, sendo esta a conclusão para existência do §10, bem como em virtude da utilização da expressão "acompanhado de advogado" do §9º, ambos do art. 334 do CPC".

16 Disponível em: http://www.planalto.gov.br/ccivil_03/_ato2015-2018/2015/lei/L13140.htm.

17 Art. 3º Não se excluirá da apreciação jurisdicional ameaça ou lesão a direito. (...)
§3º A conciliação, a mediação e outros métodos de solução consensual de conflitos deverão ser estimulados por juízes, advogados, defensores públicos e membros do Ministério Público, inclusive no curso do processo judicial.

18 Art. 166. A conciliação e a mediação são informadas pelos princípios da independência, da imparcialidade, da autonomia da vontade, da confidencialidade, da oralidade, da informalidade e da decisão informada.

caput,[19] que prevê a realização de audiência de conciliação ou mediação, como forma de buscar-se o entendimento entre as partes já no início do feito, e o art. 359, que também faz alusão à atuação do magistrado no sentido de tentar conciliar as partes, mesmo que tal já tenha sido tentado anteriormente.[20] Nas questões relativas a direito de família esse expediente ganha ainda maior relevância, como se vê dos arts. 694 e seguintes.

É imprescindível trabalhar no que se chama construção do consenso, mediante o incentivo às atitudes positivas, evitando-se o aumento incontrolável do conflito. Afinal, desentendimentos sempre existirão, cabendo atentar para a forma com que serão tratados, qualquer que seja o tipo de relação, afetiva, profissional, comercial.

6. AS PECULIARIDADES DA MEDIAÇÃO

Presentes os fundamentos que permitem a prática da mediação, é imprescindível que se dê conhecimento a estudantes, profissionais, jurisdicionados e interessados de sua existência, ressaltando-se as características e vantagens que a qualificam.

Vale notar que a técnica da mediação difere da técnica da negociação, não se podendo presumir que o advogado, ainda que bom negociador, possa assumir o papel de mediador sem conhecer as ferramentas à disposição.

Tânia Almeida, Mestre em Mediação de Conflitos e uma das precursoras do estudo e desenvolvimento da mediação no Brasil, em sua

[19] Art. 334. Se a petição inicial preencher os requisitos essenciais e não for o caso de improcedência liminar do pedido, o juiz designará audiência de conciliação ou de mediação com antecedência mínima de 30 (trinta) dias, devendo ser citado o réu com pelo menos 20 (vinte) dias de antecedência.

[20] Art. 359. Instalada a audiência, o juiz tentará conciliar as partes, independentemente do emprego anterior de outros métodos de solução consensual de conflitos, como a mediação e a arbitragem.

obra "Caixa de Ferramentas em Mediação, Aportes práticos e teóricos",[21] ao introduzir o tema das ferramentas da mediação, menciona seu caráter interdisciplinar, a importância "da eleição de cada ferramenta em um momento dado, de seu especial manejo, do impacto que pode provocar e dos elementos que tendem a conferir sustentabilidade a esses impactos".

Ainda em suas palavras, são "quatro pilares teóricos da Mediação de Conflitos – a ética, o diálogo, o pensamento sistêmico e os processos reflexivos (...)"[22] (grifou-se).

É importante, pois, que se atue no sentido de propagar o conhecimento das técnicas de mediação, permitindo-se que a prática seja disseminada, de modo a possibilitar, em resumo, que conflitos possam ser resolvidos de modo mais célere, menos custoso, com a efetiva participação dos interessados e, portanto, maior comprometimento com as soluções encontradas de modo consensual.

7. NEGOCIAÇÃO E MEDIAÇÃO

A negociação de conflitos de todos os tipos sempre existiu, servindo a que advogados hábeis, além de sensíveis às dificuldades inerentes ao trâmite de ações judiciais, alcancem bons resultados para seus clientes. Especificamente quanto a direitos patrimoniais de caráter privado, destaca-se o art. 840, do Código Civil, que faz menção à possibilidade dos interessados "prevenirem ou terminarem o litígio mediante concessões mútuas".[23]

Afinal, o problema é de todas as partes envolvidas e deve ser atacado de maneira a que seja resolvido e não se transforme em uma disputa, uma competição de vontades. O negociador, assim como o mediador,

---

[21] ALMEIDA, Tânia. *Caixa de Ferramentas em Mediação* – Aportes práticos e teóricos. São Paulo: Dash, 2014, p. 25.

[22] *Ibidem*.

[23] Código Civil. Disponível em: http://www.planalto.gov.br/ccivil_03/leis/2002/L10406.htm.

deve ter dois interesses: na substância do acordo e na preservação do relacionamento entre os interessados.

Todavia, nas negociações em geral, as partes tendem a buscar o atendimento primordial de todos os seus interesses, refletidos em um acordo que substitua a "vitória" que obteriam se ingressassem na Justiça. A ideia é vencer o adversário, quando muitas vezes essa vitória se transforma em frustração em vista da impossibilidade de cumprimento efetivo do compromisso, quando os outros envolvidos, pressionados e sem espaço e condições para fazer valer seus interesses, se curvam à vontade preponderante, em uma típica receita para o insucesso.

Na mediação, método de autocomposição assistido de conflitos que se dá sem a intervenção do Estado, as partes são as protagonistas, controlando o processo, orientadas por um terceiro conhecedor das técnicas (ferramentas) próprias, mas que é imparcial.

O advogado continua a ter papel relevante, pois orienta seu cliente quanto à legalidade e à pertinência das obrigações que pode ou não assumir e o que pode concretamente esperar da outra parte, auxiliando na redação do termo final de acordo. No entanto, deve deixar de lado sua tendência adversarial e participar de forma a contribuir para o entendimento, adotando uma postura colaborativa, diferentemente do processo judicial, em que faz valer a posição do cliente cujos interesses representa, de modo a obter vitória sobre a parte contrária.

Lembre-se que muitas vezes a vitória no mérito não reflete a consecução do objetivo, em face da impossibilidade de execução do título judicial (não localização do réu para cumprimento da condenação, esvaziamento do patrimônio do devedor, entre outros exemplos). Neste ponto o alerta feito pelo Anuário Justiça em Números 2017 – Ano Base 2016,[24] no sentido que, em média, a fase de execução demora três vezes mais que a fase de conhecimento.

[24] Disponível em: http://www.cnj.jus.br/files/conteudo/arquivo/2017/12/9d7f990a5ea5e55f6d32e64c96f0645d.pdf, p. 133.

Por seu turno, é evidente a importância da utilização, na mediação, de técnicas de negociação, destacando-se: i) o planejamento cuidadoso (a preparação das partes é fundamental, a verificação de seus interesses e suas posições, suas prioridades, as opções de acordo, as alternativas para a hipótese de não consenso, quem são os demais envolvidos na negociação e quais os seus interesses, quais os riscos existentes); ii) a habilidade dos negociadores/mediadores; iii) a escolha do procedimento e de como se dará a comunicação (o objetivo é conversar para alcançar o consenso, pelo que deverá haver escuta ativa, cuidadosa, ao lado da fala eficaz); e iv) a legitimidade do processo de entendimento e a ética que o deve permear.

8. A MEDIAÇÃO EMPRESARIAL

Demonstrados o cenário de exaustão dos métodos tradicionais, chegamos à mediação como opção vantajosa para a solução de conflitos, inclusive no âmbito empresarial[25], no qual seu campo de abrangência é enorme.

De fato, são inúmeras as situações em que há vínculo entre as partes envolvidas, o qual se quer ver preservado, como, por exemplo: i) discussões entre empresas derivadas de relações contratuais, comerciais, mercadológicas, entre outras; ii) discussões entre empresas e consumidores dos seus produtos; iii) discussões internas das próprias empresas, entre seus sócios e/ou seus gestores, relativas à forma de participação no capital social e na administração, posicionamento no mercado, agressividade na condução dos negócios, destinação dos resultados; iv) discussões em casos de empresas familiares, quanto à definição dos rumos do negócio, ao encerramento das atividades, à profissionalização da administração; v) discussões entre funcionários ou entre estes e a empresa, para citar somente alguns.

---

[25] O art. 3º da Lei nº 13.140 prevê o uso da mediação em casos de conflitos que versem "sobre direitos disponíveis ou direitos indisponíveis que admitam transação".

A empresa contempla grande diversidade de pessoas e interesses, reunidas para a consecução de um objetivo comum. Essa diversidade, porém, naturalmente traz inúmeras possibilidades de conflito, sendo importante estabelecer as regras que devem ser observadas.

É interessante, pois, que as empresas desenvolvam instrumentos orientadores de sua atuação e da atuação de seus colaboradores, instituindo Códigos de Ética, Regras de Compliance, definindo o escopo de seu Planejamento Estratégico, entre outras formas de comunicação eficaz, que facilitam o tratamento das relações internas e externas, com seus pares no mercado, com os consumidores de seus produtos, com a Administração Pública entre outros inúmeros atores.

Existindo diretrizes básicas conhecidas, será mais fácil e produtiva a retomada do diálogo, a realização de ajustes e a busca de soluções criativas que acomodem os interesses de maneira mais inclusiva.

Conhecer as características do negócio, a cultura que permeia a empresa, sua realidade econômico-financeira, o posicionamento no mercado, seus objetivos a curto e longo prazos, quantas pessoas são representadas pela narrativa de uma das partes (muito comum na mediação empresarial) é essencial para o sucesso do processo. Há que se identificar os pontos em comum, que aproximam aqueles que buscam a mediação e favorecem a construção de um cenário colaborativo.

É importantíssimo observar e respeitar a dinâmica da empresa, a necessidade de rapidez e efetividade das decisões. Para tanto, deve-se conhecer com profundidade o problema e sua extensão – reforçando-se o acesso a informações completas e adequadas –, e o que realmente se pretende (quais são seus efetivos interesses), de modo a que se possa administrar as inúmeras variáveis, analisar de forma realista as possibilidades e as consequências, alcançando-se soluções factíveis dentro das expectativas, com o menor risco.

Cabe frisar que, no enfrentamento de conflitos, as empresas podem se debruçar sobre pontos delicados, como, entre outros: i) os danos gerados à sua imagem, em vista de indesejada exposição pública (frise-se aqui, o benefício da confidencialidade obrigatória na mediação); ii) a insegurança e a instabilidade geradas no ambiente empresarial, especialmente com relação aos funcionários, com resultados negativos na operação e eventual perda de mercado; iii) os altos custos – tangíveis e intangíveis – decorrentes da demora na solução do problema; iv) a obrigação de contingenciamento de riscos que muitas vezes causam impacto nos resultados (processos judiciais de longa duração, em que há necessidade de provisionamento de valores significativos podem causar sérios prejuízos).

Problemas endereçados de maneira equivocada em geral implicam em custos financeiros e desgastes nas relações internas e externas, dificuldades que, como visto, podem ser contornadas com a prática da mediação, com vantagens e benefícios expressivos, quais sejam: a) flexibilidade; b) criatividade (admite soluções outras que o Judiciário não poderia estabelecer); c) foco na satisfação das partes; d) busca do consenso; e) respeito à autonomia de vontade; f) confidencialidade; g) rapidez; h) redução da incerteza e dos altos custos do Judiciário; i) oportunidade de realização de acordos parciais, que permitam às partes conhecer sua capacidade de cumprir o que foi ajustado; j) possibilidade de ser realizada extrajudicialmente, mesmo se não houver cláusula contratual expressa; k) alternativa de ser prevista em contrato (com cuidado, pois cláusulas muito herméticas podem engessar as possibilidades das partes, tornando inócua a mediação).

Cabe registrar que, na mediação empresarial, como em qualquer mediação, deve ser feito o que se convencionou chamar de teste da realidade, que permite avaliar, dentro do contexto e com base nas informações existentes, o grau de expectativa e quais as opções viáveis de solução dentro do contexto.

É primordial explorar as alternativas, o que se pode esperar na hipótese de não se concretizar o acordo, se este satisfaz os interesses e as necessidades, ou se existe outro caminho que atenda melhor à dinâmica da empresa e suas características e objetivos.

É pertinente, neste aspecto, o estudo do que se denomina BATNA (Best Alternative to a Negotiated Agreement) – ou MAAN (Melhor

Alternativa a um Acordo Negociado) –, no Programa de Negociação da Universidade de Harvard.[26]

Em suma, se o BATNA (melhor alternativa) ao processo negociado for melhor, não se faz o acordo. Se o BATNA for ruim, o acordo, apesar de não ser ideal, é preferível.

William Ury, negociador, mediador e escritor, que dirige o Global Negotiation Project na Universidade de Harvard, ensina como alcançar o melhor acordo, que seja factível e atenda ambas as partes, destacando os pontos abaixo:[27]

> Um acordo inteligente satisfaz suas necessidades essenciais, bem como atende as do outro. Você transforma uma situação que à primeira vista pode parecer de ou-ou (ou você perde ou perde ele) em um resultado e-e (no qual ambos os lados saem ganhando).
>
> Embora o ideal seja que o resultado beneficie a todos, nem sempre isso é possível. Dependendo do que você pedir ao outro para fazer, talvez ele não se veja ganhando. A chave é ele não encarar o resultado como um prejuízo, mas, sim, como um acordo com o qual possa conviver de forma contínua. É preciso que o resultado leve em consideração as suas necessidades mais básicas e atenda melhor a seus interesses do que qualquer outra alternativa seria capaz de atender.

O essencial é ter em mente a perspectiva de que o efeito da mediação deve ser positivo para todas as partes envolvidas, reverberando nas relações de modo produtivo e melhorando a comunicação.

9. CONCLUSÃO

Resta claro, portanto, que a mediação pode ser utilizada de modo amplo e eficaz no âmbito das empresas, permitindo a solução de variados tipos de conflito, internos e externos.

---

26 Disponível em: https://www.pon.harvard.edu/daily/batna translate-your-batna-to-the-current-deal/.

27 URY, William. *O Poder do NÃO Positivo*. Rio de Janeiro: Elsevier, 2007, p. 205.

A realidade e seus desafios levam à necessidade de desenvolvimento de novas ferramentas e técnicas de convivência e relacionamento, sendo, pois, cristalina a importância da divulgação desse meio de resolução de controvérsias, que se mostra viável e tem o potencial de gerar enormes ganhos para a sociedade, conferindo efetividade e rapidez à conclusão de problemas dentro do universo das empresas, de forma mais adequada à sua dinâmica e aos seus objetivos.

REFERÊNCIAS

ALMEIDA, Tânia. *Caixa de Ferramentas em Mediação* – Aportes práticos e teóricos. São Paulo: Dash, 2014.

BRASIL. *Código Civil* – Lei nº 10.406, de 10 de janeiro de 2002. Disponível em: http://www.planalto.gov.br/ccivil_03/leis/2002/L10406.htm.

BRASIL. *Constituição da República Federativa do Brasil de 1988*. Disponível em: http://www.planalto.gov.br/ccivil_03/constituicao/constituicao.htm.

CONSELHO NACIONAL DE JUSTIÇA – CNJ. *Anuário Justiça em Números 2017* – Ano Base 2016. Disponível em: http://www.cnj.jus.br/files/conteudo/arquivo/2017/12/9d7f990a5ea5e55f6d32e64c96f0645d.

CONSELHO NACIONAL DE JUSTIÇA – CNJ. *Resolução nº 125 de 29/11/2010*. Disponível em: http://www.cnj.jus.br/busca-atos-adm?documento=2579.

DERSHOWITZ, Alan. *The Art of Mentoring* – Letters to a Young lawyer. New York: Basic Books. A member of the Perseus Books Group, 2001.

SUPERIOR TRIBUNAL DE JUSTIÇA – STJ. Disponível em: https://ww2.stj.jus.br/processo/revista/documento/mediado/?componente=MON&sequencial=66325136&num_registro=201600972025&data=20161024&tipo=0&formato=PDF.

URY, William. *O Poder do NÃO Positivo.* Rio de Janeiro: Elsevier, 2007.

CAUTELAS NECESSÁRIAS PARA A ELEIÇÃO DE ARBITRAGEM COMO MECANISMO DE SOLUÇÃO DE CONTROVÉRSIAS

Eduardo Bastos de Barros[1]

1 INTRODUÇÃO

As vantagens decorrentes da eleição da arbitragem como mecanismo de solução de conflitos, alternativamente ao Poder Judiciário, em um primeiro momento, parecem ser autoevidentes.

---

[1] Mestre em Direito pela UFPR. Professor de Direito Empresarial da PUC/PR. Sócio do escritório Maran, Gehlen & Advogados Associados, em Curitiba-PR.

Qualquer pessoa que tenha o mínimo contato com o Poder Judiciário sabe que o tempo de tramitação médio de um processo, independentemente de sua natureza (se de conhecimento ou execução) desde o seu ajuizamento até o trânsito em julgado, geralmente ultrapassa 5 anos.

Com efeito, o relatório "Justiça em Números", publicado pelo Conselho Nacional de Justiça (CNJ) mapeou o tempo de tramitação dos processos nos tribunais de todo o país.[2] Da análise do aludido relatório, destaca-se que a fase de conhecimento, na qual o juiz tem de vencer a postulação das partes e a dilação probatória para chegar à sentença, acaba sendo mais célere que a fase de execução, que não envolve atividade de cognição, mas somente de concretização do direito reconhecido na sentença ou no título extrajudicial. No Poder Judiciário, o processo leva, desde a data de ingresso, em média 1 ano e 4 meses na fase de conhecimento e, assustadoramente, quase o triplo de tempo na fase de execução (4 anos e 6 meses).

Ou seja, desde o ajuizamento de um feito de conhecimento até o encerramento da fase de execução do título judicial, leva-se em média 5 anos e 10 meses, sendo que somente a fase executiva, de mera satisfação do direito de crédito retratado no título executivo (judicial ou extrajudicial), consome usualmente 4 anos e 6 meses.

Em oposição a este estado de coisas infelizmente reinante no Judiciário brasileiro, o tempo médio de duração de um procedimento arbitral, segundo apresentação realizada perante o CONIMA – Conselho Nacional das Instituições de Mediação e Arbitragem, é de 14 (catorze) meses.[3]

Mas, a princípio, o que se apresenta como extremamente bem mais vantajoso ao cliente (quando se considera unicamente o lapso de tempo

---

[2] CONSELHO NACIONAL DE JUSTIÇA – CNJ. Disponível em: http://www.cnj.jus.br/files/conteudo/arquivo/2017/12/b60a659e5d5cb79337945c1dd137496c.pdf.

[3] CONSELHO NACIONAL DAS INSTITUIÇÕES DE MEDIAÇÃO E ARBITRAGEM – CONIMA. Disponível em: http://crasp.gov.br/wp/wp-content/uploads/19_07_2012_O_Cenario_atual_da_Arbitragem_no_Brasil.pdf.

consumido na tramitação de um procedimento arbitral, em comparação com o tempo médio de duração de processos perante o Judiciário), pode, em verdade, não o ser.

Tema muito pouco debatido quando se fala em arbitragem é a adequação deste mecanismo de solução de conflitos ao perfil de cada cliente e a cada caso em concreto.

Baseado na experiência de mais de 21 anos no exercício da advocacia, litigando tanto perante o Judiciário quanto em procedimentos arbitrais, resolvemos abordar essa questão após algumas experiências concretas que demonstraram claramente que a eleição da arbitragem, inobstante seja o mecanismo de solução de conflitos mais célere, pode não ser o que melhor se adapta ao estilo do cliente ou às necessidades do mesmo diante de um determinado caso em concreto.

É evidente que o advogado exerce papel decisivo na decisão pela escolha da arbitragem como meio de solução de conflitos. Contudo, para decidir acerca da escolha entre o Judiciário ou arbitragem, é necessário conhecer, com muita intimidade, o cliente e suas circunstâncias, que podem variar de acordo com cada caso em concreto.

Adiante encontram-se algumas reflexões que julgamos adequadas acerca do tema.

2. A RELEVÂNCIA DE SE CONHECER AS PECULIARIDADES DO CLIENTE E DA CAUSA ANTES DE SE OPTAR PELA ARBITRAGEM

À exceção dos casos em que a eleição da arbitragem for obrigatória, por força da natureza do negócio jurídico que se pretende contratar (como, por exemplo, a necessidade obrigatória de Adesão à Câmara de Arbitragem do Mercado para as Companhias Abertas que pretendam aderir ao "Novo Mercado" da BM&FBovespa), ou em virtude de se estar diante de um contrato de adesão no qual a negociação acerca da exclusão do compromisso arbitral dos termos da avença seja impossível, é livre a negociação, entre as partes, de qual será a opção pela sede de resolução de eventuais conflitos que porventura possam advir do inadimplemento de um determinado contrato.

E, afora os negócios de pequena monta, em que é bastante rara a intervenção do profissional do direito para a negociação e confecção dos instrumentos contratuais (muito embora, recentemente, até simples contratos de aluguel para fins residenciais já contenham compromisso arbitral), em todas as demais hipóteses há a influência – sempre decisiva – do advogado quanto à opção pela eleição da arbitragem ou do Poder Judiciário como sede para a apreciação de eventuais conflitos de interesse oriundos dos atos ou negócios jurídicos firmados.

E essa decisão, que deve ser tomada sempre em nome e no interesse exclusivo do cliente, não pode, obviamente, levar em conta unicamente o fator tempo. Não se pode deixar de observar uma série de circunstâncias que, para a parte, podem importar tanto ou até mais do que uma célere resolução de um eventual conflito decorrente de inadimplemento obrigacional.

Analisaremos em seguida as circunstâncias que, a nosso ver, devem ser criteriosamente consideradas para que uma decisão mais acertada quanto ao tema possa ser tomada.

2.1. Análise dos custos envolvidos no litígio e do momento de seu desembolso *versus* a capacidade financeira do cliente

O advogado Alvaro de Carvalho Pinto Pupo, do escritório Pinhão e Koiffman Advogados, realizou estudo comparativo de custos entre o procedimento arbitral e o Judiciário comum, analisando diferentes cenários de causas com valores entre R$ 100.000,00, R$ 1.000.000,00 e R$ 10.000.000,00.[4]

Foi revelado que as partes gastam, em média, R$ 13.500,00 de custos administrativos (somente despesas com a Câmara de Arbitragem) com arbitragem para ações de valores de até R$ 100.000,00, contra

[4] *SITE* MIGALHAS. *Advogado compara custos da arbitragem com o Judiciário.* Disponível em: http://www.migalhas.com.br/Quentes/17,MI194127,11049-Advogado+compara+custos+da+arbitragem+com+o+Judiciario.

apenas R$ 3.076,95, em média, na Justiça comum (com a ressalva de que estes valores não contemplam, obviamente, os gastos com honorários de advogados, seja para atuação na arbitragem, seja para atuação no Judiciário). Já para ações com o valor de R$ 1.000.000,00, a arbitragem custaria a partir de R$ 50.480,00, enquanto, no Judiciário, R$ 30.076,95. Por fim, para ações de R$ 10.000.000,00, a arbitragem custaria a partir de R$ 79.460,00 versus R$ 114.296,95 perante o Judiciário.

O que esses números absolutos não mostram é que, pelo fato da arbitragem ser concentrada, como visto, em média, em 14 meses, e o trâmite de um processo na Justiça consumir, de outro lado, usualmente, mais de 5 anos, o desembolso de recursos por parte do cliente – o que impacta diretamente em suas finanças – é concentrado em um curto espaço de tempo na arbitragem, ao passo que é diluído ao longo do tempo no Judiciário.

Não é por outro motivo que, segundo o estudo antes citado, em pesquisa realizada pelo Comitê Brasileiro de Arbitragem, 60% (sessenta por cento) dos entrevistados ressaltaram os altos custos envolvidos como a principal desvantagem da arbitragem em relação ao Poder Judiciário.

Disso advém uma primeira e importante observação: a análise da capacidade financeira do cliente é indispensável antes de se decidir pela arbitragem em substituição ao Judiciário.

A parte em favor de quem se opta pelo procedimento arbitral deve ter uma condição econômica que lhe permita suportar todos os custos envolvidos em uma arbitragem dentro de um curto espaço de tempo. Isto porque, como sabido, não existe mecanismo análogo à Justiça Gratuita na arbitragem.

E mais, a análise da condição financeira da parte não deve ser limitada tão somente ao momento em que se está decidindo a contratação ou não da arbitragem como meio de solução de eventuais litígios. Deve ser feito um juízo, com base no histórico e perfil do envolvido, de como provavelmente estará a condição financeira ao longo e ao final do contrato em análise.

Caso o contratante que está sendo assessorado pelo profissional do direito não possua condições financeiras sólidas ou apresente um histórico de oscilações em sua capacidade de honrar seus compromissos, deve-se evitar a eleição da arbitragem para a solução de conflitos oriundos de contratos relativamente aos quais alguém com tal perfil esteja pretendendo se engajar. Na melhor das hipóteses, a condição financeira instável da parte poderá vir a prejudicar a qualidade de sua assessoria jurídica na arbitragem. No limite, poderá impedir que o próprio direito material em questão seja apreciado e defendido, pela absoluta impossibilidade de se arcar com os custos envolvidos.

Aliás, a realização do exercício de reflexão feito acima conduz à seguinte indagação: nos casos de comprovada impossibilidade de uma das partes dar início ou participar do procedimento arbitral contratado previamente em virtude de dificuldades financeiras, estaria a mesma, diante da existência da convenção de arbitragem, impedida de buscar o Judiciário?

Entendemos que, considerando-se que o acesso à justiça é uma garantia constitucional, a renúncia ao Judiciário, decorrente da adesão à convenção arbitral, não pode ser interpretada de forma absoluta, de modo a impedir que o cidadão ou pessoa jurídica que não possuam as condições financeiras indispensáveis para a instauração, instrução e conclusão do procedimento arbitral, sejam impedidos de ter uma ofensa ou ameaça de lesão a direito seu apreciados pelo Poder Judiciário unicamente em virtude da incapacidade financeira para arcar com os custos do procedimento privado.

Verifica-se, pois, que a análise da capacidade financeira do cliente é indispensável antes de se decidir pela adoção ou não da arbitragem.

Uma avaliação incorreta dessa relevante circunstância por parte do profissional do direito encarregado da orientação ao cliente quanto ao assunto, como visto, pode desaguar em uma série de inconvenientes para a parte que, como visto, em uma situação extrema, pode inclusive ficar impedida de manifestar sua pretensão em virtude de ausência de capacidade financeira para arcar com todos os custos e despesas decorrentes do procedimento arbitral.

2.2. Análise dos perfis psicológico e social do cliente

Além das ponderações acerca da condição econômico-financeira da parte, também é importante investigar os perfis psicológico e social do cliente antes de se decidir pela adoção da arbitragem.

No que concerne ao perfil psicológico, há pessoas que convivem de forma bastante razoável com litígios. O ajuizamento de ações pelas partes adversárias não gera transtornos relevantes. Administram a pendência como o fazem com todos os demais riscos e custos inerentes à moderna vida em sociedade. Contudo, há pessoas que não possuem estrutura psicológica para aguentar um confronto com terceiros. Por vezes, o menor sinal da possibilidade de um litígio já tem o poder de comprometer inclusive a saúde de determinados indivíduos.

Evidente, portanto, que a arbitragem, pela maior brevidade de tempo demandada até a definitiva resolução da controvérsia, é mais recomendável às pessoas físicas (ou mesmo jurídicas, tendo em vista que a vontade dessas últimas é formada pelas pessoas físicas que, em última instância, as controlam) com perfil psicológico de baixa tolerância a litígios, desde que, obviamente, observada a ressalva feita anteriormente quanto à prévia investigação da capacidade econômica da parte para arcar com todos os custos e despesas envolvidos no procedimento arbitral, que, como visto, devem ser desembolsados em um curto espaço de tempo.

Afora a questão da avaliação da capacidade da parte suportar a existência de um litígio contra si (que, no caso da opção pelo Poder Judiciário, pode consumir facilmente mais de 5 anos de duração), é igualmente relevante se atentar ao seu perfil social, mais especificamente, à capacidade do cliente entender o que é um procedimento arbitral e, principalmente, bem compreender todas as consequências que decorrem da renúncia ao Judiciário quando da eleição da arbitragem como meio de composição de conflitos.

Isso porque se, de um lado, é fato notório que qualquer pessoa ou empresa possui um razoável grau de conhecimento acerca de como as coisas funcionam quando são partes em um processo perante o Poder

Judiciário, de outro, o mesmo não se pode afirmar em relação ao procedimento arbitral.

Logo, a opção pela justiça privada, além de critérios econômicos e psicológicos, como já abordado, deve também levar em consideração a capacidade intelectual do cliente de compreender plenamente o significado da adoção da arbitragem em substituição ao Poder Judiciário e as consequências decorrentes de tal decisão (custos e despesas envolvidos, como funciona o procedimento, em especial, o fato da única decisão proferida ser final e irrecorrível).

Essa constatação aumenta de importância quando se considera um perfil social/intelectual muito comum entre empresários e administradores de empresas no Brasil: o empreendedor com baixo/médio grau de escolaridade que, sozinho ou à frente de um negócio familiar, conseguiu atingir um porte financeiro considerável. Para essas pessoas, é praticamente intuitivo o funcionamento de um processo perante o Judiciário – em especial, a questão de custos e a possibilidade de se recorrer, pelo menos, a uma instância superior. Logo, retirar-lhes esta certeza quanto a como as coisas funcionam quanto ao Poder Judiciário ao se optar pela arbitragem demanda uma educação prévia, por parte do profissional que está sugerindo a opção pelo compromisso arbitral, quanto a todos os fatores envolvidos. Trataremos, especificamente deste tema no tópico seguinte.

2.3. Consequências decorrentes da opção pela arbitragem que devem ser plenamente compreendidas pelas partes

Tal como destacado anteriormente, quando da análise do perfil social (intelectual) da parte, é relevante que o profissional encarregado de assessorar a opção pela seleção da arbitragem se assegure de que seu cliente tenha a plena compreensão de todas as consequências decorrentes de tal decisão.

A primeira delas, reside no fato de que, em caso de litígio, instaurada a arbitragem, as partes obterão uma decisão em um espaço de tempo extremamente curto quando comparado à duração média de um processo perante a Justiça.

E isso, algumas vezes, pode se revelar um problema.

Isso porque é incontestável o fato de que as pessoas já absorveram a maneira e a velocidade com as quais opera o Poder Judiciário. Infelizmente, não são raros no âmbito de relacionamento das pessoas e empresas casos de alguém que demorou 7 ou 10 anos desde o ajuizamento de uma ação de conhecimento até a final liquidação e recebimento de seu crédito.

Para alguém que se encontra na posição de credor da obrigação, a vantagem de se optar pela arbitragem, desde que se possua condição financeira para fazer frente a todos os custos e despesas decorrentes do procedimento arbitral, é inegável. Agora, é igualmente inegável que a opção por litigar perante a Justiça pode se revelar extremamente conveniente para a parte responsável pelo inadimplemento.

Como se tem praticamente a garantia de que o inadimplemento de qualquer obrigação pode ser questionado pelo devedor por anos (não raro, por décadas) perante o Judiciário, não se pode deixar de reconhecer que tirar proveito das circunstâncias que envolvem o funcionamento da Justiça, no Brasil, lamentavelmente, é uma estratégia inteligente para clientes com esse perfil.

Ao lado e intrinsecamente ligada à questão da velocidade de tramitação do processo, está a questão das decisões, na arbitragem, serem únicas e finais. Afora embargos de declaração, não se admite qualquer recurso contra a sentença arbitral, não existindo, como sabido, mecanismo análogo ao duplo grau de jurisdição, o que, no Judiciário, por outro lado, é uma garantia constitucional.

Para quem conhece e opera perante a Justiça, sabe-se que parte significativa do lapso de tempo consumido no trâmite de um processo se deve às peculiaridades do nosso sistema recursal. Inobstante alguns progressos decorrentes de reformas realizadas ao longo do tempo (como, por exemplo, a extinção dos embargos infringentes), existe a possibilidade, em tese, de um processo percorrer três diferentes instâncias de julgamento, sendo que, no mínimo, a probabilidade de acesso a pelo menos duas dessas três instâncias é alta.

Dessa constatação emerge outro importante aspecto: o cliente que está acostumado a litigar perante o Judiciário, além de já ter incorporado a lentidão, tem a certeza acerca da possibilidade de pelo menos um recurso a uma instância superior. À notícia de uma derrota segue-se sempre o conforto da possibilidade de recurso a uma instância superior. Isto sem contar com as várias possibilidades de outros recursos anteriores à decisão de mérito propriamente dito, ou mesmo de recursos sobre questões atinentes aos processos de execução ou procedimentos de liquidação ou cumprimento de sentença.

Logo, para que se possa subtrair do cliente esse conforto psicológico de uma segunda chance de o mesmo fazer o seu direito prevalecer em caso de infortúnio no processo, é preciso que o mesmo esteja perfeitamente ciente quanto aos reflexos decorrentes da decisão acerca da adoção da arbitragem.

Assim, quando se defendem os interesses de clientes com dificuldades financeiras e histórico de inadimplemento obrigacional, a opção pela arbitragem pode se revelar desastrosa. Não há argumento que convença uma parte com esse perfil acerca do acerto pela opção por um cenário onde, em 14 meses, em média, se obterá uma decisão, decisão esta que, ainda por cima, será final e definitiva sobre o caso, quando a alternativa que se apresentava era escolher a via tradicional, que permite praticamente eternizar qualquer discussão.

Uma vez tomada a decisão pela arbitragem sem a exata compreensão, por parte do cliente, acerca das implicações envolvidas, certamente o responsável pela tomada desta decisão será fortemente cobrado no futuro – especialmente quando se percebe que, em nosso país, devido à proliferação indiscriminada dos cursos de direito, sempre existe alguém próximo ao cliente com algum grau (geralmente baixo, infelizmente) de conhecimento jurídico que está sempre disposto a dar uma opinião sobre o trabalho alheio.

É absolutamente indispensável, pois, certificar-se previamente que o cliente que potencialmente poderá estar evolvido em uma arbitragem por força da inserção de cláusula compromissória em um determinado negócio jurídico tenha capacidade financeira, perfil psicológico adequado e esteja plenamente ciente de todas as implicações daí decorrentes.

2.4. Adequação do direito material envolvido à via eleita

Há circunstâncias especiais que justificam a opção pela arbitragem, mesmo que seja preciso realizar um certo sacrifício prévio para a educação do cliente quanto a todos os temas antes abordados.

Nos referimos, obviamente, a relações contratuais que tenham por objeto assuntos de um nível técnico de complexidade que justifiquem a necessidade de manter eventuais litígios a eles relacionados fora do âmbito do Poder Judiciário.

Apenas a título de exemplo, a aquisição de equipamentos peculiares (em geral, maquinários para praticamente todos os tipos de indústria) ou contratos tendo por objeto assuntos inovadores ou mesmo muito raros perante o Poder Judiciário, são aqueles relativamente aos quais a eleição da arbitragem se revela mais acertada, pelo óbvio motivo de se poder, no Juízo arbitral, colocar o assunto à apreciação de pessoas tecnicamente mais qualificadas para a resolução do impasse.

Nesses casos complexos, ao se optar pelo Judiciário, não raro se constata que, diante do desconhecimento do magistrado, relega-se a solução do tema à prova pericial. Contudo, por vezes, mesmo os peritos nomeados pelo Judiciário carecem de qualificação técnica apropriada para o enfrentamento da questão. E, como a prova pericial certamente será o alicerce de futura decisão a respeito do caso, não se recomenda correr desnecessariamente o risco de uma decisão tecnicamente incorreta quando se pode optar por uma arbitragem, na qual se poderá eleger um profissional com a capacitação técnica adequada para funcionar como árbitro.

O raciocínio inverso também se revela verdadeiro. Temas cuja apreciação é corriqueira perante o Judiciário geram ao cliente uma relativa previsibilidade quanto ao resultado, sobremaneira diante dos esforços do Novo Código de Processo Civil no sentido da aplicação de precedentes de Tribunais Superiores (muito embora, é necessário reconhecer, que há jurisprudência para todos os gostos em nossos Tribunais, em especial perante o STJ, que ainda não se desincumbiu satisfatoriamente do papel constitucional que lhe foi reservado, no sentido de uniformizar a jurisprudência em matéria de legislação infraconstitucional). Portanto, tais temas, em tese, só recomendam a eleição da arbitragem como mecanismo de solução de conflitos se o desejo de todas as partes envolvidas é obter uma única decisão a respeito rapidamente, cientes de todos os custos envolvidos. Não nos parece acertado renunciar a uma relativa previsibilidade quanto ao resultado, ainda que acompanhada da desvantagem da excessiva demora na tramitação do processo, em troca de uma celeridade que, contudo, vem acompanhada da incerteza.

3. CONCLUSÕES

Entendemos que a utilização proveitosa da arbitragem como mecanismo de solução de conflitos demanda uma prévia análise de inúmeros fatores e considerações de várias circunstâncias ligadas à causa e, principalmente, ao cliente.

De regra, causas envolvendo temas de maior complexidade técnica, inéditos ou pouco usuais perante o Judiciário encontram na arbitragem o seu leito ideal.

Contudo, é no perfil da parte que deve se demorar, mais atentamente, o profissional do direito responsável por assessorar a decisão pela adoção ou não da arbitragem.

Quanto a isso, como visto, reputamos indispensável a consideração da capacidade econômico-financeira (a parte deve estar preparada, no momento do litígio, a desembolsar todos os custos e despesas envolvidos em um curto espaço de tempo), do perfil psicológico e, em especial, do perfil social (intelectual) do cliente, que deverá ter a plena compreensão de todas as consequências decorrentes de decisão pela arbitragem em substituição ao Poder Judiciário, em especial, quanto ao fato da decisão ser única e irrecorrível.

REFERÊNCIAS

CONSELHO NACIONAL DAS INSTITUIÇÕES DE MEDIAÇÃO E ARBITRAGEM – CONIMA. Disponível em: http://crasp.gov.br/wp/wp-content/uploads/19_07_2012_O_Cenario_atual_da_Arbitragem_no_Brasil.pdf. Acesso em: 18 dez. 2017.

CONSELHO NACIONAL DE JUSTIÇA – CNJ. *Justiça em Números 2017* Ano-base 2016. Disponível em: http://www.cnj.jus.br/files/conteudo/arquivo/2017/12/b60a659e5d5cb79337945c1dd137496c.pdf. Acesso em: 15 dez 2017.

SITE MIGALHAS, 26 de janeiro de 2014. *Advogado compara custos da arbitragem com o Judiciário*. Disponível em: http://www.migalhas.com.br/Quentes/17,MI194127,11049-Advogado+compara+custos+da+arbitragem+com+o+Judiciario. Acesso em: 21 dez. 2017.

ARBITRAGEM E PODER JUDICIÁRIO

Trícia Navarro Xavier Cabral[1]

1. Introdução – 2. Movimentos legislativos no Brasil – 3. A evolução da Lei de Arbitragem – 4. A arbitragem no CPC/2015 – 5. A Lei de Mediação e seus reflexos na arbitragem – 6. Cooperação entre justiça arbitral e justiça estatal – 7. Conclusão – Referências

1. INTRODUÇÃO

A arbitragem é um importante método de resolução de conflitos que ainda precisa ganhar a confiança dos jurisdicionados e do próprio Poder Judiciário. Aliás, antes disso, a arbitragem precisar ser conhecida pela sociedade para que possa se tornar uma efetiva opção para quem pretenda solucionar uma controvérsia social.

No Brasil, a arbitragem internacional e a empresarial já estão mais avançadas e contam com excelentes câmaras privadas, instituídas por profissionais da mais alta qualidade.

---

[1] Pós-Doutoranda em Direito Processual pela USP. Doutora em Direito Processual pela UERJ. Mestre em Direito pela UFES. Juíza Estadual no Espírito Santo. Membro efetivo do IBDP. Professora do PPGDIR/UFES.

Mas essa realidade ainda não alcança satisfatoriamente os conflitos de médio ou pequeno porte, seja pela falta de informação, seja pelo custo que envolve o processo arbitral.

E para além dessas dificuldades, podemos ainda mencionar que a falta de popularização da arbitragem no Brasil sofreu certa desconfiança após inúmeros relatos de desvirtuamento de câmaras e árbitros que usavam símbolos e divulgavam os serviços como atividades credenciadas ou até mesmo pertencentes ao Poder Judiciário, o que certamente abalou a credibilidade do instituto.

Não obstante, tem-se hoje no Brasil poucas câmaras de arbitragem realmente sedimentadas, e que atuam em eixos restritos, como São Paulo, Rio de Janeiro, Belo Horizonte, Recife, Brasília, Curitiba, sendo que os demais estados ou não as possuem ou estão apenas começando a oferecer os serviços de arbitragem, como é o caso do Espírito Santo.

Registre-se, também, que a falta de transparência sobre a forma de escolha dos árbitros, os valores envolvidos, e sobre o próprio resultado das decisões arbitrais, faz com que não se tenha uma exata dimensão do procedimento e das vantagens do instituto.

Assim, embora o marco legal da arbitragem date de 1996, a sua disseminação ainda não está ideal, e a justiça estatal[2] continua sendo a protagonista absoluta na resolução dos conflitos nacionais.

De qualquer forma, com as alterações legislativas de 2015, abriu-se a perspectiva de um novo cenário, decorrente do fortalecimento de outros métodos de solução de controvérsias, como a negociação, a conciliação e a mediação, o que poderá fazer com que a arbitragem também ganhe maior espaço e relevância na construção do que se convencionou denominar de justiça multiportas.[3]

---

2 Tratando da coexistência das justiças estatal, arbitral e consensual, ver: GRINOVER, Ada Pellegrini. *Ensaio sobre a processualidade*. Brasília: Gazeta Jurídica, 2016, p. 14-20.

3 ZANETI JR., Hermes; CABRAL, Trícia Navarro Xavier. *Justiça Multiportas*: mediação, conciliação, arbitragem e outros meios adequados de solução de conflitos. (Coleção Grandes Temas do Novo CPC – vol. 9). 2ª ed. Salvador: JusPodivm, 2018.

2. MOVIMENTOS LEGISLATIVOS NO BRASIL

O ordenamento jurídico brasileiro vive um momento especial em relação às novidades legislativas em torno dos mecanismos adequados de resolução de disputas.

No primeiro semestre do ano de 2015, três importantes leis foram sancionadas. Em 16.03.2015 o novo Código de Processo Civil previu em diversos dispositivos o uso da conciliação, da mediação e da arbitragem, indicando que os meios adequados de solução de controvérsias devem ser incentivados como forma de se alcançar a justiça por outras vias que não a decisão imposta pelo magistrado. Já em 26.05.2015 foi sancionada a Lei nº 13.129/2015 que altera a Lei da Arbitragem (9.307/96), regulamentando de forma mais completa a matéria e dando maior abrangência ao tema. Logo em seguida, em 26.06.2015 foi sancionada a Lei de Mediação (13.140/2015), completando, assim, o minissistema normativo dos meios adequados de solução de conflitos.[4]

Esses acontecimentos marcam uma nova era da justiça brasileira, já que permite outra perspectiva à sociedade sobre as formas legitimadas pelo Estado de se resolver as controvérsias, mas sem excluir, do Poder Judiciário, a possibilidade de eventualmente decidir a disputa.

Trata-se de um novo paradigma, que implica na mudança significativa de cultura e de comportamento, em prol de soluções mais dignas e apropriadas para os conflitos sociais.

Essas leis, publicadas num espaço de tempo de menos de dois meses cada, representam o esforço legislativo para que a sociedade possa reconhecer e confiar em outros mecanismos de resolução de disputas que não a decisão adjudicada, imposta por um juiz, que nem sempre alcança os resultados esperados por nenhuma das partes.

Portanto, resta aos operadores do direito usufruírem desses benefícios, dando a cada uma dessas ferramentas o rendimento disponibilizado pelo legislador e esperado pelos jurisdicionados.

---

4 GRINOVER, Ada Pellegrini. O minissistema brasileiro de justiça consensual: compatibilidades e incompatibilidades. *Publicações da Escola AGU*, Brasília, v. 8, n. jan./mar. 2016, p. 15-36.

3. A EVOLUÇÃO DA LEI DA ARBITRAGEM

O marco legal da arbitragem no Brasil foi a Lei nº 9.307/96 e desde então o instituto tem se revelado um importante método de resolução de disputas, no âmbito nacional e internacional.

O prestígio à autonomia das partes em relação ao procedimento, às regras do direito aplicadas e à escolha dos árbitros, além da confidencialidade, são fatores que fizeram com que a arbitragem ganhasse adeptos no Brasil, especialmente do setor empresarial e societário, como uma alternativa à submissão das controvérsias ao crivo do Poder Judiciário.

Contudo, decorridos quase vinte anos do advento da Lei de Arbitragem e diante da notória evolução social, legislativa e jurídica do nosso ordenamento, houve a necessidade de aprimoramento do instituto para ampliar o seu âmbito de aplicação e melhorar as formas de sua utilização, mas sem alterar substancialmente a estrutura normativa já consolidada.

Assim, o PLS 406/2013 previu alterações pontuais no texto principal, visando à maior eficiência da arbitragem e, consequentemente, à sua maior utilização como apto a resolver conflitos nacionais e internacionais, reduzindo as demandas judiciais e proporcionando, reflexamente, a segurança jurídica necessária ao empresariado nacional e aos investidores estrangeiros.

Os avanços instituídos no PLS 406/2013 foram significativos para o tema, especialmente ao disciplinar a utilização da arbitragem nas disputas relativas a direitos patrimoniais disponíveis decorrentes de contratos celebrados pela Administração Pública direta e indireta, respeitados os limites legais pertinentes à esfera pública.

No mesmo sentido foi prevista a utilização da arbitragem nas relações de consumo, evidenciando a necessidade de o próprio consumidor tomar a iniciativa ou concordar expressamente com a sua instituição, e ainda resguardou as proteções consumeristas no tocante ao contrato de adesão.

Por sua vez, a arbitragem foi autorizada para dirimir conflitos decorrentes de contratos individuais de trabalho envolvendo aqueles que ocupem cargos de elevada hierarquia nas grandes empresas, também condicionada à iniciativa de sua utilização ao próprio empregado.

No tocante à escolha dos árbitros quando as partes recorrem a órgão arbitral, o Projeto reforçou a ideologia da arbitragem, que confere ampla autonomia de vontade aos envolvidos, mas sujeitando a escolha ao devido controle pelos órgãos competentes da instituição.

Ademais, foi regulada a forma de interrupção da prescrição pela instituição da arbitragem.

Não obstante, em relação ao procedimento, autorizou-se aos árbitros proferir sentenças parciais, bem como a estipulação de convenções entre as partes e os árbitros para prorrogar o prazo estipulado para proferir a sentença final, demonstrando perfeita sintonia com as técnicas processuais instituídas pelo Código de Processo Civil reformado.

Algumas correções terminológicas também foram alvo de preocupação do legislador, acolhendo as críticas da comunidade jurídica.

O Projeto inovou ao possibilitar que as partes requeiram ao Poder Judiciário, antes de instituída a arbitragem, a concessão de medidas cautelares ou de urgência, evitando o perigo de dano ou risco ao resultado útil do procedimento arbitral, estabelecendo, ainda, a forma de tratamento das referidas medidas após o início da arbitragem. A interface entre a arbitragem e o Poder Judiciário também restou configurada ao estabelecer a comunicação por meio de carta arbitral.

Nas disposições finais, viu-se relevante proposta ao Ministério da Educação – MEC para que incentive a inclusão da disciplina da arbitragem nos currículos das instituições de ensino superior. Além disso, houve regramento destinado ao Conselho Nacional de Justiça – CNJ e ao Conselho Nacional do Ministério Público – CNMP, para que incluam nos conteúdos programáticos de concursos públicos para o ingresso nas carreiras do Poder Judiciário e do Ministério Público, respectivamente, matérias relacionadas à arbitragem como método de resolução de conflitos.

Verifica-se, pois, que o Projeto pretendeu fomentar uma mudança de cultura, com o auxílio das entidades aptas a introduzirem na sociedade civil o incremento do referido meio adequado de resolução de disputas.

Neste contexto, mostraram-se importantes e positivas as alterações instituídas no PLS 406/2013, e inúmeros os benefícios decorrentes da nova legislação, seja por aprimorar o procedimento, seja por atender de forma mais plena às relações empresariais e societárias, e ainda por ampliar o âmbito de sua aplicação à Administração Pública direta e indireta, às relações de consumo e às decorrentes de contrato de trabalho, nas hipóteses que o Projeto especifica.

Contudo, ao ser publicado em 27.5.2015 como Lei nº 13.129/15, três vetos restringiram o uso da arbitragem.

O Ministério da Justiça foi responsável por dois vetos, impedindo o uso da arbitragem nos contratos de adesão e nas relações de consumo estabelecidas por meio de contrato de adesão, por vislumbrar o risco de "ofensa ao princípio norteador de proteção do consumo".

Por sua vez, o Ministério do Trabalho e Emprego manifestou-se contrariamente ao uso da arbitragem para dirimir conflito sobre contratos individuais de trabalho em que o empregado ocupe ou venha a ocupar cargo ou função de administrador ou de diretor estatutário, argumentando que a novidade criaria uma distinção entre empregados e ainda recorreria a "termo não definido tecnicamente na legislação trabalhista".

Essas restrições à instituição da arbitragem nas relações de consumo e nas relações de trabalho vêm sendo debatidas pela comunidade jurídica e grande parte dos doutrinadores defende que os referidos vetos representam um retrocesso injustificável e aguardavam que fossem derrubados pelo Congresso.

De qualquer modo, espera-se que a nova Lei encoraje e aperfeiçoe o uso da arbitragem, consolidando-a como um mecanismo adequado e legítimo de alcance à pacificação social.

4. A ARBITRAGEM NO CPC/2015

A Lei nº 13.105/15 que instituiu o novo Código de Processo Civil menciona a arbitragem em diversas passagens, regulamentando seus reflexos processuais.

Na Parte Geral, logo no Livro I que trata das normas processuais civis, tem-se no artigo 3º, §1º a permissão do uso da arbitragem, na forma da lei. Já no artigo 42, o Código qualifica como um direito das partes a instituição da arbitragem.

Por sua vez, o artigo 69, ao tratar da cooperação jurisdicional, inclui a carta arbitral entre os atos passíveis de pronto atendimento.

O artigo 189 se refere à publicidade dos atos processuais e excetua os que tramitam em segredo de justiça, incluindo os que versem sobre a arbitragem (inciso IV), desde que comprovada a confidencialidade.

Não obstante, o artigo 237 prevê a carta arbitral como instrumento destinado a fazer com que o Poder Judiciário, na área de sua competência territorial, pratique ou determine o cumprimento de ato objeto de pedido de cooperação judiciária formulado por juízo arbitral, inclusive os que importem efetivação de tutela provisória, estando seus requisitos estabelecidos no artigo 260, §3º, sendo que, além destes últimos, o artigo 267 prevê outras situações que, se não atendidas, ensejam a recusa e a devolução pelo juiz, por meio de decisão motivada, ou então, conforme o caso, a remessa ao juízo competente, nos termos do parágrafo único do mesmo dispositivo.

Também no Livro I, da Parte Especial, a arbitragem aparece como hipótese passível de alegação pelo réu na contestação no art. 337, X, não podendo a matéria ser conhecida de ofício (§5º), sendo que a ausência de alegação de convenção de arbitragem implica aceitação da jurisdição e renúncia ao juízo arbitral.

No artigo 359, que dispõe sobre a audiência de instrução e julgamento, o Código reafirma a possibilidade de emprego da mediação e da arbitragem. Aqui o legislador cometeu um equívoco, ao tratar indistintamente a mediação e a arbitragem como métodos consensuais de solução de conflito.

No artigo 485, que trata dos casos de sentença sem resolução do mérito, há previsão no inciso VII da decisão que acolhe a alegação de convenção de arbitragem, mais uma vez prestigiando o instituto.

No capítulo sobre o cumprimento da sentença, a sentença arbitral aparece como espécie de título executivo judicial, conforme se vê do art. 515, inciso VII, sendo que o artigo 516, III estabelece o juízo cível como o competente para tal fim.

No Livro III, referente aos processos nos tribunais e aos meios de impugnação das decisões judiciais, verifica-se no artigo 960, §3º, que o requerimento de homologação de decisão estrangeira obedecerá tratado e lei específica, com aplicação subsidiária do CPC.

Prosseguindo, o artigo 1.012 que trata da apelação institui como regra o efeito suspensivo, excetuando, no §1º, inciso IV, a sentença que julga pedido de instituição de arbitragem. Ainda no âmbito recursal, o artigo 1.015, inciso III, prevê o agravo de instrumento contra as decisões interlocutórias que versem sobre a rejeição de alegação de convenção de arbitragem.

Por fim, no Livro Complementar que regulamenta as disposições finais e transitórias, tem-se o artigo 1.061, que altera o §3º do art. 33 da Lei nº 9.307, de 23 de setembro de 1996 (Lei de Arbitragem), para estabelecer que a decretação da nulidade da sentença arbitral também poderá ser requerida na impugnação ao cumprimento da sentença, nos termos dos arts. 525 e seguintes do Código de Processo Civil se houver execução judicial.

Observa-se, pois, que o CPC/2015 sacramenta de forma bastante satisfatória a intenção legislativa de fortalecer o uso da arbitragem como mecanismo legítimo de resolução de disputa, dando o aparato legal necessário em prol da segurança jurídica.

5. A LEI DE MEDIAÇÃO E SEUS REFLEXOS NA ARBITRAGEM

A mediação é a atividade técnica por meio da qual os litigantes buscam o auxílio de um terceiro imparcial que irá contribuir na busca pela solução do conflito.[5] Este terceiro, ao contrário do que ocorre na arbitragem, não tem a missão de decidir (e nem a ele foi dada autorização para tanto), mas apenas de auxiliar as partes na obtenção da solução consensual.

Dessa forma, a mediação[6] é um mecanismo de resolução de conflito em que as próprias partes constroem, em conjunto, um sistema de decisão, satisfazendo a todos os envolvidos e oxigenando as relações sociais, com a participação de um terceiro intermediando ou facilitando o alcance do entendimento.

A mediação já foi legalmente introduzida em diversos ordenamentos jurídicos. Na Europa, inclusive, o Conselho da União Europeia emitiu a Diretiva nº 52, de 21 de maio de 2008, tratando das diretrizes basilares da mediação, cuja transposição foi efetivada por praticamente quase todos os países integrantes da União Europeia.

No Brasil, a mediação[7] de conflitos tem evoluído muito, tanto na parte legislativa, quanto na parte prática. Embora ainda seja confundida com a conciliação, trata-se de instituto bem mais complexo, adequado para a solução de conflitos envolvendo relações continuadas.

Contudo, a matéria ainda necessitava de força normativa para que ganhasse legitimação social e passasse a proporcionar relevantes benefícios à sociedade.

---

[5] PINHO, Humberto Dalla Bernardina de. Mediação – A redescoberta de um velho aliado na solução de conflito. *In*: PRADO, Geraldo (Org.). *Acesso à justiça*: efetividade do processo. Rio de Janeiro: Lumen Juris, 2005.

[6] Acerca da origem e evolução do instituto da mediação, cf.: CHASE, Oscar G. I metodi alternativi di soluzione dele controversie e la cultura del processo: il caso degli Stati Uniti D'America. *In*: VARANO, Vincenzo (Org.). *L'altragiustizia*: il metodi alternativi di soluzione dele controversie nel diritto comparato. Milano: Dott. A. Giuffrè Editore, 2007, p. 129-156.

[7] "Pode-se entender por mediação o instrumento de natureza autocompositiva marcado pela atuação, ativa ou passiva, de um terceiro neutro e imparcial, denominado mediador, que auxilia as partes na prevenção ou solução de litígios, conflitos ou controvérsias" (GALVÃO FILHO, Mauricio Vasconcelos; WEBER, Ana Carolina. Disposições gerais sobre a mediação civil. *In*: PINHO, Humberto Dalla Bernardina de (Org.). *Teoria geral da mediação à luz do projeto de lei e do direito comparado*. Rio de Janeiro: Lumen Juris, 2008, p. 19-20).

O marco legal da mediação no Brasil se deu por meio da publicação da Lei nº 13.140/15, em 29.06.2015.

Assim, a Lei de Mediação representou mais um avanço legislativo na consolidação do que se pode chamar de microssistema brasileiro de mecanismos adequados de solução de disputas. E tanto isso é verdade que a referida Lei também prevê reflexos na arbitragem, numa interessante harmonia de meios para se atingir um único fim, que é a pacificação da sociedade.

De fato, a coincidência temporal das leis que tratam dos mecanismos adequados de resolução de conflitos propiciou uma necessária cautela do legislador em relação à compatibilidade dos procedimentos e com o uso simultâneo dos institutos.

Com efeito, ao tratar de procedimento, a Lei de Mediação estabelece no artigo 16 que a instituição da mediação suspende o processo arbitral.

Já o artigo 23, ao dispor sobre a mediação extrajudicial prevê que, em cláusula de mediação, se as partes se comprometerem a não iniciar procedimento arbitral durante certo prazo ou até que se implemente alguma condição, o árbitro suspenderá o curso da arbitragem pelo prazo acordado ou até o implemento da condição.

Por sua vez, o artigo 30, §2º diz que as informações revestidas de confidencialidade não serão admitidas como prova na arbitragem.

Por fim, uma última observação. O artigo 35 da Lei de Mediação que trata dos conflitos entre a administração pública, suas autarquias e fundações, prevê a transação por adesão, desde que preenchidos os requisitos legais. E o §4º estabelece que a transação por adesão implica na renúncia à ação ou ao recurso administrativo ou judicial, não mencionando a arbitragem.

Porém, considerando que o art. 1º, §1º, da Lei nº 13.129/2015 autoriza o uso da arbitragem pela administração pública direta e indireta, a eventual transação por adesão teria o mesmo efeito de renúncia ao procedimento arbitral eventualmente instaurado? A resposta deve ser positiva, com base em uma interpretação sistemática.

Portanto, tem-se que a Lei de Mediação confere importantes efeitos no CPC/2015, uma vez que, na qualidade de lei especial, prevalece e também complementa a regulamentação da mediação no novo CPC.

Além disso, a referida lei traz consequências processuais à arbitragem, permitindo, inclusive, a conclusão de que os métodos autocompositivos se sobrepõem aos heterocompositivos de solução de disputas, nos quais há a presença de um terceiro decidindo o conflito pelas partes.

De qualquer modo, é digno de elogio o esforço legislativo para disponibilizar às partes caminhos diferentes, mas igualmente eficazes na resolução das disputas, sem prejuízo de se poder lançar mão do Poder Judiciário.

6. COOPERAÇÃO ENTRE JUSTIÇA ARBITRAL E JUSTIÇA ESTATAL

As alterações legislativas supracitadas indicam que o Poder Judiciário também terá que se adaptar a conviver e até a estimular o uso das diversas modalidades de ferramentas colocadas à disposição dos jurisdicionadas para a resolução adequada dos conflitos.

É inclusive o que se extrai do artigo 3º, do CPC[8], previsto no Livro I referente às normas fundamentais processuais.

Contudo, no que se refere à arbitragem, o CPC parece ter incluído o instituto de forma descontextualizada, de modo a não passar uma mensagem muito clara aos sujeitos judiciais.

---

8 Art. 3º Não se excluirá da apreciação jurisdicional ameaça ou lesão a direito.
§1º É permitida a arbitragem, na forma da lei.
§2º O Estado promoverá, sempre que possível, a solução consensual dos conflitos.
§3º A conciliação, a mediação e outros métodos de solução consensual de conflitos deverão ser estimulados por juízes, advogados, defensores públicos e membros do Ministério Público, inclusive no curso do processo judicial.

Isso porque, se a ideia do art. 3º foi reforçar a existência e o incentivo a um minissistema de resolução de disputas composto pelo Poder Judiciário e por instituições públicas e privadas dedicadas à conciliação, mediação e arbitragem, deveria o legislador ter incluído a arbitragem no §3º, do art. 3º, ou seja, por meio de um efetivo comando aos atores processuais.

Da forma como está no §1º (É permitida a arbitragem), não há indicativo do contexto pretendido ou de sua utilidade, e ainda sugere uma desnecessidade do dispositivo, trazendo ainda para o campo doutrinário o retorno da discussão sobre a natureza jurídica da arbitragem.

Assim, questiona-se: o juiz, no curso de um processo judicial, poderia sugerir que as partes se submetam à arbitragem, indicando ser o método mais adequado para a resolução do conflito?

A resposta parece ser positiva, e sem que isso represente qualquer abdicação de jurisdição. Mais do que conduzir processos o juiz contemporâneo tem o dever de tratar adequadamente o conflito, ainda que isso represente demonstrar para as partes a existência de outro meio melhor que a jurisdição estatal para solucionar a controvérsia.

É óbvio que o juiz, nessa hipótese, não poderia obrigar as partes a se submeterem à arbitragem, devendo apenas indicar a existência de outro método mais compatível com a controvérsia posta em juízo, até mesmo ponderando as dificuldades de tramitação daquele conflito no Poder Judiciário (tempo, custo e satisfação com o resultado). Caso a sugestão seja aceita pelas partes, haverá a estipulação de um compromisso arbitral judicial, com a consequente renúncia à atividade jurisdicional estatal, nos termos do art. 9º, §1º, da Lei nº 13.129/2015, ensejando a extinção do feito sem resolução do mérito, conforme art. 485, VII, do CPC.

Essa postura, além de possível, também atenderia ao que preconiza o artigo 6º, do CPC, de que "todos os sujeitos do processo devem cooperar entre si para que se obtenha, em tempo razoável, decisão de mérito justa e efetiva".

Ocorre que, ainda que o juiz queira assim proceder, não há no CPC nenhum dispositivo que autorize expressamente o juiz a fazer isso.

Veja-se que o art. 139 que trata dos deveres e poderes do juiz só menciona o incentivo à autocomposição, não incluindo as demais formas de resolução de disputas.[9]

De qualquer forma, esse vácuo legislativo não impede que, na gestão do processo e do conflito, o juiz submeta à análise das partes a possibilidade de acordarem sobre o uso da arbitragem.

Outra questão importante diz respeito à necessidade de capacitação dos magistrados também quanto à arbitragem, já que em relação à conciliação e à mediação já há cursos disponíveis nas escolas judiciais.

Registre-se que em 2015 a Corregedoria do CNJ estabeleceu a Meta 2,[10] denominada Meta de Arbitragem, que dizia que os tribunais deveriam indicar 2 (duas) varas competentes para processar a arbitragem. A ideia era trazer um mínimo de especialização dos juízes para atuarem no tema. Todos os Estados cumpriram a Meta. Contudo, a política pública parou por aí. Esses juízes não tiveram qualquer capacitação para reconhecer ou atuar com as questões arbitrais.

E na realidade não só os juízes com atribuição para essas unidades judiciárias deveriam ter a capacitação, já que o conhecimento do sistema multiportas e o tratamento adequado dos conflitos devem ser observados por todos os atores judiciais. Lembrando, ainda, que essa falta de especialização também desagua na análise da preliminar de arbitragem, cuja competência é mais abrangente.

Nesse contexto, vê-se que falta uma política pública envolvendo o uso da arbitragem no âmbito do Poder Judiciário. Isso afeta a compreensão dos juízes sobre a lógica do sistema arbitral, comprometendo, por conseguinte, a qualidade das intervenções judiciais, especialmente quanto à abrangência e limites do procedimento arbitral.

---

9 Art. 139. O juiz dirigirá o processo conforme as disposições deste Código, incumbindo-lhe: (...)
V – promover, a qualquer tempo, a autocomposição, preferencialmente com auxílio de conciliadores e mediadores judiciais; (...).

10 Disponível em: http://www.cnj.jus.br/files/conteudo/destaques/arquivo/2015/05/4b745d50b26aeb6683d0756c632f20d6.pdf. Acesso em: 15 set. 2018.

Exemplo disso é que, na prática forense, há relatos, por exemplo, de situação em que não foi decretado o segredo de justiça em procedimento arbitral, e, no mesmo caso, ainda foi deferida a assistência judiciária gratuita após a parte ter passado por um procedimento arbitral pago. Essa realidade indica que os juízes competentes para apreciar as questões arbitrais ainda não estão sintonizados com as características essenciais do processo arbitral.

Sobre o segredo de justiça, é importante ter em mente que, dentro da estrutura do Poder Judiciário, especialmente em relação aos processos físicos, ele não é observado de forma criteriosa, já que, até chegar ao magistrado, passa por inúmeros setores e servidores, contaminando a confidencialidade e a discrição da arbitragem.

Ainda sobre a atuação judicial, vê-se que o art. 337, X, do CPC, trata da preliminar de arbitragem, que é gênero e inclui a análise da: a) preliminar de que há decisão do árbitro sobre a sua competência; e b) preliminar de convenção de arbitragem.[11]

Porém, a elevada quantidade de processos em tramitação, a falta de estrutura pessoal, e a forma de gestão que se imprime, muitas vezes faz com que o magistrado eventualmente não se atente – ao menos de forma tempestivamente – para a preliminar de arbitragem na contestação, especialmente quando inserida entre inúmeras outras questões processuais e meritórias.

Dessa forma, para evitar que haja a demora na análise da questão e, ainda, que as matérias de mérito sejam disponibilizadas nos autos antes da apreciação da preliminar de arbitragem, esta poderia ser alegada de duas formas (como, aliás, constava da versão Câmara): a) exceção ritual de arbitragem por meio de petição – seria mais adequado; b) por ocasião da audiência de conciliação ou mediação, oportunidade em que o auxiliar de justiça poderá suspender o procedimento e submetê-lo à análise do juiz.

---

[11] BENEDUZI, Renato Resende. Preliminar de arbitragem no Novo CPC. *In*: BENEDUZI, Renato Resende; MELO, Leonardo de Campos. *A reforma da arbitragem*. Rio de Janeiro: Forense, 2016, p. 287.

Nessas duas hipóteses, eventual rejeição da preliminar não poderia implicar em preclusão consumativa para o réu quanto à possibilidade posterior de oferecimento de sua contestação.

Registre-se, ainda, que caso as partes entrem em consenso sobre o objeto litigioso na própria audiência de conciliação/mediação – ou mesmo fora dela –, a autocomposição redundará na renúncia à arbitragem.

Outro tema envolvendo a arguição de preliminar de arbitragem diz respeito à necessidade de oitiva do autor, ou seja, se diante da alegação de preliminar de arbitragem o juiz deveria intimá-lo para se manifestar antes de decidir. Embora haja divergência doutrinária[12] quanto ao assunto, os arts. 9º e 10, do CPC, parecem não deixar dúvidas quanto à imprescindibilidade de oitiva da parte contrária antes da decisão judicial.

Por fim – mas não menos importante –, vale ressaltar que tanto a Lei nº 13.129/2015 (art. 22-C) quanto o CPC/15 (arts. 69 e 260, §3º) passaram a instituir a carta arbitral como instrumento apto a viabilizar atos de cooperação entre a justiça estatal e a justiça arbitral, sem prejuízo de que a troca de informações entre os referidos órgãos também possa ocorrer por outros meios legítimos de comunicação, inclusive com o uso da tecnologia disponível.

7. CONCLUSÃO

O ano de 2015 foi emblemático para os profissionais de direito. Com o advento da Lei nº 1.105/2015 (Código de Processo Civil), Lei nº 13.129/2015 (Lei de Arbitragem) e da Lei nº 13.140/2015 (Lei de Mediação), o legislador nacional deixou clara a sua intenção de fomentar a utilização de variados métodos de resolução de controvérsias.

---

[12] Eduardo Talamini entende que a exigência desse contraditório deveria ser excepcional (TALAMINI, Eduardo. Arguição de convenção arbitral no projeto de novo Código de Processo Civil (exceção de arbitragem). *In*: *Doutrinas Essenciais Arbitragem e Mediação*. vol. 2, p. 145-170, set./2014.

Com efeito, as formas judiciais e extrajudiciais[13] de composição das controvérsias[14] não se contrapõem, mas ao contrário, se complementam como métodos eficazes de solução de conflitos.[15]

No campo judicial, a conciliação e a mediação passaram a dispor de um aparato normativo capaz de conferir aos referidos institutos a segurança jurídica necessária para disseminar a cultura da consensualidade e a ampliar a sua utilização, sem prejuízo de também servirem de ferramenta na esfera extrajudicial.

Já no âmbito privado, o uso de técnicas adequadas de resolução das controvérsias tem crescido no Brasil, não só com o fomento à arbitragem, mas também com a utilização da mediação extrajudicial, criando-se, inclusive, novos mercados de trabalho.

Essa realidade tem motivado cada vez mais o Poder Judiciário a oferecer à sociedade técnicas diferenciadas de composição de litígios, inspirado na iniciativa norte-americana de tribunal multiportas, que tem ao fundo a presença do juiz garantidor da regularidade e da adequação do procedimento.

Nessa perspectiva, torna-se salutar e até essencial o apoio do Poder Judiciário ao fortalecimento da arbitragem, por meio de cooperação entre as duas esferas jurisdicionais.

---

13 Analisando a relação das ADRs com a privatização da justiça, ver: TANIGUCHI, Yasuhei. How much does japonese civil procedure belong to the civil law and to the common law. *In*: CHASE, Oscar G.; WALKER, Janet. *Common law, civil law, and the future of categories*. Toronto: Lexis Nexis, p. 111-224, 2010, p. 210-211.

14 Fazendo um contraponto entre a tutela jurisdicional e as outras técnicas de resolução das controvérsias, cf.: TROCKER, Nicolò. Processo e strumenti alternativi di composizione delle liti nella giurisprudenza dela Corte constituzionale. *Diritto processuale civile e Corte Constituzionale*. Roma: Edizioni Scientifiche Italiane, p. 439-487, 2006.

15 Confirmando a tendência mundial em utilizar os meios alternativos de solução de conflitos, a Comissão Europeia propôs um texto regulamentando o uso da mediação em matéria civil e comercial, considerando especialmente o artigo 24 dos Princípios ALI/UNIDROIT, relativos ao processo civil transnacional, redigido conjuntamente pelo *American Law Institute* e UNIDROIT. Cf.: FERRAND, Frédérique. *La conception du procès civil hors de France*. De la commémoration d'um code à l'autre: 200 ans de procédure civile en France. Paris: Lexis Nexis SA, 2006, p. 289.

Concretamente, a contribuição do Poder Judiciário pode se dar, inicialmente, com o investimento em uma política pública de métodos adequados de resolução de conflitos que abarque não só a conciliação e mediação, mas também a arbitragem, especialmente quanto à capacitação dos juízes sobre a lógica do procedimento arbitral.

Com isso estará garantida a correta aplicação das premissas da arbitragem (princípio da competência-competência, respeito à autonomia privada, confidencialidade, devido processo legal), principalmente no que tange ao enfrentamento oportuno da preliminar de arbitragem e aos limites da atuação jurisdicional.

Por sua vez, a cooperação com a justiça arbitral também ocorrerá no momento da análise de medidas de urgência antes da instituição da arbitragem.

Não obstante, o Poder Judiciário deve garantir o cumprimento das decisões e atos arbitrais, por meio de imposição de medidas coercitivas efetivas, quando necessário for.

Ademais, além da utilização da carta arbitral, é possível, em casos mais simples, a troca de informações e documentos de maneira célere e menos formal do que a carta arbitral, como, por exemplo, pelas vias eletrônicas.

Quanto maior a interação entre o Poder Judiciário e a justiça arbitral, mais benefícios estarão à disposição dos jurisdicionados, com o fortalecimento da cultura da justiça multiportas no Brasil.

REFERÊNCIAS

BENEDUZI, Renato Resende. Preliminar de arbitragem no Novo CPC. *In*: BENEDUZI, Renato Resende; MELO, Leonardo de Campos. *A reforma da arbitragem*. Rio de Janeiro: Forense, p. 285-310, 2016.

CHASE, Oscar G. I metodi alternativi di soluzione dele controversie e la cultura del processo: il caso degli Stati Uniti D'America. *In*: VARANO, Vincenzo (Org.). *L'altragiustizia: il metodi alternativi di soluzione dele controversie nel diritto comparato. Milano*: Dott. A. Giuffrè Editore, p. 129-156, 2007.

FERRAND, Frédérique. *La conception du procès civil hors de France*. De la commémoration d'um code à l'autre: 200 ans de procédure civile en France. Paris: Lexis Nexis SA, 2006.

GALVÃO FILHO, Mauricio Vasconcelos; WEBER, Ana Carolina. Disposições gerais sobre a mediação civil. *In*: PINHO, Humberto Dalla Bernardina de (Org.). *Teoria geral da mediação à luz do projeto de lei e do direito comparado*. Rio de Janeiro: Lumen Juris, p. 3-58, 2008.

GRINOVER, Ada Pellegrini. *Ensaio sobre a processualidade*. Brasília: Gazeta Jurídica, 2016.

GRINOVER, Ada Pellegrini. O minissistema brasileiro de justiça consensual: compatibilidades e incompatibilidades. *Publicações da Escola AGU*, Brasília, v. 8, n. jan./mar. 2016, p. 15-36, 2016.

PINHO, Humberto Dalla Bernardina de. Mediação – A redescoberta de um velho aliado na solução de conflito. *In*: PRADO, Geraldo (Org.). *Acesso à justiça*: efetividade do processo. Rio de Janeiro: Lumen Juris, p. 105-124, 2005.

TALAMINI, Eduardo. Arguição de convenção arbitral no projeto de novo Código de Processo Civil (exceção de arbitragem). *Doutrinas Essenciais Arbitragem e Mediação*. vol. 2, p. 145-170, set./2014.

TANIGUCHI, Yasuhei. How much does japonese civil procedure belong to the civil law and to the common law. *In:* CHASE, Oscar G.; WALKER, Janet. *Common law, civil law, and the future of categories*. Toronto: Lexis Nexis, p. 111-224, 2010.

TROCKER, Nicolò. Processo e strumenti alternativi di composizione delle liti nella giurisprudenza dela Corte constituzionale. *In: Diritto processuale civile e Corte Constituzionale*. Roma: Edizioni Scientifiche Italiane, p. 439-487, 2006.

ZANETI JR., Hermes; CABRAL, Trícia Navarro Xavier. *Justiça Multiportas:* mediação, conciliação, arbitragem e outros meios adequados de solução de conflitos. (Coleção Grandes Temas do Novo CPC – vol. 9). 2. ed. Salvador: JusPodivm, 2018.

O CUSTO DA ARBITRAGEM E O FINANCIAMENTO DE TERCEIROS

Cláudio Finkenstein[1]

1. INTRODUÇÃO

O fenômeno de financiamento de litígios por terceiros (TPF, do inglês Third Party Funding) – pelo qual uma entidade que não é parte no litígio e não possui qualquer interesse prévio neste disponibiliza fundos para financiar uma das partes da disputa em troca de uma participação nos recursos advindos do êxito desta[2] – vem crescendo expressivamente

---

[1] Livre-Docente pela Pontifícia Universidade Católica de São Paulo. Mestre em Direito Internacional pela University of Miami. Professor da Pontifícia Universidade Católica de São Paulo em cursos de Graduação e Pós-Graduação. Diretor do Instituto Nacional de Contencioso Econômico e do Instituto Brasileiro de Direito Constitucional e Vice-Presidente da Sociedade Brasileira de Direito Internacional.

[2] NIEUWYELD, Lisa Bench; SHANNON, Victoria. *Third-Party Funding in International* Arbitration, 2nd edition. Kluwer Law International 2017, p. 1.

no Brasil e no mundo. Atualmente, estima-se que o mercado global de financiamento de disputas ultrapassa os US$ 4 bilhões[3].

Dentre os principais motivos para tal crescimento, pode-se identificar: (i) a necessidade de se facilitar o acesso à justiça em foros cujos altos custos impossibilitam partes com demandas meritórias de litigar ou arbitrar devido a baixa liquidez; (ii) a opção estratégica por terceirizar a gestão de contencioso, ou mesmo a dificuldade de determinadas empresas pleitearem seus direitos em uma ação e, ao mesmo tempo, manterem em caixa recursos necessários à continuidade do seu negócio; (iii) a crise financeira de 2008, que fez com que vários fundos de investimentos e bancos buscassem alternativas de investimentos que não fossem diretamente afetados pelo volátil e imprevisível mercado financeiro; e (iv) a busca de empresas – que possuem recursos em caixa e pretendem litigar/arbitrar – por meios de levantar capital para despesas operacionais ou para realizar expansões.[4]

Embora o financiamento de litígios tenha surgido no âmbito das demandas judiciais, o elevado custo dos procedimentos arbitrais (que pode envolver desde os honorários dos árbitros, custas das instituições arbitrais, honorários advocatícios, honorários de peritos e demais despesas com a produção de documentos, estenotipia, deslocamento de testemunhas, pareceres técnicos, etc.), a relativa rapidez do procedimento, a segurança conferida pela expertise dos árbitros e, no caso de arbitragens internacionais, a Convenção sobre o Reconhecimento e a Execução de Sentenças Arbitrais Estrangeiras de 1958 ("Convenção de

---

3 Draft Report for Public Discussion of the ICCA-Queen Mary Task Force on Third Party Funding in International Arbitration. 01 September 2017, p. 11. Disponível em: http://www.arbitration-icca.org/media/10/14053115930449/submission_version_for_public_comment_finalversion.pdf. Acesso em: 22 fev. 2018.

4 NIEUWYELD, Lisa Bench; SHANNON, Victoria. *Third-Party Funding in International Arbitration*, 2nd edition. Kluwer Law International 2017, p. 8-9; CASADO FILHO, Napoleão. *Arbitragem e Acesso à justiça*: o novo paradigma do *Third Party Funding*. São Paulo: Saraiva, 2017, p. 121-122; FINKELSTEIN, Cláudio. *Entrevista para Revista Comercialista*, nº 17.

Nova Iorque"), fizeram com que a arbitragem se tornasse um campo extremamente fértil para tal fenômeno.[5]

Esse campo fértil, contudo, é relativamente novo, especialmente no Brasil, havendo ainda muitos debates sobre a sua viabilidade e sua aplicação, com poucas certezas disseminadas por seus praticantes. Desse modo, o presente artigo visa traçar noções gerais sobre a prática do financiamento de arbitragem por terceiros no país, bem como sobre suas principais consequências.

2. DEFINIÇÃO E FORMAS DE FINANCIAMENTO DE ARBITRAGEM POR TERCEIROS

Primeiramente, cumpre esclarecer que a disponibilização de fundos para financiar uma arbitragem pode ocorrer de diversas formas.

Uma das formas mais antigas de financiamento de disputas se dá através da contratação de seguro. Por meio de um contrato de seguro, o segurador se obriga perante o segurado a garantir-lhe interesse legítimo e a indenizá-lo em caso de dano decorrente de risco futuro, mediante o pagamento de um prêmio.[6]

Outra forma comum de financiamento ocorre através da contratação de honorários de êxito. Assim, o advogado recebe parcela dos seus honorários (ou todo o valor dos honorários) com o sucesso da demanda. Tem-se também o financiamento de escritórios de advocacia. Nesse caso, o escritório financia a disputa mediante os honorários de êxito e uma terceira entidade disponibiliza os fundos necessários para o escritório dar continuidade às suas atividades até receber tais honorários.

---

5 FERRO, Marcelo Roberto, O Financiamento de Arbitragens por Terceiro e a Independência do Árbitro. *In*: *Dia Gaúcho da Arbitragem*, 2015, p. 102. Disponível em: http://www.federasul.com.br/wp-content/uploads/2017/09/Livro_Dia_Gaucho_Arbitragem.pdf. Acesso em: 30 mar. 2018; SCHERER, Maxi; GOLDSMITH, Aren; FLECHET, Camille. *Third-party funding in international arbitration in Europe*. Part 1. Funders' perspectives, p. 214.

6 DINIZ, Maria Helena. *Curso de direito civil brasileiro*. 16. ed. São Paulo. Saraiva, 2002, p. 316.

Por fim, cabe mencionar o que se tornou o modelo mais discutido, ou seja, o financiamento por um investidor. Segundo Marcel Cardoso, em trabalho acadêmico "Financiamento de Litígios por Terceiros (Third-Party Litigation Funding) em Processos Cíveis (Judiciais e Arbitrais)", essa forma de financiamento pode ser dividida em dois momentos. Em um primeiro momento, empresas alheias à disputa realizavam empréstimos a indivíduos que possuíam demandas de indenização (mas não detinham recursos para arcar com despesas fora do litígio), em troca de parcela da condenação do réu. Já, em um segundo momento, investidores mais sofisticados passaram a realizar empréstimos para o custeio de processos entre grandes empresas, arbitragens comerciais e arbitragens de investimento, ações coletivas etc.[7]

O financiamento por investidores, por sua vez, pode se dar, por exemplo, por meio da celebração de um contrato atípico, da cessão de crédito, da constituição de uma sociedade em conta de participação ("SCP") ou da cessão fiduciária de créditos.

Tendo em vista que o financiamento de litígios por terceiros não é regulamentado, além de ser pouco utilizado no Brasil, inexiste um contrato com regramentos específicos para tal negócio. Não obstante, a parte financiada e o financiador podem celebrar um contrato atípico, nos termos do artigo 425 do Código Civil[8]. Este contrato deve ser aleatório, uma vez que seu objeto é uma coisa futura, cuja existência e quantidade são desconhecidas pelas partes quando da sua conclusão; deve indicar que o risco de a coisa não vir a existir é de ambas as partes e deve vincular a remuneração do investidor ao resultado da demanda[9].

---

[7] CARDOSO, Marcel Carvalho Engholm. Financiamento de litígios por terceiros (*Third-Party Litigation Funding*) em processos cíveis (judiciais e arbitrais). Dissertação (Mestrado em Direito) – Faculdade de Direito da Universidade de São Paulo, São Paulo, 2017, p. 68-70.

[8] Artigo 425. É lícito às partes estipular contratos atípicos, observadas as normas gerais fixadas neste Código.

[9] CARDOSO, Marcel Carvalho Engholm. Financiamento de litígios por terceiros (*Third-Party Litigation Funding*) em processos cíveis (judiciais e arbitrais). Dissertação (Mestrado em Direito) – Faculdade de Direito da Universidade de São Paulo, São Paulo, 2017, p. 98-100.

Na cessão de crédito, a parte cede ao terceiro – parcial ou totalmente – sua posição ativa na relação obrigacional, independentemente de autorização do devedor. Nesse caso, países como o Reino Unido, a França e os Estados Unidos entendem que com a cessão do direito, transfere-se também a convenção de arbitragem, a fim de se garantir a eficácia da arbitragem[10]. Entendemos, porém, que o terceiro cessionário não se torna titular da relação jurídica material ou parte da convenção de arbitragem.

Com relação à constituição de sociedade em conta de participação, a parte financiada (sócio ostensivo) é responsável pela operação e responsabilidade da atividade fim da empresa, mantendo-se como titular do direito material. Já o investidor (sócio participante ou oculto) fornece recursos ao sócio ostensivo, detendo o direito de receber um percentual da condenação, mas não possuindo, via de regra, responsabilidade perante terceiros[11].

Na cessão fiduciária de créditos, "a parte investida seria o devedor fiduciante, e o investidor, o credor fiduciário. O investido permaneceria na propriedade dos créditos, mas com condição resolutiva (término do procedimento arbitral ou qualquer outra pactuada no contrato de investimento)".[12]

Pois bem. Uma vez elencadas algumas das formas de financiamento de disputas expostas acima – que não pretendem ser exaustivas – fica claro que não é fácil encontrar uma única definição para o termo "financiamento de arbitragem por terceiro". Até porque, não existe um

---

[10] CARDOSO, Marcel Carvalho Engholm. Financiamento de litígios por terceiros (Third-Party Litigation Funding) em processos cíveis (judiciais e arbitrais). Dissertação (Mestrado em Direito) – Faculdade de Direito da Universidade de São Paulo, São Paulo, 2017, p. 145-147.

[11] CARDOSO, Marcel Carvalho Engholm. Financiamento de litígios por terceiros (Third-Party Litigation Funding) em processos cíveis (judiciais e arbitrais). Dissertação (Mestrado em Direito) – Faculdade de Direito da Universidade de São Paulo, São Paulo, 2017, p. 103.

[12] CASADO FILHO, Napoleão. Arbitragem e Acesso à justiça: o novo paradigma do *Third Party Funding*. São Paulo: Saraiva, 2017, p. 217-220.

consenso na doutrina a respeito de quais formas de financiamento estariam abrangidas ou não por tal termo[13].

Para Yves Derains, o financiamento de arbitragem por terceiro consiste em um:

> scheme where a party unconnected to a claim finances all or part of one of the parties' arbitration costs, in most cases the claimant. The funder is then remunerated by an agreed percentage of the proceeds of the award, a success fee, or a combination of the two or through more sophisticated devices. In the case of an unfavourable award, the funder's investment is lost.[14]

A versão final do Draft Report for Public Discussion da ICCA-Queen Mary Task Force on Third Party Funding in International Arbitration, por sua vez, adotou uma definição mais ampla do instituto:

> The term 'third-party funder' refers to any natural or legal person who is not a party to the dispute but who enters into an agreement either with a disputing party, an affiliate of that party, or a law firm representing that party: a) in order to provide material support or to finance part or all of the cost of the proceedings, either individually or as part of a selected range of cases, and b) such support or financing is provided either through a donation or grant or in return for remuneration or reimbursement wholly or partially dependent on the outcome of the dispute.[15]

Essa definição abrange o financiamento por terceiros tanto de requerentes como de requeridos na arbitragem, honorários de êxito,

---

[13] Para Napoleão Casado Filho, por exemplo, a cessão fiduciária de crédito seria a figura mais adequada para o financiamento de litígios por terceiro. Já, para Marcel Cardoso, tal hipótese seria inaplicável ao third-party funding. Semelhantemente, os membros do da ICCA-Queen Mary *Task Force on Third Party Funding in International Arbitration* não conseguiram chegar a um consenso a respeito da abrangência do termo "financiamento de arbitragem por terceiro" para alguns tipos de seguros.

[14] DERAINS, Yves. "Foreword to Third-Party in International Arbitration". *In*: SANZ-PASTOR, Bernardo M. Cremades; DIMOLITSA, Antonias (Ed.). *Third-Party Funding in International Arbitration*, (ICC Dossier 2013), p. 5.

[15] Draft Report for Public Discussion of the ICCA-Queen Mary Task Force on Third Party Funding in International Arbitration. 01 September 2017, pp. 39-42. Disponível em: http://www.arbitration-icca.org/media/10/14053115930449/submission_version_for_public_comment_finalversion.pdf. Acesso em: 22 fev. 2018.

portfolio funding (os investidores financiam um portfólio de demandas de uma mesma parte ou de um mesmo escritório de advocacia) e até algumas formas de seguros. Além disso, a definição aplica-se não só para financiamentos que esperam um retorno do investimento, mas também para financiamentos sem fins lucrativos (como é o caso de organizações não governamentais que disponibilizam fundos para uma parte em arbitragens de investimento) e para representações pro bono.

Vale notar, contudo, que essa definição mais abrangente foi considerada pela Task Force meramente como um ponto de partida para que seus membros pudessem analisar todos os tipos de financiamentos, bem como as suas consequências. No entanto, para as recomendações elaboradas pela Task Force (envolvendo confidencialidade e o dever de revelação, por exemplo), o relatório adotou definições mais restritivas.

Para os fins deste artigo, iremos adotar o conceito de financiamento de arbitragem por terceiro disposto na Resolução Administrativa 18/2016 do Centro de Arbitragem e Mediação da Câmara de Comércio Brasil-Canadá ("CAM-CCBC") – semelhante ao conceito elaborado por Napoleão Casado Filho em sua obra "Arbitragem e Acesso à Justiça: o novo paradigma do Third Party Funding"[16]:

> Artigo 1º - Considera-se financiamento de terceiro quando uma pessoa física ou jurídica, que não é parte no procedimento arbitral, provê recursos integrais ou parciais a uma das partes para possibilitar ou auxiliar o pagamento dos custos do procedimento arbitral, recebendo em contrapartida uma parcela ou porcentagem de eventuais benefícios auferidos com a sentença arbitral ou acordo.[17]

---

[16] "Parece-nos que o financiamento de terceiros, em processos judiciais ou arbitrais, pode ser definido como um método de financiamento no qual uma entidade, que não faz parte de um conflito, suporta as despesas do processo no lugar de uma das partes, arcando com os honorários dos advogados, dos julgadores e com as demais despesas necessárias à produção de provas e administração do processo. Em retorno, a entidade financiadora recebe uma porcentagem dos ganhos decorrentes da decisão final" (CASADO FILHO, Napoleão. *Arbitragem e Acesso à justiça*: o novo paradigma do *Third Party Funding*. São Paulo: Saraiva, 2017, p. 165).

[17] Disponível em: http://www.ccbc.org.br/Materia/2890/resolucao-administrativa-182016. Acesso em: 03 mar. 2018.

3. O FINANCIAMENTO DE ARBITRAGEM POR TERCEIRO NA PRÁTICA

O procedimento adotado pelos investidores para financiar uma arbitragem pode variar de caso a caso. Em geral, contudo, os investidores começam realizando uma detalhada e rigorosa due diligence do caso. De acordo com a versão final do Draft Report for Public Discussion da ICCA-Queen Mary Task Force on Third Party Funding in International Arbitration, aproximadamente 90% das demandas submetidas para análise são rejeitadas.

Dentre os elementos considerados pelos investidores para aceitarem ou não financiar uma determinada demanda, pode-se citar (i) o mérito dos pleitos; (ii) a margem de retorno; (iii) a estimativa de custos com as despesas processuais e extraprocessuais; (iv) o valor da demanda; (v) o valor que precisará ser antecipado; (vi) as defesas; (vii) a natureza e a duração do procedimento; (viii) a possibilidade de acordo; (ix) a condição financeira e a credibilidade das partes envolvidas; e (x) o advogado escolhido e os seus honorários.[18]

Uma vez aprovado o financiamento, a parte e o investidor concluem um acordo de investimento (Litigation Funding Agreement – "LFA"). Embora os termos de tal acordo também variem caso a caso, a doutrina identifica alguns elementos comuns aos LFAs como (i) a forma em que se dará o recebimento dos recursos advindos com o sucesso da demanda; (ii) as despesas que serão cobertas pelo financiamento e uma estimativa do máximo de investimento necessário; (iii) o nível de controle exercido pelo financiador na demanda; (iv) hipóteses de término do acordo (quando o investidor deixa de pagar as despesas com que concordou ou quando a parte age de forma desarrazoada e contrariamente aos conselhos do seu advogado, por exemplo); (v) alinhamento dos riscos; e (vi) cláusula de confidencialidade para proteger as

---

18 SANZ-PASTOR, Bernardo M. Cremades. Chapter 12. Concluding remarks. *In*: SANZ-PASTOR, Bernardo M. Cremades; DIMOLITSA, Antonias (Ed.), *Third-Party Funding in International Arbitration* (ICC Dossier), Dossiers of the ICC Institute of World Business Law, Volume 10 (Kluwer Law International; International Chamber of Commerce (ICC) 2013), p. 154.

informações e os materiais compartilhados ente a parte, seu advogado e o investidor.[19]

Ademais, também é comum a conclusão de contratos acessórios, como o Waterfall ou Priority Agreement, por meio do qual se estabelece como os recursos provenientes da demanda serão divididos entre o investidor, os advogados da parte e os acionistas da parte.[20]

No que tange ao envolvimento do financiador no processo em si, referido envolvimento vai depender da forma de financiamento escolhida pelo financiado e pelo financiador. No caso da cessão de crédito e da CSP, por exemplo, o financiador detém direito ao recebimento de parcela da condenação, mas não se torna parte substancial no processo. Também é possível considerar que o financiador participe ativamente do processo como legitimado extraordinário convencional, assistente simples, dentre outras figuras. Contudo, como regra, o financiador não tem interesse em atuar ativamente no processo ou até em revelar o seu envolvimento neste.[21]

Por fim, cumpre tecer breves considerações sobre a participação do financiador na condenação determinada pelo tribunal arbitral e na execução da sentença arbitral.[22]

No que tange à participação do financiador no polo ativo da execução, vale notar que o Código de Processo Civil de 2015 ("CPC 2015")

---

[19] NIEUWYELD, Lisa Bench; SHANNON, Victoria. *Third-Party Funding in International Arbitration*, 2nd edition. Kluwer Law International 2017, p. 22-31.

[20] Draft Report for Public Discussion of the ICCA-Queen Mary Task Force on Third Party Funding in International Arbitration. 01 September 2017, p. 19. Disponível em: http://www.arbitration-icca.org/media/10/14053115930449/submission_version_for_public_comment_finalversion.pdf. Acesso em: 22 fev. 2018.

[21] CARDOSO, Marcel Carvalho Engholm. Financiamento de litígios por terceiros (*Third-Party Litigation Funding*) em processos cíveis (judiciais e arbitrais). Dissertação (Mestrado em Direito) – Faculdade de Direito da Universidade de São Paulo, São Paulo, 2017, p. 132 - 158.

[22] Para análise mais detalhada, ver: CARDOSO, Marcel Carvalho Engholm. Financiamento de litígios por terceiros (*Third-Party Litigation Funding*) em processos cíveis (judiciais e arbitrais). Dissertação (Mestrado em Direito) – Faculdade de Direito da Universidade de São Paulo, São Paulo, 2017, pp. 158-183.

prevê, em seu artigo 778, os legitimados para promover a execução: portador de título executivo, o Ministério Público, o espólio, herdeiros e sucessor causa mortis; o cessionário e o sub-rogatário[23]. Assumindo que o investidor não é parte processual da demanda e não consta no título executivo, entendemos que a única hipótese em que o financiador poderia promover a execução autonomamente seria através da sub-rogação. Ou seja, o financiador paga ao financiado o valor da dívida deste com a parte contrária, sub-rogando-se nos direitos do financiado.

Com relação à participação do financiador no polo passivo da execução, vale notar que o CPC 2015 também prevê os legitimados passivos da execução: o devedor reconhecido no título executivo; o espólio, os herdeiros ou os sucessores do devedor; o devedor que assume, com o consentimento do credor, a obrigação resultante do título executivo; o fiador do débito; o titular do bem vinculado por garantia real ao pagamento do débito e o responsável tributário.[24] Ora, considerando que o financiador não é parte processual e não assumiu qualquer obrigação perante o autor da execução, não há que se falar na sua inclusão no polo passivo da execução, visto que não se encaixa em nenhuma das hipóteses de legitimado previstas pelo CPC 2015.

Já, com relação à condenação do financiador no âmbito da arbitragem (ao pagamento de honorários de sucumbência, por exemplo), entendemos que tal condenação não é cabível pelo fato de o financiador

---

23 Art. 778. Pode promover a execução forçada o credor a quem a lei confere título executivo.
§1º Podem promover a execução forçada ou nela prosseguir, em sucessão ao exequente originário: I – o Ministério Público, nos casos previstos em lei; II – o espólio, os herdeiros ou os sucessores do credor, sempre que, por morte deste, lhes for transmitido o direito resultante do título executivo; III – o cessionário, quando o direito resultante do título executivo lhe for transferido por ato entre vivos; IV – o sub-rogado, nos casos de sub-rogação legal ou convencional.

24 Art. 779. A execução pode ser promovida contra: I – o devedor, reconhecido como tal no título executivo; II – o espólio, os herdeiros ou os sucessores do devedor; III – o novo devedor que assumiu, com o consentimento do credor, a obrigação resultante do título executivo; IV – o fiador do débito constante em título extrajudicial; V – o responsável titular do bem vinculado por garantia real ao pagamento do débito; VI – o responsável tributário, assim definido em lei.

não ser parte da convenção de arbitragem. Tendo em vista que é através da convenção da arbitragem que as partes manifestam sua vontade para solucionar determinadas disputas por meio do processo arbitral, o tribunal arbitral não possui jurisdição para condenar o financiador que não manifestou sua vontade em se submeter à arbitragem.

Por outro lado, entendemos que o tribunal tem poderes para determinar se a parte adversa deve ou não arcar com as despesas decorrentes do financiamento, caso a parte vencedora tenha incluído o reembolso de tais despesas em seus pedidos.

4. DEVER DE REVELAÇÃO

Um dos principais debates que surgiu com a participação de um terceiro como financiador da arbitragem está relacionado com o eventual dever de revelação da existência de financiamento para evitar conflitos de interesses decorrentes da relação investidor-árbitro.

Nos termos do artigo 14, §1º, da Lei 9.307/1996 ("Lei Brasileira de Arbitragem"), o árbitro – e não as partes – tem o dever de revelar qualquer fato que denote dúvida justificável quanto à sua imparcialidade e independência.[25] Ocorre, que o árbitro não consegue revelar que possui relação com o financiador se não sabe da sua existência. Assim, discute-se se caberia à parte financiada revelar a participação do financiador na arbitragem.

Dentre os motivos para não se revelar a existência do financiamento, pode-se citar o risco de o tribunal arbitral determinar a prestação de caução pela parte financiada somente devido à existência do financiamento (ainda que a parte tenha condições de arcar com as despesas

[25] Art. 14. Estão impedidos de funcionar como árbitros as pessoas que tenham, com as partes ou com o litígio que lhes for submetido, algumas das relações que caracterizam os casos de impedimento ou suspeição de juízes, aplicando-se-lhes, no que couber, os mesmos deveres e responsabilidades, conforme previsto no Código de Processo Civil.
§1º As pessoas indicadas para funcionar como árbitro têm o dever de revelar, antes da aceitação da função, qualquer fato que denote dúvida justificada quanto à sua imparcialidade e independência.

da arbitragem sozinha) e da apresentação de impugnações frívolas ao tribunal arbitral pela parte adversa. Ademais, a não revelação pode consistir em uma questão de estratégia, uma vez que o financiador pode não querer revelar informações sobre seus investimentos a terceiros, como a taxa de retorno ou o capital investido (informações que podem ser solicitadas pelo tribunal arbitral). Da mesma forma, a parte financiada pode não querer revelar sua condição financeira à outra parte.[26]

Além disso, alguns tribunais arbitrais e cortes domésticas já concluíram que se um conflito de interesse é desconhecido pelo árbitro, não haveria base para impugnação do tribunal arbitral ou para anulação (ou não homologação) da sentença arbitral.[27]

Por outro lado, no Brasil já existe decisão do Superior Tribunal de Justiça no sentido de que um conflito de interesse – ainda que desconhecido por parte do árbitro – pode levar à sua impugnação e a não homologação de sentença estrangeira proferida por tal árbitro.[28]

Ademais, ainda que não existisse tal posicionamento, os custos e a demora com as discussões sobre a remoção de um árbitro ou com a anulação ou recusa à homologação de uma sentença arbitral, assim como a possibilidade de existência de tais eventos são argumentos favoráveis à revelação da existência do financiamento.

Ainda com relação aos benefícios da revelação do financiamento, entendemos importante mencionar que a revelação pode resultar em uma vantagem estratégica para a parte financiada, uma vez que pode causar a impressão de que seus pleitos são meritórios (por terem sido rigorosamente analisados por um investidor sofisticado que aceitou investir em tais pleitos). A revelação também pode alterar a relação

---

[26] CASADO FILHO, Napoleão. *Arbitragem e Acesso à justiça*: o novo paradigma do *Third Party Funding*. São Paulo: Saraiva, 2017, p. 160.

[27] Draft Report for Public Discussion of the ICCA-Queen Mary Task Force on Third Party Funding in International Arbitration. 01 September 2017, p. 69. Disponível em: http://www.arbitration-icca.org/media/10/14053115930449/submission_version_for_public_comment_finalversion.pdf. Acesso em: 22 fev. 2018.

[28] SEC 9.412, Corte Especial do Superior Tribunal de Justiça, Rel. Min. João Otávio de Noronha, j. 19.04.2017.

econômica e de poder entre as partes. Leonardo Viveiros de Castro, head da Leste Litigation Finance ("Leste"), relata que em uma das disputas em que a Leste investiu, a parte adversa demonstrou interesse em celebrar acordo com a parte financiada quando teve ciência da existência do financiamento[29].

Em vista dos motivos expostos acima, cumpre notar que a maioria dos membros do ICCA-Queen Mary Task Force on Third Party Funding in International Arbitration se declaram a favor da parte financiada revelar a existência do financiamento e a identidade do financiador principalmente para evitar que impugnações baseadas em fatos não revelados comprometam a integridade da arbitragem. Uma parcela menor dos membros, por sua vez, defende que ao invés de um dever geral de revelação, seria mais prudente confirmar o poder do tribunal arbitral e de instituiçoes arbitrais de solicitarem a revelação quando julgarem necessário.[30]

No âmbito internacional, a International Bar Association ("IBA") buscou incluir, em suas Diretrizes relativas a Conflitos de Interesse em Arbitragem Internacional de 2014[31], o financiador da arbitragem entre as entidades que devem ser consideradas pelo árbitro na sua análise de possíveis conflitos de interesse:

> General Standard 6(b)
>
> If one of the parties is a legal entity, any legal or physical person having a controlling influence on the legal entity, or a direct economic interest in, or a duty to indemnify a party for, the award

---

[29] CUOZZO, Mariana Aguieiras. "Cost Control in Arbitration – Third Party Funding and Expedite Procedure". *In*: LEE, João Bosco; LEVY, Daniel de Andrade (Ed.). *Revista Brasileira de Arbitragem*, Comitê Brasileiro de Arbitragem CBAr & IOB; Kluwer Law International 2017, Volume XIV Issue 54), p. 193.

[30] Draft Report for Public Discussion of the ICCA-Queen Mary Task Force on Third Party Funding in International Arbitration. 01 September 2017, pp. 69-70. Disponível em: http://www.arbitration-icca.org/media/10/14053115930449/submission_version_for_public_comment_finalversion.pdf. Acesso em: 22 fev. 2018.

[31] Disponível em: https://www.ibanet.org/Publications/publications_IBA_guides_and_free_materials.aspx. Acesso em: 12 fev. 2018.

> to be rendered in the arbitration, may be considered to bear the identity of such party.
>
> (...)
>
> Explanation to General Standard 6(b)
>
> When a party in international arbitration is a legal entity, other legal and physical persons may have a controlling influence on this legal entity, or a direct economic interest in, or a duty to indemnify a party for, the award to be rendered in the arbitration. Each situation should be assessed individually, and General Standard 6(b) clarifies that such legal persons and individuals may be considered effectively to be that party.
>
> Third-party funders and insurers in relation to the dispute may have a direct economic interest in the award, and as such may be considered to be the equivalent of the party. For these purposes, the terms 'third-party funder' and 'insurer' refer to any person or entity that is contributing funds, or other material support to the prosecution or defence of the case and that has a direct economic interest in, or a duty to indemnify a party for, the award to be rendered in the arbitration.

No entanto, as referidas Diretrizes não são explícitas com relação ao dever de revelação do fato pela parte financiada. De acordo com o General Standard 7(a):

> A party shall inform an arbitrator, the Arbitral Tribunal, the other parties and the arbitration institution or other appointing authority (if any) of any relationship, direct or indirect, between the arbitrator and the party (or another company of the same group of companies, or an individual having a controlling influence on the party in the arbitration), or between the arbitrator and any person or entity with a direct economic interest in, or a duty to indemnify a party for, the award to be rendered in the arbitration.

Enquanto alguns autores entendem que, nos termos do General Standard 7(a), a existência do financiamento da arbitragem por um terceiro deve sempre ser revelada, outros entendem que o financiamento só deve ser revelado se a relação entre o financiador e um dos árbitros possa ser abrangida pelo General Standard 6 ou pelas Listas Vermelha ou Laranja. O problema com essa última interpretação é que muitas vezes a parte financiada não sabe das relações do financiador com os árbitros[32].

As instituições arbitrais que se dispuseram a regular o assunto, tendem a ser mais claras em suas recomendações. Segundo a Resolução Administrativa 18/2016 do CAM-CCBC, a presença de um terceiro financiador da arbitragem pode gerar dúvidas razoáveis quanto à imparcialidade e à independência dos árbitros. Assim, o CAM-CCBC recomenda às partes que informem a existência de financiamento de terceiro (e a sua qualificação) na primeira oportunidade possível, para evitar possíveis conflitos de interesses.[33] A Corte Internacional de Arbitragem da Câmara de Comércio Internacional ("CCI"), por sua vez, recomenda que a questão seja discutida pelas partes e pelo tribunal arbitral no início do procedimento[34].

---

32 Draft Report for Public Discussion of the ICCA-Queen Mary Task Force on Third Party Funding in International Arbitration. 01 September 2017, pp. 88-89. Disponível em: http://www.arbitration-icca.org/media/10/14053115930449/submission_version_for_public_comment_finalversion.pdf. Acesso em: 22 fev. 2018.

33 Artigo 3º A presença de um terceiro financiador pode gerar uma dúvida razoável sobre a imparcialidade ou independência dos árbitros, em razão de possível relacionamento prévio ou atual entre o árbitro e o terceiro financiador.
Artigo 4º A fim de evitar possíveis conflitos de interesse, o CAM-CCBC recomenda às partes que informem a existência de financiamento de terceiro ao CAM-CCBC na primeira oportunidade possível. Na referida informação deverá constar a qualificação completa do financiador.

34 "The tribunal might also consider discussing with the parties, at the outset of the arbitration or during the proceedings (typically at the first case management meeting), other aspects of cost management, including: (...) iv) sensitive matters, such as whether there is third-party funding and any implications it may have for the allocation of costs, whether the identity of the third-party funder (which could be relevant to possible conflicts of interest) should be disclosed, and whether contingency, conditional or success fee arrangements have been agreed, and how the parties expect these matters to be considered in relation to the assessment of costs" (ICC Commission Report. Decisions on Costs in International Arbitration, 2015, p. 9. Disponível em: https://cdn.iccwbo.org/content/uploads/sites/3/2015/12/Decisions-on-Costs-in-International-Arbitration.pdf. Acesso em: 20 mar. 2018).

5. CONFIDENCIALIDADE DO PROCEDIMENTO ARBITRAL X FINANCIAMENTO DA ARBITRAGEM POR TERCEIRO

Embora o sigilo seja considerado pela doutrina nacional e internacional como uma das principais vantagens da arbitragem comercial, são poucos os sistemas jurídicos que expressamente preveem o dever de sigilo na arbitragem, bem como que delimitam sua extensão. Essa questão é essencial em virtude de discussões quanto ao cabimento do sigilo quando o volume de casos e a importância do instituto se avoluma e em determinados casos clamando por transparência, não se justifica a manutenção da confidencialidade.

No Brasil, apesar de a Lei Brasileira de Arbitragem não prever expressamente a confidencialidade do procedimento arbitral, dispõe sobre a discrição do árbitro em seu artigo 13, §6º: "No desempenho de sua função, o árbitro deverá proceder com imparcialidade, independência, competência, diligência e discrição". Ainda, quando convencionada durante a arbitragem, é ressalvada a confidencialidade, no âmbito da carta arbitral, no artigo 22-C, parágrafo único, da Lei Brasileira de Arbitragem, acrescido pela Lei 13.129/15[35].

Ademais, as partes podem estabelecer contratualmente o sigilo do procedimento arbitral seja por acordo expresso, seja adotando os regulamentos das principais Câmaras de Arbitragem brasileiras, que preveem o sigilo do procedimento arbitral: (i) Câmara de Arbitragem e Mediação da Câmara de Comércio Brasil-Canadá ("CAM-CCBC") de 2012, artigo 14[36]; (ii) Câmara de Arbitragem e Mediação CIESP/FIESP

---

[35] Art. 22-C. O árbitro ou o tribunal arbitral poderá expedir carta arbitral para que o órgão jurisdicional nacional pratique ou determine o cumprimento, na área de sua competência territorial, de ato solicitado pelo árbitro.
Parágrafo único. No cumprimento da carta arbitral será observado o segredo de justiça, desde que comprovada a confidencialidade estipulada na arbitragem

[36] 14.1. O procedimento arbitral é sigiloso, ressalvadas as hipóteses previstas em lei ou por acordo expresso das partes ou diante da necessidade de proteção de direito de parte envolvida na arbitragem.
14.1.1. Para fins de pesquisa e levantamentos estatísticos, o CAM/CCBC se reserva o direito de publicar excertos da sentença, sem mencionar as partes ou permitir sua identificação.

("CAM-CIESP/FIESP"), de 2013, artigos 10.6[37], 20.4[38], 20.5[39]; (iii) Câmara de Arbitragem Empresarial – Brasil ("CAMARB"), artigo 12.1[40]; (iv) Câmara FGV de Conciliação e Arbitragem ("CFGV-CA"), artigo 61[41]; e (v) Centro de Arbitragem da Câmara Americana de Comércio de São Paulo ("CAM-AMCHAM), de 2014, artigo 18[42].

Assim, a princípio, pode-se entender que há um conflito entre a confidencialidade da arbitragem e o compartilhamento das informações desta com o financiador que, em geral, não é parte da convenção de arbitragem.

No entanto, Marcel Cardoso defende que a quebra do sigilo nessa hipótese deve ser permitida, uma vez que "é uma condição para o exercício do direito da parte financiada, sendo o third-party funding

---

14.2. É vedado aos membros do CAM/CCBC, aos árbitros, aos peritos, às partes e aos demais intervenientes divulgar quaisquer informações a que tenham tido acesso em decorrência de ofício ou de participação no procedimento arbitral.

37 10.6. É vedado aos membros da Câmara, aos árbitros e às partes divulgar informações a que tenham tido acesso em decorrência de ofício ou de participação no procedimento arbitral, salvo em atendimento a determinação legal.

38 20.4. Poderá a Câmara publicar em Ementário excertos da sentença arbitral, sendo sempre preservada a identidade das partes.

39 20.5. Quando houver interesse das partes e, mediante expressa autorização, poderá a Câmara divulgar a íntegra da sentença arbitral.

40 12.1. O procedimento arbitral será rigorosamente sigiloso, sendo vedado à CAMARB, aos árbitros e às próprias partes divulgar quaisquer informações a que tenham acesso em decorrência de seu ofício ou de sua participação no processo, sem o consentimento de todas as partes, ressalvados os casos em que haja obrigação legal de publicidade.

41 Art. 61. Os processos de conciliação e arbitragem deverão transcorrer em absoluto sigilo, sendo vedado aos membros da Câmara FGV, aos conciliadores, aos árbitros, às partes e aos demais participantes do processo divulgar qualquer informação a que tenham tido acesso em decorrência de sua participação no procedimento.

42 18.1. Salvo acordo entre as Partes ou decisão do Tribunal Arbitral em sentido contrário, o procedimento arbitral é sigiloso, sendo vedado a todos os membros do Centro de Arbitragem e Mediação AMCHAM, aos árbitros, às Partes e a quaisquer outros eventualmente envolvidos divulgar quaisquer informações a ele relacionadas, salvo mediante autorização escrita de todas as Partes.
18.2. Os membros do Centro de Arbitragem e Mediação AMCHAM não serão responsáveis perante qualquer pessoa por quaisquer atos ou omissões relacionados a um procedimento arbitral, salvo as disposições imperativas da lei aplicável.

um instrumento de acesso à justiça e condição para que a parte pudesse litigar".[43]

O ICCA-Queen Mary Task Force on Third Party Funding in International Arbitration, corrobora tal entendimento, recomendando que:

> For information that is determined to be privileged under applicable laws or rules, tribunals should not treat that privilege as waived solely because it was provided by parties or their counsel to a third-party funder for the purpose of obtaining funding or supporting the funding relationship. (p. 93)

6. CONCLUSÃO

O financiamento do processo arbitral por terceiro é uma figura relativamente nova, que vem ganhando espaço no mercado brasileiro e estrangeiro, seja porque facilita o acesso à justiça daqueles que possuem pleitos meritórios, mas estão impossibilitados de iniciar uma arbitragem para buscar tais pleitos devido aos elevados custos deste processo; seja porque possibilita às empresas a buscarem seus direitos na arbitragem e, ao mesmo tempo, manterem recursos em caixa para continuarem a operar normalmente e até para realizar expansões ou seja porque se mostra como uma alternativa de investimento que não está diretamente ligada ao volátil e imprevisível mercado financeiro.

Apesar de não existir, atualmente, um consenso na doutrina com relação ao conceito desta figura, é possível identificar alguns elementos comuns entre muitas das diferentes definições: (i) envolve um terceiro alheio à demanda que (ii) disponibiliza total ou parcialmente recursos para o pagamento de despesas com a arbitragem, (iii) mediante o recebimento de parte da condenação.

---

[43] CARDOSO, Marcel Carvalho Engholm. Financiamento de litígios por terceiros (*Third-Party Litigation Funding*) em processos cíveis (judiciais e arbitrais). Dissertação (Mestrado em Direito) – Faculdade de Direito da Universidade de São Paulo, São Paulo, 2017, p. 238.

A forma através da qual esse financiamento será realizado e as consequências da sua prática no Brasil, entretanto, ainda não são claras. Há ainda muitos debates na doutrina acerca desse tema e são poucos os registros sobre sua aplicação. Não há definição de "quem" é alheio à demanda, como advogados do caso ou a ele relacionados, familiares das partes ou parceiros comerciais. Assim, entendemos que o estudo e as discussões sobre esse fenômeno devem ser estimulados, uma vez que, nas palavras de Marcelo Ferro, é tão certo quanto a morte e os impostos, que, em breve, o tema frequentará as arbitragens domésticas.[44] Assuntos relativos a definições do instituto e das partes envolvidas, consequências e necessidade de regulação frequentarão as discussões práticas e acadêmicas brasileiras por muitos anos.

REFERÊNCIAS

CARDOSO, Marcel Carvalho Engholm. *Financiamento de litígios por terceiros* (Third-Party Litigation Funding) em processos cíveis (judiciais e arbitrais). Dissertação (Mestrado em Direito) – Faculdade de Direito da Universidade de São Paulo, São Paulo, 2017.

CASADO FILHO, Napoleão. *Arbitragem e Acesso à justiça:* o novo paradigma do Third Party Funding. São Paulo: Saraiva, 2017.

CUOZZO, Mariana Aguieiras. "Cost Control in Arbitration – Third Party Funding and Expedite Procedure". *In:* LEE, João Bosco; LEVY, Daniel de Andrade (Ed.). *Revista Brasileira de Arbitragem, Comitê Brasileiro de Arbitragem CBAr & IOB;* Kluwer Law International 2017, Volume XIV Issue 54).

DERAINS, Yves. "Foreword to Third-Party in International Arbitration". *In*: SANZ-PASTOR, Bernardo M. Cremades; DIMOLITSA, Antonias

44 FERRO, Marcelo Roberto. O Financiamento de Arbitragens por Terceiro e a Independência do Árbitro. *In*: *Dia Gaúcho da Arbitragem*, 2015, p. 102. Disponível em: http://www.federasul.com.br/wp-content/uploads/2017/09/Livro_Dia_Gaucho_Arbitragem.pdf. Acesso em: 30 mar. 2018.

(Ed.). *Third-Party Funding in International Arbitration,* (ICC Dossier 2013).

DINIZ, Maria Helena. *Curso de direito civil brasileiro.* 16. ed. São Paulo. Saraiva, 2002.

DRAFT REPORT FOR PUBLIC DISCUSSION OF THE ICCA-Queen Mary Task Force on Third Party Funding in International Arbitration. 01 September 2017, p. 11. Disponível em: http://www.arbitration-icca.org/media/10/14053115930449/submission_version_for_public_comment_finalversion.pdf. Acesso em: 22 fev. 2018

FERRO, Marcelo Roberto, O Financiamento de Arbitragens por Terceiro e a Independência do Árbitro. *In: Dia Gaúcho da Arbitragem,* 2015, p. 102. Disponível em: http://www.federasul.com.br/wp-content/uploads/2017/09/Livro_Dia_Gaucho_Arbitragem.pdf. Acesso em: 30 mar. 2018.

NIEUWYELD, Lisa Bench; SHANNON, Victoria. *Third-Party Funding in International Arbitration,* 2nd edition. Kluwer Law International 2017.

SANZ-PASTOR, Bernardo M. Cremades. Chapter 12. Concluding remarks. *In:* SANZ-PASTOR, Bernardo M. Cremades; DIMOLITSA, Antonias (Ed.). *Third-Party Funding in International Arbitration* (ICC Dossier), Dossiers of the ICC Institute of World Business Law, Volume 10 (Kluwer Law International; International Chamber of Commerce (ICC) 2013).

SCHERER, Maxi; GOLDSMITH, Aren; FLECHET, Camille. *Third-party funding in international arbitration in Europe.* Part 1. Funders' perspectives.

BLOCKCHAIN E ARBITRAGEM

Franco Giovanni Mattedi Maziero[1]

1. INTRODUÇÃO

Há pouco mais de dez anos surgia uma espécie de tecnologia que, quando do seu surgimento, ainda não se tinha noção de quão disruptiva ela seria. Naquela época a tecnologia Blockchain servia apenas para permitir um correto funcionamento do Bitcoin.

Os olhares, naquela fase, eram todos direcionados à criptmoeda que poderia revolucionar o mercado financeiro mundial, em razão da forma como se operacionalizavam as transações que a envolviam, bem como, os paradigmas por ela quebrados.

Quando o texto Bitcoin: A Peer-to-Peer Electronic Cash System assinado pelo pseudônimo Satoshi Nakamoto foi publicado, em 2009,

---

[1] Doutorando em Direito pela Universidade de Salamanca. Mestre em Direito pela FUMEC. Especialista em Direito de Empresa pela PUC Minas. Especialista em Direito Societário pela Fundação Gama Filho. Presidente da Comissão de Tecnologia e Inovação da OAB Contagem. Professor de Pós-Graduação e de Graduação. Autor de livros e artigos diversos. Advogado.

o Bitcoin começou a sacudir o mercado financeiro ao redor do mundo. Iniciou-se, inclusive, a discussão sobre o surgimento de uma economia da criptomoeda.[2]

Acontece que a tecnologia que estava por trás do Bitcoin poderia revolucionar não só o mundo financeiro como o mundo de uma forma geral. A tecnologia Blockchain, que ainda permanece desconhecida pela maioria da população mundial, poderia, como de fato tem começado a transformar toda a sistemática negocial existente.[3] Aliás, há aqueles que comparam a revolução que tal tecnologia pode provocar àquela que a Internet provocou[4].

É bom que seja dito que a tecnologia, como um todo, já está transformando a vida em sociedade. Como disseram Eric Schmidt e Jared Cohen, em breve, toda a humanidade estará conectada[5]. Tal conectividade promoverá um ganho na produtividade e na educação, além de permitir a circulação ainda mais célere das informações.

---

[2] "A crypto-economy is na economic system which is 1) not defined by geographic location, political structure or legal system, and 2) uses cryptographic techniques to constrain behaviour (in place of using trusted third parties). Economic agents in these systems can be human-controlled clientes and autonomous organizations or contracts. Prices of transacted goods and services in these economies are expressed in a built-in Money-like informational commodity (a 'cripto-currency') and all transactions are recorded on a public ledger." (BABBITT, Dave; DIETZ, Joel. *Crypto-economic Design*: A proposed agente-based modelling effort. Disponível em: https://www3.nd.edu/~swarm06/SwarmFest2014/Babbitt.pdf).

[3] "There are immense possibilities for the future for the blockchain. While only a few understand the bitcoin, an even smaller number have dreamed of the possibilities of the blockchain" (HARVEY, Campbell R. *Bitcoin Myths and Facts* (August 18, 2014). Available at SSRN: https://ssrn.com/abstract=2479670 or http://dx.doi.org/10.2139/ssrn.2479670).

[4] HILEMAN, Garrick; RAUCHS, Michel. *Global Blockchain Benchmarking study*. Disponível em: https://www.ey.com/Publication/vwLUAssets/ey-global-blockchain-benchmarking-study-2017/$FILE/ey-global-blockchain-benchmarking-study-2017.pdf.

[5] SCHMIDT, Eric; COHEN, Jared. *The new digital age: reshaping the future of people, nations and business*. Disponível em: https://ijoc.org/index.php/ijoc/article/download/2379/953.

Em 2013, de todas as informações produzidas pelo ser humano, 90% (noventa por cento) delas concentraram-se nos dois anos anteriores.[6] Levando em consideração a Lei de Moore, provavelmente, nos dias atuais, essa produção de novas informações deve estar ainda maior, de forma que toda a informação gerada nos últimos 2 meses já deve representar os mesmos 90% (noventa por cento) de toda a produção de informações da humanidade.

Isso porque, conforme Gordon Moore, um dos fundadores da Intel, previu, a produção de equipamentos de tecnologia teria seus custos de produção reduzidos pela metade a cada ano. A publicação na Electronic Magazine, de 1965[7], previa que até 1975 a redução das despesas seguiria a mesma linha. Afirmou ainda, que, provavelmente, a redução dos custos de produção tecnológica manteria a mesma proporção dos anos anteriores. Pelo raciocínio inverso, a redução dos custos, provocaria um aumento no desenvolvimento da tecnologia. De fato, não só nos anos subsequentes como nas décadas posteriores, o previsto por Moore se consubstanciou em realidade, dando à sua previsão um caráter não só de prognóstico como de realidade, o que moldou a Lei de Moore.

Obviamente, a geração de novas informações, como fotos, músicas, documentos, e uma imensidade de outras informações produzidas, transmitidas e armazenadas nas redes da Internet se devem ao avanço tecnológico verificado nos últimos anos. Todas essas mudanças, seja na tecnologia, seja no âmbito comportamental promovido pela tecnologia alteram as relações jurídicas existentes. Obviamente, alteram, também, as soluções de controvérsias e a própria arbitragem. Assim, o intuito deste artigo será discutir até que ponto tais mudanças e a tecnologia Blockchain pode interferir na arbitragem.

---

[6] JACOBSON, Ralph. *2.5 quintillion bytes of data created every day.* How does CPG & Retail manage it?. Disponível em: https://www.ibm.com/blogs/insights-on-business/consumer-products/2-5-quintillion-bytes-of-data-created-every-day-how-does-cpg-retail-manage-it/. Acesso em: 24 abr. 2013.

[7] MOORE, Gordon E. *Cramming more components Onto Integratec circuits.* Disponível em: https://www.cs.utexas.edu/~fussell/courses/cs352h/.../moore.pdf.

2. CRIPTOMOEDAS

Entretanto, antes de se avaliar a interferência da tecnologia Blockchain na arbitragem, torna-se importante entender a sua origem. Na verdade, este tipo de tecnologia surgiu como uma base para as criptomoedas.

Na década de 1990 um membro do grupo Cypherpunks[8] propôs a criação de uma moeda digital, descentralizada e anônima chamada B-Money, que permitiria que pessoas físicas ou jurídicas atuassem através de pseudônimos e pudessem dar suporte, entre si, de forma colaborativa para tornar a técnica eficiente[9].

Aproximadamente dez anos depois, o Bitcoin foi criado, sendo conceituado por Reuben Grinberg como "digital, decenteralized, partially anonymous currency, not backed by any government or other legal entity, and not redeemable for gold or other commodity".[10] Parece muito claro ser o Bitcoin uma evolução da B-Money. Uma evolução que deu certo e que seria a base para a "moeda eletrônica", que foi conceituada por seu(s) fundador(es), sob o pseudônimo de Satoshi Nakamoto, da seguinte forma:

> We define an electronic coin as a chain of digital signatures. Each owner transfers the coin to the next by digitally signing a hash of the previous transaction and the public key of the next owner and adding these to the end of the coin. A payee can verify the signatures to verify the chain of ownership.[11]

---

[8] Cypherpunks consiste em um grupo de inconformados com as regras, que não concordava com grande parte dos regulamentos governamentais relativos à privacidade dos dados e que buscava alcançar ideais libertários utilizando-se da criptografia. Nesse grupo estava Julian Assange, criador da Wikileaks.

[9] GRINBERG, Reuben. *Bitcoin*: an innovative alternative digital currency. Disponível em: https://papers.ssrn.com/sol3/papers.cfm?abstract_id=1817857.

[10] GRINBERG, Reuben. *Bitcoin*: an innovative alternative digital currency. Disponível em: https://papers.ssrn.com/sol3/papers.cfm?abstract_id=1817857.

[11] Tradução livre: "Nós definimos uma moeda eletrônica como uma cadeia de assinaturas digitais. Cada proprietário transfere a moeda para em seguida, assinando digitalmente a transação anterior e a chave pública do próximo proprietário e adicionando-os ao final da moeda. Assim, o beneficiário pode verificar as assinaturas para verificar a cadeia de propriedade" (NAKAMOTO, Satoshi. *Bitcoin*: a peer-to-peer Electronic Cash System. Disponível em: https://bitcoin.org/bitcoin.pdf).

Atualmente, existem três tipos de moedas, segundo Harvey Campbell[12]: as *commodities*, a moeda fiduciária e a moeda digital. A fiduciária é a forma dominante de moeda, já que há muito tempo, os países não usam o lastro em ouro para basear o valor de suas respectivas moedas. O dólar americano, por exemplo, não é lastreado em ouro desde agosto de 1971. Entretanto, não é por não ter lastro em um metal valioso que as moedas de uso forçado não possuem qualquer tipo de garantia. Nos Estados Unidos, por ser de uso forçado, todos os comerciantes têm a obrigação de aceitar o dólar como meio de pagamento. Isso, agregado ao fato de que aquele país pode cobrar tributos e, inclusive, adotar as medidas penais cabíveis contra os sonegadores, transformam o dólar em uma moeda que possuí algum tipo de lastro[13] e, portanto, valor real.

Desta forma se as moedas regulamentadas pelos governos encontram seu valor no curso forçado no respectivo país, uma das características das criptomoedas (descentralização) é também seu algoz. Isso porque, não tendo lastro nenhum e não tendo uso forçado por qualquer nação, as criptomoedas possuem seu valor relacionado à sua livre valoração do mercado global. Percebe-se, pois, que as criptomoedas não existem fisicamente e não possuem lastro, tendo seu valor diretamente relacionado à oferta e demanda dos consumidores[14].

A consequência desta inexistência de regulamentação, adicionada à falta de qualquer lastro transforma as moedas virtuais em uma forma de ativo extremamente flutuante. Em outras palavras, a volatividade do Bitcoin, Litecoin, Ethereum, Ripple ou qualquer outra criptomoeda é muito alta. Na realidade, o Bitcoin chega a ser 8 vezes mais volátil que a Bolsa de Valores norte-americana e até 20 vezes mais volátil que a moeda oficial dos Estados Unidos: o dólar.

---

[12] HARVEY, Campbell R. *Bitcoin Myths and Facts* (August 18, 2014). Available at SSRN: https://ssrn.com/abstract=2479670 or http://dx.doi.org/10.2139/ssrn.2479670.

[13] HARVEY, Campbell R. *Bitcoin Myths and Facts* (August 18, 2014). Available at SSRN: https://ssrn.com/abstract=2479670 or http://dx.doi.org/10.2139/ssrn.2479670.

[14] É possível encontrar essa mesma observação no Comunicado do Banco Central do Brasil, número 31.379, de 16 de novembro de 2017. Disponível em: https://www.bcb.gov.br/estabilidadefinanceira/exibenormativo?tipo=Comunicado&numero=31379.

Provavelmente o mercado das criptofinanças ganharia muito mais espaço se fosse utilizado como meios de pagamento. Isso é, se a compra dos pães da padaria da esquina pudessem ser adquiridos através de Bitcoin, por exemplo. Mas além do óbvio desconhecimento de grande parte da população, a volatividade é um grande inibidor. Imagine alguém que esteja vendendo um bem avaliado em R$100.000,00. Em Bitcoin, no dia seguinte, aquele mesmo ativo poderia ter um valor de R$88.000,00 ou de R$112.000,00. Isso porque a variação média diária do Bitcoin é de 12% para mais ou para menos.[15]

Não querer assumir esse risco pode ser uma das razões que leva a maior parte dos comerciantes a aceitar o cartão de crédito como forma de pagamento, mesmo diante de uma taxa que pode representar até 5% (cinco por cento).[16]

A criptomoeda ainda não possui no Brasil, legislação específica, não obstante possua Comunicado do Banco Central do Brasil, Instruções Normativas da Receita Federal e projeto de lei em curso no Planalto. Assim, as negociações relativas aos criptoativos[17] continuam sendo estabelecidos por livre iniciativa entre as partes.

---

15 "What does this mean? Over the last 12 months the daily standard deviation of the bitcoin return is a little over 6%.4 A 95% confidence band would be +/- two standard deviations. Hence, for 19 of 20 days we could expect the value of bitcoin to fluctuate between -12% and +12% -- for any day. The same band for the stock market is about -2% to +2%.
Here is another way to think about it. The worst daily return for the S&P 500 since 1957 was the -20.47% on October 19, 1987, the so-called Black Monday. The second worst was -9.03% on October 15, 2008. Over the last four years, bitcoin has dropped more than -20.47 on 13 days. It has dropped more than -9.03% on 78 days" (HARVEY, Campbell R. *Bitcoin Myths and Facts* (August 18, 2014). Available at SSRN: https://ssrn.com/abstract=2479670 or http://dx.doi.org/10.2139/ssrn.2479670).

16 Conforme matéria do Diário do Comércio de São Paulo. Disponível em: https://dcomercio.com.br/categoria/financas-como-o-custo-de-operacao-com-cartao-espreme-o-lucro-do-pequeno-varejo.

17 "Art. 5º. Para fins do disposto nesta Instrução Normativa, considera-se: I – criptoativo: a representação digital de valor denominada em sua própria unidade de conta, cujo preço pode ser expresso em moeda soberana local ou estrangeira, transacionado eletronicamente com a utilização de criptografia e de tecnologias de registros distribuídos, que pode ser utilizado como forma de investimento, instrumento de transferência de valores ou acesso a serviços, e que não constituí moeda de curso legal." Instrução Normativa n. 1.888, de 3 de maio de 2019 da Receita Federal do Brasil.

Por não ser regulamentado, erroneamente, vários enxergam muita insegurança nas operações que envolvem ativos virtuais. Mas é importante que se diga que o ambiente nos quais essas criptomoedas circulam oferece muita segurança em razão das técnicas e das tecnologias que a envolvem[18]. Referido ambiente é a tecnologia Blockchain.

Blockchain foi construído fundamentalmente em princípios que lhe assegurassem transparência e, ao mesmo tempo, sigilosidade. Também foi construído de uma forma que fosse descentralizado, compartimentado e inviolável. Características que serão melhor discutidas à frente.

Essas características visavam não submeter o "sistema" a qualquer tipo de controle estatal, buscando, ao mesmo tempo, segurança aos seus usuários. Infelizmente é sabido que há uma enorme quantidade de cidadãos que buscam meios ilícitos como forma de sobrevivência. Pessoas com este tipo de desvio moral existem há milhares de anos e não é a tecnologia que os motiva. Em alguns casos, entretanto, o desenvolvimento tecnológico pode facilitar algumas atividades ilícitas.

As fraudes, os estelionatos e outros crimes perdurarão com ou sem tecnologia. Isso é um fato. As tentativas de obtenção de vantagens ilícitas existirão nos mais diversos meios e das mais diversas formas. Entretanto, os idealizadores da tecnologia Blockchain tinham como um de seus objetivos construir um ambiente virtual no qual se reduzisse ou eliminasse a insegurança técnica. Assim, desenvolveram uma tecnologia compartimentada e multiplicada simultaneamente em vários e distintos computadores. Isso assegurou uma proteção maior, já que a distribuição das informações reduz a capacidade de atuação de hacker. Isso porque esse tipo de controle das informações compartilhadas a torna mais segura que vários dos mais complexos sistemas de segurança da atualidade.

---

18 "Bitcoin is probably the most secure form of transaction in the history of the world. The transactions blockchain (the ledger that stores the history of every single transaction for every single bitcoin) is strongly encrypted" (HARVEY, Campbell R. Disponível em: https://papers.ssrn.com/sol3/papers.cfm?abstract_id=2479670).

Apesar de o comparativo de Flops não ser o mais correto, já que a solução de alguns tipos de questões relacionadas à criptografia não necessitam de Flops, é, sem dúvida, um dos mais utilizados para se avaliar a segurança da Blockchain. Flops é acrônimo que significa Floating Point Operations Per Second. Trata-se de operações de ponto flutuante por segundo. Em outras palavras, serve como medida para calcular o desempenho de um computador, sobretudo no campo de cálculos científicos.

Para se tentar criar uma informação falsa no ambiente da tecnologia Blockhain, seria necessário uma capacidade computacional de 1.753.694 petaFlops[19]. O computador mais moderno do mundo na atualidade possui 33.9 petaFlops. Trata-se do supercomputador chinês Tianhe-2. Ou seja, o computador mais moderno da atualidade não tem capacidade nem de longe suficiente para tentar se fraudar informações no âmbito da Blockchain.

De toda forma, por quaisquer outras metodologias adotadas, o custo para produzir uma informação falsa seria alto o suficiente para inviabilizar a tentativa de se fraudar, com o adicional de que, uma vez feito isso, qual a utilidade? Isso porque a informação falsa seria ignorada pelo sistema tecnológico da Blockchain.[20]

Torna-se perceptível, portanto, que esse tipo de tecnologia possui muita segurança. E é exatamente essa segurança, junto com outras características, que despertaram alguns gênios, como Vitalik Buterin, criador do Ethereum, para o fato de que tal tecnologia poderia ser utilizada não só para as criptomoedas como para várias outras aplicabilidades.[21] Jeff Red meciona, inclusive, que a tecnologia Blockchain poderia alterar toda a estrutura de mercado:

---

[19] Disponível em: https://papers.ssrn.com/sol3/papers.cfm?abstract_id=2479670.

[20] "The Bitcoin network estimates that after 6 blocks are added on top of a block, it is impossible to change any transactions in that block as the compuing power requirde would make it unfeasible to change" (GATES, Mark, 2017).

[21] "Blockchain is one of the underlying Technologies of BItcoin. There is a misunderstanding that the blockchain is the only technology behind Bitcoin. However, Bitcoin has been created using a renge of other cryptographic Technologies combined with the blockcain" (GATES, Mark, 2017).

> People may disagree with the use of the term Blockchain to describe certain uses of the technology, claiming that they are misrepresenting the actual capabilities of it. When you get to the core of these disagreements, you will find that no one is in doubt of the potential Blockchain technologies hold for disrupting the overall structure of markets.[22]

Assim, a Blockchain abandonou seu papel de coadjuvante para assumir seu posto de astro,[23] iniciando-se sua "vida" autônoma e capaz de interferir na mutação de vários paradigmas da sociedade.[24]

3. BLOCKCHAIN

Blockchain consiste,[25] basicamente, em uma maneira de armazenar registros informacionais em um banco de dados[26]. Ocorre que esse

---

22 REED, Jeff. *Blockchain*: Blockchain, Smart Contracts, Investing in Ethereum, FinTech (Financial Technology: 4 in 1 – Bundle).

23 "Blockchain-based system are being used for a wide range of applications across different industries, including digital identities, social networks, voting, cloud storage, decentralized applications (...). There are seemingly endless possibilities for blckchain-based systems that companies and government are currently developing" (GATES, Mark, 2017).

24 "Engineers and scholars who crave the proliferation of blockchain claim it will change the structure of social organization, and might even replace governments and states in their present form. In fact, there is a project called 'Bitnation' 05 that envisions building a blockchain-based cyber nation that crosses national boundaries. Though I do not think such extensive changes are likely, I do believe that blockchain-based systems will replace much of the current functions of governments, especially their bureaucracies. In doing so, I anticipate that much more transparent and efficient governments will be created" (JUN, Myungsan. *Blockchain Government*: A next form of infrastructure for the twenty-first century. Edição do Kindle).

25 "A forma mais simples, e que considero menos estratégica, de conceituar o blockchain, é a mais comum que você encontrará no mercado e literatura: a de um livro razão, nascido nas entranhas do bitcoin, a criptomoeda mais conhecida no mercado. Mas se desejamos pensar de forma estratégica, nosso foco deve ficar na essência dessa tecnologia, que basicamente é uma plataforma distribuída de armazenamento seguro de transações, seja elas quais foram" (FIGURELLI, Rogério. *Blockchain*: Uma análise estratégica para humanos e robôs (p. 8). Trajecta. Edição do Kindle).

26 GATES, Mark. *Blockchain*: ultimate guide to understanding blockchain, bitcoin, cryptocurrencies, smart contracts and the future of Money. Wise Fox Publishing, 2017.

armazenamento se dá de uma maneira diferente do que habitualmente se faz. Mark Gates compara a forma de armazenamento da Blockchain ao que o e-mail representou para as cartas.[27] Ambos consistem em forma de comunicação escrita. Mas a agilidade e assertividade do e-mail substituíram, gradativamente, a utilização das correspondências físicas. O mesmo é o que a tecnologia Blockchain pode representar para a forma como as transações se operacionalizam na atualidade.

A premissa atual é de desconfiança nos demais cidadãos e confiança em um terceiro que mereceria, por seu papel, essa confiabilidade. Esse terceiro é, de forma geral, o próprio Governo, as Instituições Financeiras ou os cartórios. Esses terceiros representam uma certa garantia de que o "selo" fornecido por eles poderá ser utilizado em qualquer lugar, de forma segura.

Um cidadão provavelmente não aceitaria de um desconhecido um pedaço de papel escrito "te devo R$100,00" em troca de alguma mercadoria. Entretanto, este mesmo cidadão aceitará um papel emitido pelo Governo na forma de uma nota de R$100,00. Atribui-se, pois, a um terceiro o papel de se assegurar a confiabilidade das relações. O mesmo se dá nas transferências bancárias, nos registros imobiliários e em uma série de outras operações. A tecnologia Blockchain minimiza ou elimina o papel deste terceiro em várias atividades.

Veja-se de outra forma. Geralmente, os arquivos dos dados se mostram como um dos aspectos mais importantes da propriedade dos dias atuais. A propriedade como direito constitucionalmente garantido exige, em alguns momentos, a prova de que determinado bem ou recurso financeiro pertence àquela pessoa que se apresenta como seu titular. E essa prova permanece arquivada em algum banco de dados que, em regra, é gerida por aquele terceiro mencionado no parágrafo anterior. Assim, pode-se provar a propriedade imobiliária com os dados

---

[27] "However, calling blockchain a new type of database is like saying email is a new way of sending people letters" (GATES, Mark. *Blockchain*: ultimate guide to understanding blockchain, bitcoin, cryptocurrencies, smart contracts and the future of Money. Wise Fox Publishing, 2017).

arquivados no cartório de registro imobiliário. As participações societárias podem ser provadas com os registros nos cartórios competentes ou mesmo na bolsa de valores. A propriedade de um veículo pode ser provada com as informações constantes nos Departamentos de Trânsito. Desta forma, percebe-se que, não obstante, na maioria das vezes a propriedade não se perfaz com o documento, a sua prova pode se dar com os arquivos informacionais geridos por algum terceiro confiável.

Mark Gates explica que

> A decentralized database built on the blockchain removes the need for centralized institutions and databases. Everyone on the blokcchain can view and validate transactions creating transparency and trust.[28]

A nomenclatura Blockchain decorre da forma como a tecnologia foi concebida para remover a presença de um terceiro nas operações. Basicamente, acontece da seguinte forma: cada operação posterior é incluída em uma cadeia, acima da operação anterior, mas a ela vinculada. Essa operação é compartimentalizada em blocos e este bloco que é alocada sobre a operação anterior. Assim, se a Blockchain fosse utilizada para negociações relativas a um veículo, a informação seria lançada da seguinte forma: fabricante produz o veículo e introduz as informações no sistema (Bloco 1). Após, o fabricante utiliza uma transportadora (Bloco 2 – Bloco 1) para entregar o veículo para a concessionara para a qual vendeu (Bloco 3 – Bloco 2). A concessionária vende o carro a um cliente (Bloco 4 – Bloco 3) que o aluga (Bloco 5 – Bloco 4). Depois, o cliente compra o veículo da locadora (Bloco 6 – Bloco 5) que o revende para um dos usuários (Bloco 7 – Bloco 6).

Nesta hipótese, todas as informações seriam compartimentalizadas e lançadas uma sobre a outra de forma que todos pudessem ver o que se deu com o veículo, em momento real e sem a necessidade de um órgão para controlar. Aliás, neste caso, informações que hoje em dia não

---

[28] GATES, Mark. *Blockchain*: ultimate guide to understanding blockchain, bitcoin, cryptocurrencies, smart contracts and the future of Money. Wise Fox Publishing, 2017.

são rastreáveis poderiam passar a ser, o que aumentaria ainda mais a confiabilidade das informações.

Como há os blocos de informações e estes são alocados um em cima do outro, formando-se uma cadeia de blocos (Blockchain) torna-se praticamente impossível modificar ou falsificar alguma das cadeias. Isso porque, caso alguém tente fraudar a cadeia 4, por exemplo, terá que modificar as cadeias anteriores nos respectivos lugares onde houver o registro, bem como as cadeias posteriores, onde houver o registro. Levando em consideração que tais registros não estarão disponíveis apenas para os envolvidos, dá para se perceber quão difícil é de se adulterar ou falsificar as informações constantes da Blockchain.

Além disso, a Blockchain evita outro problema sério que até então apenas os terceiros de confiança poderiam resolver. Trata-se da utilização de um mesmo ativo por mais de uma vez. Como as informações são compartimentadas, públicas e sequenciais, não se torna possível a utilização de um mesmo recurso por duas vezes. O bloco subsequente somente será validado após alguém (minerador), através de cálculos matemáticos complexos[29] apurar que aquela operação inicial corresponde à operação final imediatamente anterior[30]. Quem faz isso é remunerado e há milhares de pessoas buscando essa remuneração. Assim sendo, quando há qualquer tipo de irregularidade, esta é identificada de imediato e a operação não é realizada.

Dessa forma, quando se transfere um ativo e essa operação é concluída, o usuário que transferiu o ativo não consegue ter origem para transferir o mesmo ativo para outra pessoa. Isso se dá porque o bloco necessita de uma base para ser incluído em sequência. Se a base já está coberta por outro bloco, haverá incompatibilidade e a operação não será

---

29 "The puzzle they solve is known as proof of work. It is a mathematical puzzle that is very difficult to solve but easy to verify the answer once it has been solved" (GATES, Mark. *Blockchain*: Ultimate guide to understanding blockchain, bitcoin, cryptocurrencies, smart contracts and the future of money. (p. 17). Edição do Kindle).

30 "In order to validate a transaction and add it to the blockchain, the computers on the network must solve a puzzle connected to the next block to be added to the blockchain" (GATES, Mark, 2017).

realizada. Além disso, como as operações são visíveis a todos os computadores conectados e a aprovação deve ser feita de forma coletiva e em tempo real, as operações fraudulentas tornam-se praticamente impossíveis de serem realizadas.

Um dos grandes benefícios dessa forma de tecnologia seria a eliminação ou alteração da forma de atuação daqueles que, hoje, fazem o papel do intermediário (o terceiro de confiança).

A tecnologia Blockhain poderia, por exemplo, acabar com os cartórios de imóveis. Caso estas instituições não percebam que poderão ser substituídas ao longo do tempo e não tomem quaisquer providências de adaptação o destino será, inevitavelmente, o fim. Ora, se utilizando-se a tecnologia Blockchain pode-se ter segurança em relação à propriedade, ao pagamento, às operações jurídicas subsequentes e anteriores, de uma forma rápida e barata, qual será o papel do cartório? Caberá ao cartório que desejar continuar atuando, se adequar e se adaptar de maneira estratégica à futura forma de transações relacionadas às propriedades.

Tudo isso, sob a segurança de uma tecnologia, em tese, imutável, como já mencionado. Todas as verificações podem retornar ao primeiro bloco original para verificação e validação. Permite-se, portanto, uma auditoria para verificação caso algum sistema tenha sido corrompido. Mas como a informação é pública e descentralizada, a fraude deve acontecer, se possível for, simultaneamente em vários potentes computadores de forma a dissimular alguma informação que já tenha sido incluída na Blockchain. Como já se afirmou, isso é praticamente impossível.

Essa segurança pode ter várias aplicabilidades que podem ir desde a gestão de bens valiosos ou avaliáveis até a organização de documentos, alvarás ou outras formas de controle sem tanto valor econômico mas com imensa aplicabilidade prática.

Por exemplo, as informações relativas à emissão de passaportes poderiam ser compartilhadas pelos governos de forma que seria possível a identificação imediata e on line dos passaportes que eventualmente sejam falsos. Cada governo lança em uma plataforma Blockchain as informações relativas aos passaportes emitidos aos seus cidadãos. As demais nações validariam aquela emissão, mesmo sem possuírem informações relativas ao país emitente ou mesmo ao cidadão. Ao se fazer o controle de fronteira e fornecer o Passaporte, a data-base a ser buscada seria a da plataforma que conciliaria as informações e já autorizaria ou não a entrada daquele passageiro no país destino. Isso poderia agregar ainda a emissão de vistos, vacinas ou mesmo a informação de foragidos nacionais ou internacionais.

Também poderia servir para a realização de contratos entre empresas, gestão de marcas, utilização de patente e uma infinidade de outras possibilidades que nossas cabeças recém-adeptas à tecnologia ainda não têm a capacidade de prever. Sem dúvida, entretanto, a Blockchain se mostra como uma revolução nas relações sociais, inclusive as jurídicas.

Como consequência inevitável, teremos uma nova forma de contratos surgindo. Estes contratos que surgem sob a tecnologia Blockchain não estarão completamente livres de problemas e, portanto, sujeitos a litígios. Essa modalidade contratual interempresarial se iniciará entre as sociedades empresárias de grande porte, sendo que muitas delas utilizarão a Arbitragem como forma para solução das controvérsias.

4. PRIVACIDADE

Ao longo de todo este artigo mencionou-se a questão da transparência típica da Blockchain. Entretanto, diferentemente do que se imagina, a transparência não significa que todos terão acesso a todas as informações: quem fez o quê, quando, como, em qual montante. Nada disso.

A tecnologia Blockchain gera duas chaves. Uma pública, vista por todos os usuários da Internet e uma privada, visto apenas pela parte que está negociando. Enxergando-se a existência destas duas chaves, torna-se mais fácil identificar que as informações não são completamente públicas.

O que todos os computadores enxergam é o complemento dos blocos com as informações que são necessárias apenas para a validação.

Assim, o usuário possui o seu nome para aderir e negociar na plataforma. O usuário pode ou não ter a informação completa do outro negociante. Mas jamais terá a informação completa daqueles com os quais não está negociando e nem estes terão as suas informações completas.

Para melhor compreensão desta matéria, faz-se necessário imaginar uma situação: A está vendendo um determinado ativo para B. A pode ou não saber quem é B de acordo com o ativo que está negociando. Caso este ativo seja uma criptmoeda, por exemplo, isso é indiferente. Entretanto, se for um imóvel, pode ser importante que as partes se conheçam.

A tecnologia Blockchain é uma base na qual plataformas são construídas pelos programadores, com interfaces diferentes de acordo com as necessidades de cada negócio e com estratégias distintas. Assim, a base tecnológica Blockchain pode ser utilizada por uma determinada plataforma para a prestação de serviços de assinaturas eletrônicas, outra para compra e venda de produtos alimentícios e outra para operações financeiras, por exemplo. Em cada uma delas a informação entre os usuários negociantes será diferente, sendo factível que em algumas, os usuários que estão negociando se conheçam ou sejam identificáveis; e em outras, isso não seja possível. O que há de comum em todas as plataformas é que os usuários não têm quaisquer informações dos demais usuários.

O limite da transparência, portanto, se restringe à quantidade, horário e data, sem identificação do usuário propriamente dito. Assim, a transparência limita-se ao que é essencial para se dar segurança à realização da operação.

De toda forma, em 2020, entrará em vigor, no Brasil, a Lei Geral de Proteção de Dados – LGPD, Lei 13.709, de agosto de 2018. Baseada na regra europeia denominada GDPR – General Data Protection Regulation, a norma brasileira trouxe um avanço quando se fala sobre proteção de dados pessoais no Brasil.

Fundamentado na licitude, lealdade e transparência, a Lei Geral de Proteção de Dados terá forte interferência nas políticas de privacidades vigentes em todo o território nacional, já que implicarão em aumento dos controles de todos aqueles que administram informações de terceiros para fins que não sejam relativos à segurança nacional, filantrópicos, acadêmicos ou jornalísticos.

Na atualidade, grande parte dos empresários ou daqueles que exercem atividades intelectuais possuem, em alguma medida, dados pessoais de pessoas físicas. O controle de tais dados suscitará maior cautela daqueles que tratam[31] referidas informações, de forma a se evitar a fiscalização dos órgãos competentes, bem como a aplicação das penalidades permitidas por lei.

A proteção de dados não deixará incólume a Blockchain, sendo que as plataformas ou sociedades empresárias que eventualmente se utilizarem de referida tecnologia deverão resguardar os interesses de seus usuários ou não usuários, mas cujas informações pessoais estejam sob os cuidados de referido empresário.

Nesse aspecto, isso poderia acontecer, por exemplo, com as informações mantidas por um hospital, em relação a seus pacientes, visitantes, médicos e enfermeiras. Eventualmente, tal hospital poderia utilizar a tecnologia Blockchain para gerir toda a sua estrutura de pessoal e remédios, contendo não só as informações dos pacientes, como de seus visitantes, além de todo o prontuário médico e dos respectivos remédios que estão sendo receitados pelos respectivos médicos e administrados em dose e utilização adequados, pelos respectivos enfermeiros.

A tecnologia Blockchain ao mesmo tempo que poderia dar muita segurança a todos os envolvidos, poderia colocar em risco as informações de todos eles se a plataforma não contivesse os cuidados de segurança e privacidade adequados. Na situação de vazamento das informações estar-se-ia diante de um verdadeiro litígio.

---

31 Para fins da Lei 13.709/18 é considerado: "X – tratamento: toda operação realizada com dados pessoais, como as que se referem a coleta, produção, recepção, classificação, utilização, acesso, reprodução, transmissão, distribuição, processamento, arquivamento, armazenamento, eliminação, avaliação ou controle da informação, modificação, comunicação, transferência, difusão ou extração; (...)".

Talvez a privacidade dos dados pessoais e a gestão correta das informações privadas seja um dos grandes temas objeto de disputas no futuro. Cada vez mais as informações são públicas ou, ao menos, obtidas de forma pública. Os limites de uso ou extravio, bem como os conflitos decorrentes do uso indevido, além obviamente, das informações que não correspondem à realidade farão parte de disputas futuras, sendo necessária a correta gestão por parte dos responsáveis pelo tratamento destas informações.

5. PRODUÇÃO DE PROVAS

A produção de provas tem se alterado ao longo dos últimos anos, sobretudo com o implemento do universo digital pelo qual o mundo passa. Os problemas se modificaram e as provas também deveriam se modificar. A tecnologia Blockchain pode, sem dúvida, ser utilizada como prova nos litígios vindouros.

A evolução tecnológica acontece mais rápido no mundo real do que no mundo jurídico litigioso. Em outras palavras, quando as provas tecnológicas são aceitas no universo dos litígios, elas já são utilizadas no mundo real, há muito tempo. Com a evolução cada vez mais célere é normal que este delay seja reduzido.

Entretanto, a título de exemplificação, o Código de Processo Civil traz em seu artigo 384, a possibilidade de utilização da ata notarial, lavrada por tabelião, para atestar ou documentar a existência e o modo de existir de algum fato, incluindo imagem ou som gravado em arquivo eletrônico. Basicamente o tabelião verifica algo e declara ter visto aquilo ao qual ele se refere naquele instante. Esse tipo de declaração não demonstra a realidade do fato, mas tão somente a sua exististência. Isto é, a ata notarial não tem capacidade para afirmar que aquilo que se está a declarar é verdadeiro ou falso. Apenas atesta a existência.

Assim, se, por exemplo, uma determinada página de Internet for hackeada e alterada, o tabelião afirmará, tão somente, que naquele instante que ele viu, a imagem na tela era alguma específica. No caso citado, a imagem verificada pelo tabelião seria falsa. No seu múnus, o tabelião exerceu a atividade de forma absolutamente correta e não tocaria à sua atribuição verificar se os dados por trás da página que ele estava observando eram verdadeiros ou não.

Determinadas plataformas poderão, de forma segura e auditável, comprovar que aquela página tinha, por razões técnicas, aquela informação. Assim, atualmente, utilizando-se de tecnologia de verificação, torna-se possível certificar não só que determinada página continha uma informação específica como que a informação lá lançada não foi objeto de qualquer tipo de alteração.

Na Internet já é possível encontrar plataformas que se assemelharam aos cartórios atestando a existência do fato, como a OriginalMy, e plataformas que conseguem demonstrar a veracidade das informações lançadas, como a Verifact.

Seja que a autenticação ou a verificação das informações podem ser geradas em base de plataforma Blockchain, o que daria a elas maior credibilidade que as informações foram obtidas ou verificadas de forma segura e, em tese, inviolável.

Além disso, há outras aplicabilidades da tecnologia Blockchain quando se refere a provas. Veja-se, por exemplo, o caso das disputas envolvendo contratos de construção. Tais obras, quando de grande porte, são complexas e acabam gerando inúmeros conflitos ao longo de sua execução. Esses conflitos são extremamente comuns e difíceis de serem solucionados, envolvendo discussões relativas a erros de projeto, erros de execução, atos causados por terceiros, clains, valores não pagos, discussões ambientais, discussões tributárias e outros inúmeros debates.

A tecnologia Blockchain poderia auxiliar imensamente na redução destes litígios, de forma que o histórico de toda uma obra fosse gerido por meio de plataformas colaborativas e efetivas. A transparência das informações lançadas na plataforma por todos os envolvidos permitira uma facilitada identificação das eventuais causas de controvérsias. Como alguns dos lançamentos poderiam ser automatizados, mediante o acontecimento de algumas situações específicas, o controle de toda uma obra seria facilitada.

Nesse diapasão, está a ser inserido no Brasil o BIM – Building Information Model que poderá auxiliar diretamente na identificação de ocorrências incongruentes na execução de uma obra, desde a sua concepção, com o projeto, até a sua conclusão final. O BIM moldará as relações de obras no futuro, já sendo obrigatório, por lei, para alguns tipos de obras específicos. A sua aplicabilidade exigirá dos advogados que atuam em discussões de obras a compreensão de seu funcionamento e seus benefícios.

6. ARBITRAGEM E BLOCKCHAIN

A arbitragem, nem de longe, possui a mesma rigidez do processo judicial. Entretanto, não é difícil se verificar situações bastante antagônicas nos casos do dia a dia, de acordo com o Tribunal Arbitral existente.

Há aqueles casos nos quais as decisões consideram tão somente o que está escrito nos contratos, sem a preocupação dos fatos que moldaram o entendimento entre as partes. Por outro lado, há situações nas quais o(s) árbitro(s) considera mais os fatos que ensejaram o litígio do que os documentos efetivamente existentes.

Em um mundo tecnológico e sob uma tecnologia Blockchain a vontade das partes e as ocorrências reais serão mais facilmente identificáveis, bem como as causas subjacentes de grande parte das controvérsias, o que, sem dúvida, facilitará a tomada de decisões.

Entretanto, o papel do advogado que litiga em arbitragens será tanto preventivo para acompanhar desde o início das contratações para que a tecnologia seja utilizada de forma lícita, havendo, obviamente, um interface cada vez maior com os engenheiros e programadores que precisarão ter consciência da importância do trabalho conjunto.

Também é importante se lembrar que a administração dos procedimentos não será como na atualidade, reduzindo-se o papel da equipe administrativa e aumentndo a atividade dos departamentos de tecnologia e de proteção de dados. Provavelmente, as Câmaras de Arbitragem passarão a adotar plataformas fundamentadas na Tecnologia Blockchain, o que permitirá que o procedimento tenha curso e acompanhamento indiferentemente de qualquer interferência de setores administrativos, como o peticionamento, a disponibilização dos documentos, os prazos, o pagamento das despesas, a liberação dos recursos aos árbitros dentre uma série de outras utilidades que uma plataforma poderia permitir, incluindo ainda, a realização de audiências a distância, com inclusão da transcrição do material de forma automática no próprio sistema.

Diferente do setor público no qual algumas pessoas não podem ser dispensadas em razão da estabilidade do concurso, no âmbito privado, não se diga o mesmo. Na verdade, ao contrário, a dispensa certamente ocorrerá para aquelas funções que puderem ser substituídas por programas que adotem mecanismos automatizados e inteligentes de gestão.

Não se deve confundir a machine learning ou a inteligência artificial com a tecnologia Blockchain. São coisas distintas, mas que se trabalhadas conjuntamente podem, sem dúvida alguma, repercutir numa forma de acompanhamento processual muito distinta que a atual.

Por outro lado, o papel dos advogados e dos árbitros não deve se reduzir com o advento de uma forte tecnologia.[32] Deve, na verdade, ficar ainda mais qualificado e estratégico já que os serviços repetitivos tendem a ser substituídos por técnicas mais apuradas (Inteligência Artificial) em bases mais sólidas (Blockchain).

No Brasil, a arbitragem já está consolidada, mas ainda há muito a ser discutido e realizado. Sobretudo após o novo Código de Processo Civil e a reforma da Lei da Arbitragem as discussões se tornaram mais comuns e vê-se, cada vez mais, o engajamento dos jovens, dos estudantes. Estes são os futuros usuários da arbitragem em um cenário de

---

[32] "Especially in the Information Age, the coercion of technology cannot be taken lightly. Our society is already moving toward an automated 'algorithm society', based on the combination of artificial intelligence and big data. In such a society, the coercion of these algorithms is generalized to society as a whole. Rather than merely a collection of characters in a software language, algorithm-embedded program codes forcibly constrain how individuals behave and how they interact. This leads to the proposition 'code is law' or 'code as law'" (JUN, Myungsan. *Blockchain Government*: A next form of infrastructure for the twenty-first century. Edição do Kindle).

tecnologia. Assim, percebe-se facilmente que ainda há muito a se fazer nesta interação entre arbitragem e Blockchain.

Por outro lado, se a arbitragem já está consolidada, a Blockchain ainda está na fase de desenvolvimento, com muitos erros a serem corrigidos. Mas está em processo real de desenvolvimento e a tecnologia certamente irá moldar vários paradigmas sociais do futuro. Mark Gates, assim se manifestou sobre o futuro da Blockchain:

> blockchain technology has the potential to reach every country, industry, and person on the planet within the next few decades. Many of the predictions about the future of blockchain technology are assumptions; however, these are not predictions like 'in the future, there will be flying cars.' There are many blockchain-based systems are already in development in many industries. The momentum that blockchain technology has gained over the last few years in terms of investment in corporate and government projects makes the prediction of a future with blockchain technology incorporated into our daily lives very realistic.[33]

Por sua vez, o sul coreano Myungsan Jun assim se manifestou sobre a atual fase de referida tecnologia:

> Of course, blockchain is not mature: blockchain technology is still in its infancy, and there are many technical and policy challenges to be addressed. Therefore, in the final chapter, I will identify the current problems of blockchain technology and the challenges to be solved. It is obvious that blockchain is a profound technology, but it needs more than just technology to function. The technology is quite unique, so building a successful blockchain system requires not only algorithms that cannot be hacked but also the direct participation of individuals, an incentive structure to encourage them to engage, and policies to structurally exclude malicious users who intend to abuse the system.[34]

---

[33] GATES, Mark. *Blockchain*: Ultimate guide to understanding blockchain, bitcoin, cryptocurrencies, smart contracts and the future of money. (pp. 77-78). Edição do Kindle.

[34] JUN, Myungsan. *Blockchain Government*: A next form of infrastructure for the twenty-first century. Edição do Kindle.

Torna-se, perceptível, portanto, que a tecnologia Blockchain se desenvolverá muito nos próximos anos. Mas as pessoas por trás desta tecnologia serão aquelas que efetivamente farão a diferença. Por isso é tão importante que os profissionais do direito envolvidos com arbitragem tenham amplo conhecimento não só desta como de outras formas de tecnologia para que possam tirar o melhor proveito de toda essa funcionalidade.

7. CONCLUSÃO

Por tudo que foi exposto neste artigo, percebe-se o quanto que o mundo jurídico se modificará nos próximos anos. Tanto no que diz aos problemas em si, quanto à forma de condução do processo ou mesmo da sua respectiva produção probatória.

Caberá aos profissionais envolvidos no mundo jurídico, com destaque para aqueles voltados para arbitragem, que compreendam e conheçam este novo mundo tecnológico que, sem dúvida, trará muitas facilidades no dia a dia profissional.

REFERÊNCIAS

BABBITT, Dave; DIETZ, Joel. *Crypto-economic Design:* A proposed agente-based modelling effort. Disponível em: https://www3.nd.edu/~swarm06/SwarmFest2014/Babbitt.pdf.

FIGURELLI, Rogério. *Blockchain*: Uma análise estratégica para humanos e robôs. 2017. Trajecta. Edição do Kindle.

GATES, Mark. *Blockchain*: ultimate guide to understanding blockchain, bitcoin, cryptocurrencies, smart contracts and the future of Money. Wise Fox Publishing, 2017.

GRINBERG, Reuben. *Bitcoin*: an innovative alternative digital currency. Disponível em: https://papers.ssrn.com/sol3/papers.cfm?abstract_id=1817857.

HARVEY, Campbell R. *Bitcoin Myths and Facts* (August 18, 2014). Available at SSRN: https://ssrn.com/abstract=2479670 or http://dx.doi.org/10.2139/ssrn.2479670.

HILEMAN, Garrick; RAUCHS, Michel. *Global Blockchain Benchmarking study.* Disponível em: https://www.ey.com/Publication/vwLUAssets/ey-global-blockchain-benchmarking-study-2017/$FILE/ey-global-blockchain-benchmarking-study-2017.pdf.

JACOBSON, Ralph. *2.5 quintillion bytes of data created every day.* How does CPG & Retail manage it?, Disponível em: https://www.ibm.com/blogs/insights-on-business/consumer-products/2-5-quintillion-bytes-of-data-created-every-day-how-does-cpg-retail-manage-it/. Acesso em: 24 abr. 2013.

JUN, Myungsan. *Blockchain Government*: A next form of infrastructure for the twenty-first century.

MOORE, Gordon E. *Cramming more components Onto Integratec circuits.* Disponível em: https://www.cs.utexas.edu/~fussell/courses/cs352h/.../moore.pdf.

REED, Jeff. *Blockchain*: Blockchain, Smart Contracts, Investing in Ethereum, FinTech (Financial Technology: 4 in 1 – Bundle). Edição do Kindle.

SCHMIDT, Eric; COHEN, Jared. *The new digital age*: reshaping the future of people, nations and business. Disponível em: https://ijoc.org/index.php/ijoc/article/download/2379/953.

A TECNOLOGIA E OS LITÍGIOS

Renato M. S. Opice Blum[1]

1. Introdução – 2. Legislação base – 3. Provas eletrônicas na esfera penal – 4. Provas eletrônicas na esfera trabalhista – 5. Blockchain – 6. Considerações finais – Referências

1. INTRODUÇÃO

A imersão do processo civil clássico nas águas profundas da tecnologia é realidade posta. São tão vastos os benefícios trazidos pelo avanço tecnológico que seria leviandade tentar afastá-los dos trilhos do Direito.

Assim, as formas eletrônicas de registro e guarda de fatos jurídicos vão, aos poucos, fincando sua credibilidade, com larga aceitação na esfera jurídica, se, evidentemente, forem cumpridas as formalidades legais exigidas.

Deste modo, considerando a grande relevância social do conhecimento sobre a formação e coleta da prova eletrônica, propõe-se o presente estudo, que abordará singelamente as principais questões atreladas ao tema.

---

[1] Master of Science in Business Administration pela Floria Christian University. Especialista em Direito Processual Civil. Bacharel em Direito e em Economia. Professor e Coordenador do MBA em Direito Eletrônico da Escola Paulista de Direito. Professor da Universidade de São Paulo e da Presbiteriana Mackenzie. Advogado.

2. LEGISLAÇÃO BASE

Até serem efetivadas as recentes alterações na legislação processual, era comum, na militância diária, serem vistas indagações sobre a validade da evidência eletrônica, mesmo quando demonstrada sua veracidade nos autos dos processos. Não raro, por desconhecimento das partes e até do próprio Judiciário, sua utilidade era mitigada, ainda que admitidas no direito interno as provas atípicas e previstas na Lei Modelo sobre o Comércio Eletrônico (UNCITRAL/1996) a equivalência dos atos jurídicos tradicionais e aqueles resultantes dos meios eletrônicos.

Os novos tempos impuseram ao Legislativo, então, a inevitável necessidade de criação de regramento para a matéria. O Código Civil de 2002, na vanguarda, trouxe a previsão expressa da admissibilidade da prova eletrônica, conforme descrito em seu artigo 225. Já em 2006 foi editada a lei do processo judicial eletrônico (11.419) que, em seu artigo 1º, confirmou a admissibilidade processual dos meios eletrônicos, entendidos como qualquer forma de armazenamento ou tráfego de documentos e arquivos digitais. O artigo 11 da citada lei foi contundente: garantida a origem e seu signatário, os documentos produzidos eletronicamente são considerados originais para todos os efeitos.

Posteriormente, no intuito de complementar a questão, foi promulgada a Lei 12.682/2012 (Lei do Documento Eletrônico), estabelecendo que os meios de armazenamento dos dados deverão protegê-los de acesso, uso, alteração, reprodução e destruição não autorizados (parágrafo único, art. 3º). O processo de digitalização, por sua vez, deveria contemplar o emprego de certificado digital (art. 3º, caput).

Pois bem, gradativamente, a utilização dos meios digitais no processo foi vencendo a resistência e, com a aprovação da Lei 13.105/2015 – Novo Código de Processo Civil, sua validade foi sedimentada, nos termos dos artigos 439, 440 e 441. Em síntese, referidos dispositivos estabelecem que, no processo convencional (físico), o documento eletrônico deve ser convertido na forma impressa. O juiz, por sua vez, apreciará seu valor probante e a produção em observância à lei.

Notamos aqui que os requisitos legais são pertinentes, já que idêntica necessidade recai sobre os documentos físicos comuns. Ou um contrato físico (em papel) tem validade autônoma em juízo se, isolado, for desprovido de inequívoca assinatura?

Ademais, a indicação de sua origem é inafastável, sendo imperiosa a demonstração do seguimento de uma cadeia de registros íntegra. Daí a importância, em todo o contexto de formação da prova, da utilização da certificação digital[2], como meio garantidor do atendimento aos requisitos legais citados, em consonância com o inciso II do artigo 411 do NCPC.

Observa-se, assim, a imperiosa necessidade de constatação processual da autenticidade e integridade do documento eletrônico. Neste sentido, escrevemos com ênfase em outras oportunidades[3]:

> A autenticidade e a integridade integram o rol de requisitos inerentes às evidências eletrônicas. A perícia oficial e a judicial são recomendadas. Acrescente-se, pois, que a evidência eletrônica apresenta características próprias e complexas, exigindo conhecimento especializado na sua coleta e utilização. Além disso, é da natureza do próprio meio a volatilidade e a fragilidade que, curiosamente, se entrelaçam com a facilidade da recuperação de 'rastros' e outros indícios típicos.

No que se refere à conversão para a forma impressa (nos processos físicos), o novo artigo 384 do CPC, dá as diretrizes do que deve ser feito: a lavratura de ata notarial. Este documento, produzido de forma particular, é de exclusiva redação por tabeliões e goza de fé pública, conforme descrito nos artigos 3º e 7º da Lei 8.935/94.

Além da utilização para a conversão, a ata notarial constitui meio hábil para compilar (em tempo e condições específicas) fatos que ocorrem no ambiente virtual e, em tese, podem ser apagados, modificados ou substituídos a qualquer momento.

---

[2] Sobre as diferentes formas de assinatura digital, ver: "O Processo Eletrônico: Assinaturas, Provas, Documentos e Instrumentos Digitais". *In*: *Direito Eletrônico*, p. 47 e seguintes, da coordenação deste autor.

[3] BLUM, Renato M. S. Opice. Direito Eletrônico, Código Civil e Tribunais. *In*: BLUM, Renato M. S. Opice; BRUNO, Marcos Gomes da Silva; ABRUSIO, Juliana Canha (Coords.). *Manual de Direito Eletrônico e Internet*. São Paulo: Aduaneiras, 2006, p. 591.

Neste sentido, considerando que a exigência jurisprudencial de indicação de URL (Uniform Resource Locator – localização de certo material na Rede) para identificação de conteúdo lesivo não é suficiente para garantir sua disponibilidade, à ata notarial coube referida função, com a vantagem de não depender de ordem judicial para ser produzida.

Sobre a indicação da URL, cabe esclarecer que esta costuma ser requisitada em juízo para a localização e remoção com precisão de conteúdos questionados. Sua exigência tem amparo jurisprudencial (STJ) e fundamenta-se, entre outros, na ordem prevista no artigo 19 do Marco Civil da Internet (Lei 12.965/2014). O parágrafo primeiro do citado artigo determina que a ordem judicial sobre o conteúdo infringente deve ser específica, a permitir a localização inequívoca do material.

O assunto gera polêmicas, tramitando na Câmara dos Deputados o Projeto de Lei nº 8.221/2017, que pretende afastar a obrigatoriedade da indicação de URL em juízo. Contudo, enquanto a propositiva não avança, nos processos judiciais e arbitrais, indubitavelmente, é aconselhável fornecer todas as informações disponíveis à parte para melhor identificação do conteúdo ilícito e satisfação adequada de sua pretensão.

No tocante à titularidade do dever de produção, oportuno dizer que as novas diretivas do CPC registraram expressamente a possibilidade de distribuição dinâmica do ônus da prova. Isto deverá ser decidido pelo magistrado no momento de saneamento do processo (inciso III do art. 357), nos termos do parágrafo primeiro do artigo 373, verbis:

> Nos casos previstos em lei ou diante de peculiaridades da causa relacionadas à impossibilidade ou à excessiva dificuldade de cumprir o encargo nos termos do caput ou à maior facilidade de obtenção da prova do fato contrário, poderá o juiz atribuir o ônus da prova de modo diverso, desde que o faça por decisão fundamentada, caso em que deverá dar à parte a oportunidade de se desincumbir do ônus que lhe foi atribuído.

Da regra transcrita, infere-se que o NCPC promoveu literalmente a flexibilização do tradicional ônus probante, cuja alteração era admitida em casos excepcionalíssimos, como na esfera do direito do consumidor (inciso VIII do art. 6º, do CDC), por exemplo. Agora, também nas demais ações civis, como nos pedidos de indenização por danos ocasionados nos meios virtuais (porn revenge, bullying, calúnia, etc.), a divisão do ônus probante poderá ser diversa, conforme decisão do magistrado.

No campo de proteção do consumidor, é de se frisar, aliás, que a possibilidade de inversão continua de suma relevância, ainda mais no que se refere à complexidade das contratações eletrônicas. Tratando do assunto, escreve Pedro Modenesi[4]:

> No meio virtual, o desequilíbrio identificado nas relações de consumo ganha novos contornos, assumindo características muito peculiares, merecendo ser objeto de atenção por parte da doutrina e dos tribunais, É inegável que, quando essas relações se perfazem no Word Wide Web, o domínio e o conhecimento tecnológico representam mais uma vantagem para o fornecedor frente ao consumidor, o que é capaz de aumentar a assimetria entre as partes.

Neste cenário, no intuito de reestabelecer o equilíbrio das contratações eletrônicas – e consequentemente seus aspectos probantes –, está em vigor o Decreto 7.962/2013, regulamentador do Código de Defesa do Consumidor. Entre diversas prescrições que visam privilegiar a informação clara e transparente, este decreto prevê requisitos para a formação do contrato eletrônico, definindo corretamente que o fornecedor deverá disponibilizar o contrato ao consumidor em meio que permita sua conservação e reprodução (inciso IV do art. 4º). Ou seja, institui-se a facilitação de acesso ao instrumento virtual da contratação em favor do consumidor.

De qualquer forma, superada a questão do acesso e aceitabilidade da prova eletrônica nos dias atuais, pode-se antever outro sério obstáculo prático a ser enfrentado nas futuras ações judiciais, que pode surtir efeitos em todos os ramos do Direito: as técnicas de superposição da realidade. Como se sabe, a proliferação de notícias falsas na Web (fake news) é um problema hodierno gravíssimo.

---

[4] MODENESI, Pedro. Contratos Eletrônicos de Consumo: Aspectos Doutrinário, Legislativo e Jurisprudencial. *In*: MARTINS, Guilherme Magalhães (Coord.). *Direito Privado e Internet*. São Paulo: Atlas, 2014, p. 312.

Com efeito, segundo alertado por especialistas, o acesso simplificado a aplicativos que permitem a criação de matérias, imagens e vídeos falsos, vem abalando a credibilidade das informações eletrônicas. Além disso, o mercado de remuneração por cliques incentiva a produção cada vez mais sofisticada de dissimulações. Vejamos a seguinte notícia[5]:

> A expressão 'Não coloque palavras na minha boca' vai passar a ir além da metáfora. Um trio de cientistas da Universidade de Washington desenvolveu uma tecnologia que cria uma imagem que tenha a cara do sujeito, se expresse como ele, fale como ele, mas seja totalmente falsa. A técnica sincroniza a voz de alguém a vídeos de outra pessoa, usando inteligência artificial. (...) Antes de nascer, a tecnologia já atrai o interesse de empresas. Recebeu patrocínio de Samsung, Google, Facebook, Intel e o estúdio UW Animation Research Labs.

Como se verifica, embora o avanço das tecnologias de manipulação de vídeos e imagens tenha alegadas utilidades, é gritante que podem incrementar a difusão de fatos falsos. Por este motivo, há aqueles que acreditam na proximidade do chamado apocalipse da informação[6], com descrédito e ceticismo absoluto com relação a todas as notícias divulgadas na Web.

Antevendo possíveis problemas e com base nas recentes experiências internacionais, a reforma da legislação eleitoral, confeccionada pela Lei 13.488/2017, abordou o assunto. Pretendendo repelir os efeitos de inverdades sobre os resultados das eleições, as novas regras reforçaram a proibição do anonimato e fixam o regime de responsabilidade do provedor nos casos de ordem judicial (para remoção de conteúdo, etc). Há, também, orientações limitadoras ao impulsionamento de conteúdo.

---

[5] G1. Vídeo: *Cientistas usam inteligência artificial para 'colocar palavras' na boca de alguém*. Disponível em: https://g1.globo.com/tecnologia/noticia/video-cientistas-usam-inteligencia-artificial-para-colocar-palavras-na-boca-de-alguem.ghtml. Acesso em: 14 fev. 2018.

[6] BUZZFEEDNEWS. *He Predicted The 2016 Fake News Crisis. Now He's Worried About An Information Apocalypse*. Disponível em: https://www.buzzfeed.com/charliewarzel/the-terrifying-future-of-fake-news?utm_term=.tb8KevGKX#.vseaZMRa0. Acesso em: 12 fev. 2018.

Portanto, considerando que montagens de imagens e vídeos podem se tornar práticas corriqueiras, é notório que, principalmente nas ações judiciais com pedido de tutela de urgência, todos os envolvidos precisam adotar plenos cuidados quanto ao teor da prova digital a ser aferida.

É de se alertar que, ao lado de sua substância, imprescindível é a demonstração da estrita legalidade da coleta da evidência. A obtenção por vias escusas, através da invasão de dispositivo informático alheio (sem autorização do titular ou ordem judicial, obviamente) é crime, tipificado no artigo 154-A do Código Penal.

Neste sentido, os limites de acesso a conteúdo eletrônico, principalmente quando se trata de comunicação privada de um indivíduo, é questão intrincada, que tem ocupado notável espaço na mídia nos últimos meses.

O embate gira em torno do sigilo constitucional das comunicações e sua relativização frente às orientações da Lei de Interceptação de Comunicações Telefônicas (9.296/96) e do Marco Civil da Internet – MCI (Lei 12.965/2014).

Há quem defenda que a Lei 9.296/96 é restritiva e não poderia ser utilizada para tratar das comunicações eletrônicas veiculadas em aplicativos. Todavia, o MCI, que cuida especialmente dos direitos dos usuários da Internet, prevê de forma expressa o acesso ao fluxo das comunicações eletrônicas, quando houver ordem judicial (inciso II do artigo 7º).

Por isso, parece-nos que as leis ordinárias mencionadas instituem exceções justificadas e coerentes ao sigilo constitucional das comunicações e dados, objetivando viabilizar os, igualmente constitucionais, direitos à honra, imagem e ressarcimento por danos. Afinal, a Constituição Federal (incisos X e XII do art. 5º) vocifera:

> X – são invioláveis a intimidade, a vida privada, a honra e a imagem das pessoas, assegurado o direito a indenização pelo dano material ou moral decorrente de sua violação;
>
> (...)

> XII – é inviolável o sigilo da correspondência e das comunicações telegráficas, de dados e das comunicações telefônicas, salvo, no último caso, por ordem judicial, nas hipóteses e na forma que a lei estabelecer para fins de investigação criminal ou instrução processual penal; (...).

Na mesma toada de debates, há turbulências quanto à viabilidade da quebra sistêmica da criptografia dos aplicativos para acesso ao conteúdo de pessoa penalmente investigada. Como fartamente divulgado pela imprensa, as empresas titulares de referidos aplicativos têm se negado a cumprir ordem judicial de quebra da criptografia, alegando que, ao suspendê-la para fins de investigação de um indivíduo, todos os demais usuários ficariam em situação de vulnerabilidade.

O impasse atinge tal ponto que o bloqueio geral de tais aplicativos chegou a ser determinado no Brasil, como forma de impor o cumprimento de ordem judicial de fornecimento das informações. Ora, em termos de proteção dos consumidores não envolvidos nas investigações, não parece razoável suprimir os serviços de comunicação de todos os usuários de um aplicativo para obtenção de dados em investigações criminais de uma pessoa específica. A medida soa como desproporcional, pois penaliza principalmente os usuários inocentes.

Mas isso não significa que a empresa administradora dos aplicativos não tenha a responsabilidade técnica de indicar solução para o cumprimento da ordem judicial. Continua em pleno vigor a máxima de que ninguém se exime do dever de colaborar com o Poder Judiciário para o descobrimento da verdade (cf. art. 378 do NCPC). Portanto, alguma alternativa técnica há de ser apresentada.

Quanto aos demais desdobramentos da prova eletrônica relacionada ao processo penal, trataremos do assunto no item 3.

Resta citar, rapidamente, a questão da identificação dos usuários para fins de responsabilização. Tal nomeação, que tradicionalmente era realizada através do número de IP (Internet Protocol), atualmente não pode ser considerada fonte segura de informação, em razão do fatídico compartilhamento de IPs. A solução provisória de compartilhamento foi adotada em função do esgotamento da versão IPV4 e os custos de implantação do IPV6.

Logo, enquanto o IPV6 não for implementado, outros elementos que caracterizam a conexão deverão compor o conjunto probatório para, quiçá, permitir o conhecimento da autoria de ilícitos. Infelizmente, quando não existirem outros elementos apuráveis, fica inviabilizada a correta punição dos responsáveis. Sobre a problemática, escrevem Caroline Braun e Rafael Martins[7]:

> No entanto, os endereços IP que historicamente foram concebidos para uso individual, enfrentam hoje um cenário de esgotamento, de modo que vêm sendo compartilhados entre pessoas ou organizações distintas, de forma simultânea. Esta realidade já se faz presente hoje também em redes compartilhadas dentro de empresas ou condomínios, com o estabelecimento de um IP e NAT, ou ainda, em redes abertas de wi-fi. Assim, enquanto o sistema estiver calcado no atual protocolo de internet chamado IPV4 e não houver a substituição pela versão IPV6, continuará a ocorrer o compartilhamento de IP e, por conseguinte, a impossibilidade de identificação de autorias com base em tal informação.

3. PROVA ELETRÔNICA NA ESFERA PENAL

Como visto até aqui, a eficácia dos meios eletrônicos para a demonstração de fatos em juízo é latente. Mas, na esfera penal, o tema guarda outras especificidades, principalmente em razão das sequelas profundas que as ações de natureza penal podem imprimir sobre a vida de um indivíduo.

Desta feita, entende-se que o cuidado formal na coleta e tratamento dos indícios eletrônicos de natureza penal deve ser redobrado, eis

[7] BRAUN, Caroline; MARTINS, Rafael D'Errico. O Marco Civil da Internet, a Guarda e Fornecimento de Registros por Provedores de Conexão e de Acesso a Aplicações de Internet: Limites Legais e Questões Probatórias Relevantes. *In*: ARTESE, Gustavo (Coord.). *Marco Civil da Internet* – Análise Jurídica sob uma Perspectiva Empresarial. São Paulo: Quartier Latin, 2015, p. 132.

que, diz o artigo 157 do Código de Processo Penal, serão consideradas ilícitas as provas obtidas em violação a normas constitucionais ou legais.

Nos termos mencionados anteriormente, observamos que toda obtenção forçada de acesso a dados de pessoa investigada depende de prévia ordem judicial, conforme os citados dispositivos do MCI (inciso II, art. 7º). O artigo 6º do CPP, no entanto, traz-nos outra hipótese a ser analisada. Verbis:

> Art. 6º – Logo que tiver conhecimento da prática da infração penal, a autoridade policial deverá:
>
> (...)
>
> II – apreender os objetos que tiverem relação com o fato, após liberados pelos peritos criminais;
>
> III – colher todas as provas que servirem para o esclarecimento do fato e suas circunstâncias; (...).

Nesta transcrição, encontramos diretiva legal para que a autoridade policial proceda à coleta das provas relacionadas a um fato criminoso. Isso permite, portanto, que utensílios eletrônicos dos mais variados tipos – celular, computador, assistente pessoal eletrônico, geladeira inteligente, etc. –, sejam recolhidos quando inseridos na cena do crime ou, de alguma forma, com ela guardarem relação.

Mas, vale diferenciar: recolher não é sinônimo de acessar, devassar ou forçar o titular ao fornecimento de senhas. A lei diz, exclusivamente, que o bem pode ser coletado – e não acessado neste primeiro momento. Destarte, infere-se que a autoridade policial não está autorizada a proceder a acesso ao conteúdo dos objetos apreendidos.

Esta incumbência é dada a outro agente: conforme determinam os artigos 158/159 e seguintes do CPP, nos crimes que deixam vestígios, a análise técnica deverá ser realizada por perito oficial, que prestará o devido compromisso pelo mister, reproduzindo seu estudo em laudo próprio. Ou seja: é o perito, devidamente instado pela autoridade judicial, o legitimado para proceder às eventuais análises dos dados coletados. Em todo o caso, com ou sem perícia, a autorização judicial haverá sempre de estar presente.

Este tem sido o entendimento reiterado do Superior Tribunal de Justiça que, diante de acesso, por policiais, às mensagens de aplicativos de indiciados, considerou nulas as provas obtidas[8].

Não se nega a criticidade do posicionamento, especialmente nos casos em que a demora da ordem judicial pode inviabilizar a atuação preventiva e evitar novos crimes. Para estas situações, talvez a análise das peculiaridades possa dar margem ao acesso emergencial da polícia aos dados, desde que cabalmente demonstrada referida urgência, como vem sinalizando de modo inicial a jurisprudência.

Contudo, o direito de não produzir provas contra si (incisos LVII e LXIII, do art. 5º, CF) e o direito ao sigilo das comunicações/dados são fundamentais, exigindo-se sua preservação ainda que em detrimento da busca pela verdade real.

Com o avanço das técnicas de Internet das Coisas e Inteligência Artificial, aliás, as discussões sobre os limites da persecução penal sobre a privacidade do indivíduo devem se acentuar. Principalmente quando as informações pretendidas tiverem relação com a saúde de uma pessoa ou com outros dados sensíveis.

Para ilustrar a problemática, citamos aqui recente caso americano[9], envolvendo investigação de suposta fraude de seguro, que teve seu deslinde pela colaboração de objeto inusitado: um marca-passo. Segundo noticiado, ordem judicial autorizou o acesso aos dados do marca-passo de certo homem, que teve a casa consumida em incêndio. Com base nos registros de frequência cardíaca, constatou-se que o indivíduo estava acordado muito antes de ligar para o serviço de socorro e informar sobre as chamas. O intervalo apurado entre os atos que se sucederam, complementado com as informações obtidas do aparelho, indicou que era impossível que ele tivesse tempo, após iniciado o incêndio, para salvar as coisas que foram retiradas por ele da casa. Ou seja: os relatos

---

8 STJ. *Reconhecida a ilicitude de provas obtidas por meio do Whatsapp sem autorização judicial.* Disponível em: www.stj.jus.br/sites/STJ/default/pt_BR/Comunicação/noticias/Notícias/Reconhecida-ilicitude-de-provas-obtidas-por-meio-do-WhatsApp-sem-autorização-judicial. Acesso em: 13 mar. 2018.

9 G1. *Como Marca-passo de Americano levou polícia a acusá-lo de crime.* Disponível em: https://g1.globo.com/mundo/noticia/como-marca-passo-de-americano-levou-policia-a-acusa-lo-de-crime.ghtml. Acesso em: 23 mar. 2018.

fornecidos pelo marca-passo forneceram indícios cabais para incriminar seu detentor. Será que no Brasil o acesso a tais informações seria judicialmente aceitável?

É fato: os rastros de dados deixados pelas pessoas em sistemas, na Internet, em Redes Sociais ou, simplesmente em bens do cotidiano, têm potencial para serem usados contra (ou a favor de!) seus titulares. Por esta razão, além do estrito cumprimento das formalidades legais pelos agentes públicos, é basilar que os usuários tenham entendimento pleno sobre quais dados são armazenados em seus equipamentos e qual o tratamento pode lhe ser destinado.

Também por este motivo, considerando os prováveis impasses que veremos nos tribunais sobre uso de dados sensíveis, é gritante a necessidade de consubstanciação de legislação específica no Brasil para tratar da proteção de dados pessoais, até o momento negligenciada pelo Congresso Nacional. Embora a Constituição Federal, o Código Civil (artigos 20/21) e o MCI determinem a impositividade da proteção à privacidade, ainda há considerável lacuna legal para dar efetividade real à garantia preconizada.

Por outro lado, importa-nos referir sobre os perigos da análise isolada das informações geradas por sistemas de Inteligência Artificial em serviço da persecução penal. Catelijne Muller, do Comitê de Economia e Sociedade da União Europeia, assim alertou:

> Em 2014, uma garota de 18 anos, que nunca havia sido presa, foi detida por roubar uma bicicleta. Um sistema de inteligência artificial analisou seu perfil como de alto risco para cometer novos delitos. Desde então, a jovem nunca mais realizou um crime. Ela era negra. Ao mesmo tempo, um homem, criminoso recorrente, também foi preso por roubo. O mesmo sistema o classificou com um perfil de baixo risco para reincidência. Desde então, ele já retornou à atividade criminosa. Ele era branco (...). O uso de estatísticas não garante resultados necessariamente precisos (...). Dados não são fatos. Dados não são neutros. Podem ter viés, e serem incompletos.[10]

---

[10] ÉPOCA NEGÓCIOS.COM. *3 ameaças trazidas pela Inteligência Artificial (e como resolvê-las)*. Disponível em: http://epocanegocios.globo.com/Tecnologia/noticia/2017/11/3-ameacas-trazidas-pela-inteligencia-artificial-e-como-resolve-las.html. Acesso em: 10 jan. 2018.

Portanto, mesmo sendo largas as vantagens da Inteligência Artificial no processamento e análise de dados de natureza penal, o valor de suas conclusões deve sempre ser sopesado com bom senso e prudência.

4. PROVA ELETRÔNICA NA ESFERA TRABALHISTA

Além da esfera cível e do âmbito penal, é natural o interesse pela utilização de informações e dados eletrônicos como meio de constatação nas discussões trabalhistas. É elementar que todos os cuidados pertinentes ao processo civil, até aqui mencionados, vão se aplicar ao processo trabalhista de forma subsidiária. Mas sobre tal questão, há consideração importante a ser pontuada.

Com relação aos documentos eletrônicos produzidos no exercício das atividades laborativas e colhidos como prova pela empresa, é altamente pertinente a análise da legalidade do monitoramento eletrônico, principalmente no que se refere ao conteúdo de e-mails.

A jurisprudência é tranquila ao admitir a fiscalização das atividades laborativas dos funcionários pelas empresas sobre os mecanismos eletrônicos que são de propriedade do empregador (sistemas, e-mail corporativo, computador, tablet, etc.). Mas, para que não restem dúvidas sobre a transparência dos procedimentos de monitoramento, evitando a alegação, pelo empregado, de quebra de sigilo dos dados, sugere-se que haja nas empresas a divulgação ostensiva de regras sobre a política de uso das ferramentas tecnológicas. Isto pode ser feito através da elaboração de um manual, regulamento interno ou comunicado específico, cuja demonstração de ciência do trabalhador deve ser inequívoca.

Assim, o conhecimento prévio sobre a possibilidade de monitoramento, análise de conteúdo, verificação do interior de e-mails, bloqueios de redes sociais e coleta de quaisquer informações que possam ser usadas em Juízo, é indicada e deve ser minuciosamente tratada no citado regulamento (ou no próprio contrato de trabalho, se for o caso), afastando-se qualquer suposta expectativa de privacidade do trabalhador no uso dos equipamentos da empresa.

No caso de bens de propriedade do empregado, utilizados em atividades laborais (prática conhecida como BYOD - Bring Your Own Device), os preceitos sobre os limites de ingerência e fiscalização da empresa precisam ser ainda mais expressos. Como a propriedade do bem não é do empregador, este não tem o natural exercício do direito de propriedade em seu favor. Logo, se o empresário pretender coletar dados dos dispositivos do trabalhador, precisa obter a concordância absoluta e documentada de seu titular. Informações obtidas de aparatos do empregado sem a clara autorização de seu proprietário podem ser consideradas ilegítimas nos processos judiciais.

5. BLOCKCHAIN

Vimos no item 2 deste estudo que a lei processual em vigor atribui presunção de veracidade aos documentos eletrônicos dotados de assinatura digital. Isto porque, para que qualquer conjunto de dados seja elevado à condição de evidência, é fundamental a demonstração de seus signatários e sua integridade. Como é de largo conhecimento, a certificação digital vem cumprindo bem este papel, pois é apta a garantir o preenchimento dos requisitos legais.

Recentemente, no entanto, propondo-se a trazer mais independência aos sistemas, ganha adeptos a tecnologia de registros distribuídos de dados, batizada de Blockchain. Seu formado de escrituração é criptografado e a alta complexidade do cruzamento de informações permite a confirmação automatizada das operações.

Com versatilidade de utilização, as teias da blockchain prescindem de terceiros para a autenticação de atos, com rastreabilidade para identificação de agentes e inalterabilidade dos lançamentos. Então, a possibilidade de inscrição "eterna" de um documento a baixos custos (pois existem startups que oferecem este serviço de modo simplificado), é mais uma opção interessante para fins probantes.

Evidentemente, estamos falando de tecnologia emergente, mas é certo que os sistemas que contemplam a preservação documental

(Ethereum, por exemplo) estão em plena expansão, com potencial de ruptura imenso.

Neste contexto, a adesão aos denominados smart contracts tem aumentado, com a promessa de revolução dos cenários de inúmeros tipos de negócios tradicionais (seguro, produtos bancários, etc.), prevendo diferenciais, inclusive, para clientes que permitirem a coleta de informações via conexão por objetos de Internet das Coisas. Nos termos do artigo 107 do Código Civil, tais contratações são plenamente aceitáveis, uma vez que a validade da declaração de vontade só depende de forma especial quando houver exigência legal para tanto (caso de compra e venda imobiliária, para a qual a lei exige a escritura pública).

Todavia, outro caráter da virtualização de processos precisa ser mencionado. Embora se reconheça que a metodologia de escrituração encadeada de dados da blockchain seja uma das formas mais eficientes de que se tem notícias para monitorar movimentações, a ausência de um controle/administração central em muitos destes sistemas pode gerar insegurança ou dificuldades em alguns casos.

Problematizando: pertencendo as chaves das criptomoedas exclusivamente ao seu portador, como operacionalizar o direito de herança sobre criptomoedas na hipótese de desconhecimento de senhas do falecido? Como fazer a divisão forçada de criptomoedas entre sócios litigantes ou cônjuges em divórcio? E, integrando o conjunto de bens do devedor, seria viável a penhora de criptomoedas? (Ou elas se confirmariam como alternativas para a blindagem ilegal de patrimônio?).

Os sistemas de criptomoedas não estão sujeitos à fiscalização pelo Banco Central, conforme manifestação deste órgão através do Comunicado BACEN 31.379/2017. Por isso, os riscos de sua utilização são exclusivos de seus usuários.

Nota-se, portanto, que embora o avanço das operações com moedas virtuais ou de seus sistemas em blockchain para outras finalidades sejam tendências irrefutáveis, há reflexões no universo jurídico pendentes de resolução.

6. CONSIDERAÇÕES FINAIS

Da análise inicial sobre as considerações que aqui foram singelamente apresentadas, nota-se que a importância das provas eletrônicas no contexto processual brasileiro é crescente, já que as relações pela Internet também são progressivas. No entanto, para que referida aplicação continue em saudável expansão, os requisitos estabelecidos na legislação em vigor devem ser respeitados.

Embora viabilizar a apuração facilitada de fatos relevantes seja a principal tarefa do documento eletrônico, as formalidades em sua constituição e coleta não podem ser dispensadas. Simplificar – no caso da prova eletrônica –, não é sinônimo de negligenciar o cumprimento de preceitos. Afinal, as diretivas legais para o tema têm o escopo maior de primar pela segurança jurídica, exigindo a clara identificação das partes, origem, acesso lícito e integridade dos dados apresentados.

Assim, principalmente no panorama crescente de divulgações ardilosas de notícias falsas, é elementar, ainda, a constatação da veracidade das informações apresentadas em processos judiciais ou arbitrais, sob pena de descrédito e desnaturação dos indícios eletrônicos.

Em conclusão, por mais que o desenvolvimento tecnológico avance, a tradicional cautela continua sendo a palavra de ordem para a formação e processamento das evidências eletrônicas segundo o Direito brasileiro.

REFERÊNCIAS

BLUM, Renato M. S. Opice. *Direito Eletrônico* – A Internet e os Tribunais. São Paulo: Edipro, 2001.

BLUM, Renato M. S. Opice. Direito Eletrônico, Código Civil e Tribunais. *In*: BLUM, Renato M. S. Opice; BRUNO, Marcos Gomes da Silva; ABRUSIO, Juliana Canha (Coord.). *Manual de Direito Eletrônico e Internet*. São Paulo: Aduaneiras, 2006.

BRAUN, Caroline; MARTINS, Rafael D'Errico. O Marco Civil da Internet, a Guarda e Fornecimento de Registros por Provedores de Conexão e de Acesso a Aplicações de Internet: Limites Legais e Questões Probatórias Relevantes. *In*: ARTESE, Gustavo (Coord.). *Marco Civil da Internet* – Análise Jurídica sob uma Perspectiva Empresarial. São Paulo: Quartier Latin do Brasil, 2015.

BUZZFEEDNEWS. *He Predicted The 2016 Fake News Crisis.* Now He's Worried About An Information Apocalypse. Disponível em: https://www.buzzfeed.com/charliewarzel/the-terrifying-future-of-fake-news?utm_term=.tb8KevGKX#.vseaZMRa0. Acesso em: 12 fev. 2018.

ÉPOCA NEGÓCIOS.COM. *3 ameaças trazidas pela Inteligência Artificial* (e como resolvê-las). Disponível em: http://epocanegocios.globo.com/Tecnologia/noticia/2017/11/3-ameacas-trazidas-pela-inteligencia-artificial-e-como-resolve-las.html. Acesso em: 10 jan. 2018.

G1. *Como Marca-passo de Americano levou polícia a acusá-lo de crime.* Disponível em: https://g1.globo.com/mundo/noticia/como-marca-passo-de-americano-levou-policia-a-acusa-lo-de-crime.ghtml. Acesso em: 23 mar. 2018.

G1. Vídeo. *Cientistas usam inteligência artificial para 'colocar palavras' na boca de alguém.* Disponível em: https://g1.globo.com/tecnologia/noticia/video-cientistas-usam-inteligencia-artificial-para-colocar-palavras-na-boca-de-alguem.ghtml. Acesso em: 14 fev. 2018.

MODENESI, Pedro. Contratos Eletrônicos de Consumo: Aspectos Doutrinário, Legislativo e Jurisprudencial. *In*: MARTINS, Guilherme Magalhães (Coord.). *Direito Privado e Internet.* São Paulo: Atlas, 2014.

STJ. *Reconhecida a ilicitude de provas obtidas por meio do Whatsapp sem autorização judicial.* Disponível em: www.stj.jus.br/sites/STJ/default/pt_BR/Comunicação/noticias/Notícias/Reconhecida-ilicitude-de-provas-obtidas-por-meio-do-WhatsApp-sem-autorização-judicial. Acesso em: 13 mar. 2018.

A ARBITRAGEM DE EMERGÊNCIA NO ÂMBITO INTERNACIONAL

Peter Christian Sester[1]

1. Introdução – 2. A Solicitação e o avanço dos custos – 3. Seis etapas até a decisão do árbitro de emergência – 4. Qualificação do árbitro de emergência e da sua Ordem – 5. Conteúdo da Ordem – 6. Consequências da transmissão dos autos ao tribunal arbitral – 7. Competência não exclusiva do árbitro de emergência – 8. Comparação com medidas cautelares ou provisórias do tribunal arbitral – 9. Regras sobre o árbitro de emergência

1. INTRODUÇÃO

Na visão de Renato Grion, sem a possibilidade de obter eventuais medidas de urgência, o instituto de arbitragem poderia perder parte de sua utilidade pois, em certas circunstâncias, o próprio objeto da disputa poderia estar em perigo, caso, por exemplo, não fosse ordenada uma

---

[1] Doutor em Direito pela Universidade de Heidelberg e em Ciências Econômicas pela Universitat Zu Berlin. Mestre em Administração de Empresas pela Fern Universitat. Professor da Baden-Wurttemberg e da Universidade St. Gallen.

medida imediata de preservação do *status quo*.[2] Frente a esta necessidade, a principal câmara da arbitragem internacional, a CCI, adotou, em 2012, na reforma do seu regulamento, o artigo 29 que trata do árbitro de emergência. Logo em seguida outras câmaras, com foco na arbitragem internacional, adotaram regras parecidas, por exemplo, ainda em 2012, the Swiss Chambers' Arbitration Institution (SCAI) adotou também no seu novo artigo 43 um mecanismo de emergência.[3] Em 2014, o London Court of International Arbitration (LCIA) também "entrou no clube".

O árbitro de emergência é um mecanismo que só pode ser ativado antes da constituição de um tribunal arbitral com o fim de pedir uma medida urgente cautelar ou provisória que não possa aguardar. A ideia subjacente a esse mecanismo é que as partes consigam resolver todos aspectos das suas controvérsias em arbitragem (*one-stop shop* arbitral), inclusive medidas de urgência, e não dependam mais dos tribunais estaduais na fase pré-constituição de tribunal arbitral.

A artigo 29 do Regulamento da CCI em conjunto com as Regras sobre o Árbitro de Emergência no Apêndice V do Regulamento da CCI, coletivamente às "Disposições sobre o Árbitro de Emergência", são sujeitos a um direito de opt-out das partes.[4] As Disposições sobre o Árbitro de Emergência não são aplicáveis quando:

– a convenção de arbitragem que preveja a aplicação do Regulamento tenha sido antes de 1° de janeiro de 2012;

– as partes tiverem convencionado excluir a aplicação das Disposições sobre o Árbitro de Emergência;

---

[2] Renato Grion, Árbitro de Emergência – Perspectiva Brasileira à Luz da Experiência Internacional, (Coordenação Carmona/Lemes/Martins, 20 Anos da Lei de Arbitragem, São Paulo 2017), p. 403, 404.

[3] Gabrielle Kaufmann-Kohler / Antonio Rigozzi, International Arbitration – Law and Practice in Switzerland, Oxford 2015, 6.92-6.94, pp. 333-334.

[4] Jason Fry / Simon Greenberg / Francesca Mazza, The Secretariat's Guide to ICC Arbitration, 2012, 3-1055, p. 295; Thomas H. Webster / Michael W. Bühler, Handbook of ICC Arbitration, 3rd edition, 2014, 29-30, pp. 448-449.

– ou as partes tiverem convencionado a aplicação de algum outro procedimento pre-arbitral o qual preveja a possibilidade de concessão de medidas cautelares, provisórias ou similares.

À luz do *opt-out*, o artigo 29 poderá ser interpretado da seguinte forma: o regulamento supõe que, em regra, as partes teriam optado explicitamente a favor do mecanismo "árbitro de emergência", caso eles tenham pensado nesse mecanismo no momento da negociação do contrato. Consequentemente, o artigo 29 pode ser qualificado como "default rule".

2. A SOLICITAÇÃO E O AVANÇO DOS CUSTOS

A Solicitação deverá ser redigida no idioma da arbitragem se tiver sido acordado pelas partes ou, na ausência de tal acordo, no idioma da convenção de arbitragem. O conteúdo dela é bem formalizado para facilitar acelerar a decisão do árbitro de emergência. Segundo o artigo 3 (1) a Solicitação deverá conter os seguintes elementos:

> a. nome ou denominação completa, qualificação, endereço e qualquer outro dado para contato de cada parte;
>
> b. nome completo, endereço e qualquer outro dado para contato das pessoas que representem o solicitante;
>
> c. uma descrição das circunstâncias que deram origem à Solicitação e do litígio submetido ou a ser submetido à arbitragem;
>
> d. uma declaração das Medidas Urgentes solicitadas;
>
> e. as razões pelas quais o solicitante necessita de uma medida cautelar ou provisória urgente que não possa esperar a constituição do tribunal arbitral;
>
> f. quaisquer contratos relevantes e, em especial, a(s) convenção(ões) de arbitragem;
>
> g. qualquer acordo relativo à sede da arbitragem, às regras de direito aplicáveis e ao idioma da arbitragem;
>
> h. prova do pagamento do valor estipulado no artigo 7°(1) desse Apêndice; e

> i. qualquer Requerimento de Arbitragem e qualquer outra manifestação em relação ao litígio principal que tenha sido submetido à Secretaria por qualquer das partes no procedimento do árbitro de emergência, anterior à apresentação da Solicitação.

A Solicitação poderá conter qualquer documento ou informação que o solicitante considere apropriada ou que possa contribuir para a análise da Solicitação.

Junto com a solicitação o solicitante deverá pagar o valor de US$ 40.000, o qual inclui US$ 10.000 pelas despesas administrativas da CCI e US$ 30.000 pelas despesas e honorários do árbitro de emergência. Não obstante, o disposto no artigo 1°(5) do presente Apêndice, a Solicitação não será notificada até que o pagamento dos US$ 40.000 seja recebido pela Secretaria.

3. SEIS ETAPAS ATÉ A DECISÃO DO ÁRBITRO DE EMERGÊNCIA

Primeira etapa: uma parte, denominada "Solicitante" deverá apresentar sua Solicitação de Medidas Urgentes (a "Solicitação") à Secretaria, em qualquer dos escritórios estipulados no Regulamento Interno da Corte (Apêndice II do Regulamento).

Segunda etapa: a Secretaria verificará se os autos do procedimento arbitral já foram transmitidos ao tribunal arbitral nos termos do artigo 16 do Regulamento. Somente depois desta transmissão a Secretaria mandará a Solicitação ao Presidente da Corte. O Presidente verificará, sob a base da informação contida na Solicitação, se as Disposições sobre o Árbitro de Emergência aplicam-se em relação aos artigos 29(5) e 29(6) do Regulamento. Neste caso, a Solicitação segue para frente. Se, e na medida em que o Presidente decidir em sentido contrário, a Secretaria informará às partes que o procedimento do árbitro de emergência não deverá prosseguir em relação a algumas ou todas as partes e transmitira uma cópia da Solicitação a elas para sua informação.

Terceira etapa: caso o Presidente confirme o cabimento das Disposições sobre o Árbitro de Emergência, a Secretaria transmitirá uma cópia da Solicitação e dos documentos que a acompanham à parte requerida.

Quarta etapa: o Presidente deverá nomear um árbitro de emergência dentro do menor prazo possível, normalmente em dois dias contados da recepção, pela Secretaria, da Solicitação. Se as partes tiverem convencionado a sede da arbitragem, esta será a sede do procedimento do árbitro de emergência. Na ausência de tal acordo, o Presidente designará o lugar do procedimento do árbitro de emergência, sem prejuízo à determinação da sede da arbitragem nos termos do artigo 18(1) do Regulamento.

Quinta etapa: antes de sua nomeação, o árbitro de emergência proposto deverá assinar uma declaração de aceitação, disponibilidade, imparcialidade e independência. A Secretaria enviará uma cópia de tal declaração às partes. O árbitro de emergência não deverá atuar como árbitro em nenhuma arbitragem relacionada ao litígio que deu origem à Solicitação.

Sexta etapa: nomeado o árbitro de emergência, a Secretaria notificará as partes e transmitira os autos ao árbitro de emergência. A partir desse momento, toda comunicação escrita das partes deverá ser enviada diretamente ao árbitro de emergência, com cópia à outra parte e à Secretaria. Uma cópia de qualquer comunicação escrita do árbitro de emergência às partes deverá ser enviada à Secretaria.

Essas seis etapas ocorrerão durante um prazo de três dias. A decisão do árbitro de emergência, chamado Ordem, deverá ser proferida em no máximo 15 dias contados da data em que os autos foram transmitidos ao árbitro de emergência. Em sua Ordem, o árbitro de emergência deverá determinar se a Solicitação é admissível nos termos do artigo 29(1) do Regulamento e se o árbitro de emergência é competente para ordenar as Medidas Urgentes. A Ordem deverá ser proferida por escrito, fundamentada, datada e assinada pelo árbitro de emergência.

4. QUALIFICAÇÃO DO ÁRBITRO DE EMERGÊNCIA E DA SUA ORDEM

O árbitro de emergência possui todas as atribuições de um árbitro. De qualquer forma existem, pelo menos, duas particularidades comparados aos árbitros no procedimento comum. O árbitro de emergência é sempre árbitro único e nomeado pelo Presidente do Corte da CCI. A decisão, da chamada Ordem, por ele proferida, tem caráter provisório. Mas, as partes se comprometem a cumprir qualquer ordem proferida pelo árbitro de emergência. Consequentemente, a Ordem é obrigatória para as partes. O árbitro de emergência poderá proferir Ordem condicionando-a a quaisquer requisitos que entenda apropriados, incluindo a prestação de garantia.

A ordem do árbitro de emergência não vinculará o tribunal arbitral no que tange a qualquer questão, tema ou controvérsia determinada em tal ordem. O tribunal arbitral poderá alterar, revogar ou anular uma ordem ou qualquer modificação a uma ordem proferida pelo árbitro de emergência. O tribunal arbitral decidirá qualquer pedido ou demanda das partes relativa ao procedimento do árbitro de emergência, inclusive a realocação dos custos de tal procedimento e qualquer demanda relativa a ou em conexão com o cumprimento ou não da ordem.

5. CONTEÚDO DA ORDEM

A Ordem deverá ser proferida por escrito, fundamentada, datada e assinada pelo árbitro de emergência. Em regra, ela contém pelo menos cinco elementos.[5]

Primeiro, o árbitro precisa tratar da admissibilidade da solicitação. Neste sentido, é mandatório apontar os fatos que causam, para o solicitante, a necessidade de uma medida urgente cautelar ou provisória que não possa aguardar a constituição de um tribunal arbitral (Art. 29 (1),

---

5 Thomas H. Webster / Michael W. Bühler, Handbook of ICC Arbitration, 3rd edition, 2014,„29-81, p. 460.

Regulamento da CCI). Essa urgência tem dois pontos de referência: o suposto prazo até a constituição do tribunal arbitral e o prazo até este tribunal ser efetivamente capaz de adotar uma medida cautelar, ou provisória, no sentido do artigo 28 do Regulamento da CCI. O ponto de partida da análise são as razões que o solicitante indicou na solicitação para justificar a necessidade de medida cautelar, ou provisória, tão urgente que não possa esperar a constituição do tribunal arbitral.

Segundo, o árbitro de emergência deverá confirmar a sua competência para ordenar as Medidas Urgentes. Neste contexto, ela/ele deverá observar que as regras sobre o árbitro de emergência sejam aplicáveis apenas às partes signatárias, ou seus sucessores, da convenção de arbitragem. O requerimento do artigo 29 (5) sobre as partes signatárias é mais rígido do que o artigo 6 (3) e (4) do Regulamento da CCI.

Terceiro, o árbitro precisa analisar os méritos da solicitação. Em princípio, esta análise corresponde àquela do tribunal arbitral que decide sobre a adoção de uma medida cautelar ou provisória urgente (artigo 28, Regulamento CCI). Consequentemente, o árbitro deverá ponderar entre o possível dano para o solicitante sem a medida cautelar ou provisória contra o possível dano da parte requerida em razão da medida.

Quarto, e obviamente a ordem precisa incluir a especificação das medidas ordenadas. Neste contexto, o árbitro de emergência poderá proferir Ordem condicionando-a a quaisquer requisitos que entenda apropriados, incluindo a prestação de garantia.

Quinto, a Ordem do árbitro de emergência fixará os custos do procedimento do árbitro de emergência e decidirá qual das partes arcará com o seu pagamento, ou em que proporção serão repartidos entre as partes. Os custos do procedimento do árbitro de emergência incluem as despesas administrativas da CCI, os honorários e despesas do árbitro de emergência, as despesas razoáveis, legais e outras, incorridas pelas partes no curso do procedimento do árbitro de emergência.

6. CONSEQUÊNCIAS DA TRANSMISSÃO DOS AUTOS AO TRIBUNAL ARBITRAL

Nenhum árbitro de emergência será nomeado uma vez que os autos ja tenham sido transmitidos ao tribunal arbitral, nos termos do artigo 16 do Regulamento. O árbitro de emergência que tiver sido nomeado antes da transmissão dos autos ao tribunal arbitral manterá seus poderes para proferir uma ordem dentro do prazo permitido.

De qualquer forma, a partir do momento da transmissão dos autos, o árbitro de emergência não pode mais alterar, revogar ou anular a Ordem. Esta competência transmite-se ao tribunal arbitral.

7. COMPETÊNCIA NÃO EXCLUSIVA DO ÁRBITRO DE EMERGÊNCIA

Diferentemente da competência do tribunal arbitral no procedimento comum, a competência do árbitro de emergência não é exclusiva. Segundo o artigo 29 (7) do Regulamento da CCI, as disposições sobre o Árbitro de Emergência não têm a finalidade de impedir que as partes requeiram medidas cautelares ou provisórias urgentes a uma autoridade judicial competente. Claro está que nada impede que tais medidas sejam solicitadas ao juiz competente, antes da solicitação ao árbitro de emergência ou mesmo depois, desde que em circunstâncias apropriadas. Qualquer requerimento de tais medidas a uma autoridade judicial competente não será considerado como infração ou renúncia à convenção de arbitragem. Quaisquer pedidos e medidas adotadas pela autoridade judicial deverão ser notificados sem demora à Secretaria.

8. COMPARAÇÃO COM MEDIDAS CAUTELARES OU PROVISÓRIAS DO TRIBUNAL ARBITRAL

De acordo com a proficiente análise de Renato Grion, o árbitro de emergência pode ser, em seus aspectos mais relevantes, equiparado ao tribunal arbitral que determina a adoção de medidas cautelares ou provisórias, nos termos do artigo 28 do Regulamento. E, como decorrência lógica dessa conclusão, pode-se afirmar, que a decisão do árbitro de emergência é, em tudo, equiparada à decisão de urgência que será tomada pelo árbitro que decidirá o mérito da disputa.[6] Consequentemente, o art. 17 H(1) UNCITRAL sobre a Lei Modelo da Arbitragem Comercial Internacional deverá ser aplicado por analogia. Segundo este artigo "uma medida cautelar decretada por um tribunal arbitral e vinculativa e, salvo disposição em contrário do tribunal arbitral, pode ser executada mediante requerimento dirigido ao tribunal competente, independentemente do país em que foi emitida, encontrando-se sujeita às disposições contidas no artigo 17.º-I Lei Modelo sobre Arbitragem Comercial Internacional".

9. REGRAS SOBRE O ÁRBITRO DE EMERGÊNCIA

> **Artigo 29 do Regulamento da CCI: Árbitro de Emergência**
>
> 1. A parte que necessitar de uma medida urgente cautelar ou provisória que não possa aguardar a constituição de um tribunal arbitral ("Medidas Urgentes") poderá requerer tais medidas nos termos das Regras sobre o Árbitro de Emergência dispostas no Apêndice V. Tal solicitação só será aceita se recebida pela Secretaria antes da transmissão dos autos ao tribunal arbitral nos termos do artigo 16 e independentemente do fato de a parte que requerer a medida já ter apresentado seu Requerimento de Arbitragem.
>
> 2. A decisão do árbitro de emergência tomará a forma de uma ordem. As partes se comprometem a cumprir qualquer ordem proferida pelo árbitro de emergência.
>
> 3. A ordem do árbitro de emergência não vinculará o tribunal arbitral no que tange a qualquer questão, tema ou controvérsia determinada em tal ordem. O tribunal arbitral poderá alterar, revogar ou anular uma ordem ou qualquer modificação a uma ordem proferida pelo árbitro de emergência.

[6] Renato Grion, Árbitro de Emergência – Perspectiva Brasileira à Luz da Experiência Internacional, p. 403, 435.

4. O tribunal arbitral decidirá qualquer pedido ou demanda das partes relativo ao procedimento do árbitro de emergência, inclusive a realocação dos custos de tal procedimento e qualquer demanda relativa a ou em conexão com o cumprimento ou não da ordem.

5. Os artigos 29(1)-29(4) e as Regras sobre o Árbitro de Emergência previstas no Apêndice V (coletivamente as "Disposições sobre o Árbitro de Emergência") serão aplicáveis apenas às partes signatárias, ou seus sucessores, da convenção de arbitragem, que preveja a aplicação do Regulamento e invocada para o requerimento da medida.

6. As Disposições sobre o Árbitro de Emergência não são aplicáveis quando:

a. a convenção de arbitragem que preveja a aplicação do Regulamento foi concluída antes de 1° de janeiro de 2012;

b. as partes tiverem convencionado excluir a aplicação das Disposições sobre o Árbitro de Emergência; ou

c. as partes tiverem convencionado a aplicação de algum outro procedimento pre-arbitral o qual preveja a possibilidade de concessão de medidas cautelares, provisórias ou similares.

7. As Disposições sobre o Árbitro de Emergência não têm a finalidade de impedir que qualquer parte requeira medidas cautelares ou provisórias urgentes a qualquer autoridade judicial competente a qualquer momento antes de solicitar tais medidas e, em circunstâncias apropriadas, até mesmo depois de tal solicitação, nos termos do Regulamento. Qualquer requerimento de tais medidas a uma autoridade judicial competente não será considerado como infração ou renúncia à convenção de arbitragem. Quaisquer pedidos e medidas adotadas pela autoridade judicial deverão ser notificados sem demora à Secretaria.

REGULAMENTO DE ARBITRAGEM DA CCI

APÊNDICE V – REGRAS SOBRE O ÁRBITRO DE EMERGÊNCIA

Artigo 1º Solicitação de Medidas Urgentes

1. A parte que desejar recorrer a um árbitro de emergência nos termos do artigo 29 do Regulamento de Arbitragem da CCI (o "Regulamento") deverá apresentar sua Solicitação de Medidas Urgentes (a "Solicitação") à Secretaria em qualquer

dos escritórios estipulados no Regulamento Interno da Corte (Apêndice II do Regulamento).

2. A Solicitação deverá ser submetida em número de cópias suficiente para que cada parte receba uma cópia, mais uma para o árbitro de emergência e uma para a Secretaria.

3. A Solicitação deverá conter os seguintes elementos:

a. nome ou denominação completo, qualificação, endereço e qualquer outro dado para contato de cada parte;

b. nome completo, endereço e qualquer outro dado para contato das pessoas que representem o solicitante;

c. uma descrição das circunstâncias que deram origem à Solicitação e do litígio submetido ou a ser submetido à arbitragem;

d. uma declaração das Medidas Urgentes solicitadas;

e. as razões pelas quais o solicitante necessita de uma medida cautelar ou provisória urgente que não possa esperar a constituição do tribunal arbitral;

f. quaisquer contratos relevantes e, em especial, a(s) convenção(ões) de arbitragem;

g. qualquer acordo relativo à sede da arbitragem, às regras de direito aplicáveis e ao idioma da arbitragem;

h. prova do pagamento do valor estipulado no artigo 7°(1) desse Apêndice; e

i. qualquer Requerimento de Arbitragem e qualquer outra manifestação em relação ao litígio principal que tenha sido submetido à Secretaria por qualquer das partes no procedimento do árbitro de emergência, anterior à apresentação da Solicitação.

A Solicitação poderá conter qualquer documento ou informação que o solicitante considere apropriada ou que possa contribuir para a análise da Solicitação de maneira e ciente.

4. A Solicitação deverá ser redigida no idioma da arbitragem se tiver sido acordado pelas partes ou, na ausência de tal acordo, no idioma da convenção de arbitragem.

5. Se, e na medida em que o Presidente da Corte (o "Presidente") considerar, sob a base da informação contida na Solicitação, que as Disposições sobre o Árbitro de Emergência se aplicam em

relação aos artigos 29(5) e 29(6) do Regulamento, a Secretaria deverá transmitir uma cópia da Solicitação e dos documentos que a acompanham à parte requerida. Se, e na medida em que o Presidente decidir em sentido contrário, a Secretaria informará às partes que o procedimento do árbitro de emergência não deverá prosseguir em relação a algumas ou todas as partes e transmitirá uma cópia da Solicitação a elas para sua informação.

6. O Presidente deverá dar por extinto o procedimento do árbitro de emergência se um Requerimento de Arbitragem não for recebido pela Secretaria por parte do solicitante no prazo de 10 dias contados da notificação de recebimento da Solicitação enviada pela Secretaria, a menos que o árbitro de emergência determine que um prazo mais extenso seja necessário.

ARTIGO 2° Nomeação do árbitro de emergência; transmissão dos autos

1. O Presidente deverá nomear um árbitro de emergência dentro do menor prazo possível, normalmente em dois dias contados da recepção, pela Secretaria, da Solicitação.

2. Nenhum árbitro de emergência será nomeado uma vez que os autos ja tenham sido transmitidos ao tribunal arbitral nos termos do artigo 16 do Regulamento. O árbitro de emergência que tiver sido nomeado antes da transmissão dos autos ao tribunal arbitral manterá seus poderes para proferir uma ordem dentro do prazo permitido pelo artigo 6°(4) do presente Apêndice.

3. Nomeado o árbitro de emergência, a Secretaria notificará as partes e transmitirá os autos ao árbitro de emergência. A partir desse momento, toda comunicação escrita das partes deverá ser enviada diretamente ao árbitro de emergência, com cópia a outra parte e à Secretaria. Uma cópia de qualquer comunicação escrita do árbitro de emergência às partes deverá ser enviada à Secretaria.

4. Todo árbitro de emergência deverá ser e permanecer imparcial e independente das partes envolvidas no litígio.

5. Antes de sua nomeação, o árbitro de emergência proposto deverá assinar uma declaração de aceitação, disponibilidade, imparcialidade e independência. A Secretaria enviará uma cópia de tal declaração às partes.

6. O árbitro de emergência não deverá atuar como árbitro em nenhuma arbitragem relacionada ao litígio que deu origem à Solicitação.

ARTIGO 3° Impugnação de um árbitro de emergência

1. A impugnação de um árbitro de emergência deverá ser feita dentro de três dias contados do recebimento, pela parte, da notificação da nomeação, ou da data em que tal parte foi informada dos fatos e circunstâncias sob as quais se baseia a impugnação, caso esta última data seja posterior ao recebimento da notificação.

2. A impugnação será decidida pela Corte após a Secretaria ter dado a oportunidade ao árbitro de emergência e a outra parte ou partes de se manifestarem, por escrito, em prazo razoável.

ARTIGO 4° Sede dos procedimentos do árbitro de emergência

1. Se as partes tiverem convencionado a sede da arbitragem, tal será a sede do procedimento do árbitro de emergência. Na ausência de tal acordo, o Presidente fixará o lugar do procedimento do árbitro de emergência, sem prejuízo à determinação da sede da arbitragem nos termos do artigo 18(1) do Regulamento.

2. Quaisquer reuniões com o árbitro de emergência poderão ser conduzidas com a presença física dos participantes em qualquer localidade que o árbitro de emergência considerar apropriada ou por meio de vídeo conferência, telefone ou meios de comunicação similares.

ARTIGO 5° Procedimento

1. O árbitro de emergência deverá estabelecer um cronograma para o procedimento do árbitro de emergência dentro do menor prazo possível, normalmente em dois dias contados da transmissão dos autos nos termos do artigo 2°(3) do presente Apêndice.

2. O árbitro de emergência deverá conduzir o procedimento na maneira que considerar apropriada, levando em consideração a natureza e a urgência da Solicitação. Em todos os casos o árbitro de emergência deverá atuar de maneira justa e imparcial e assegurar que cada parte tenha ampla oportunidade de expor suas alegações.

ARTIGO 6º Ordem

1. Segundo o artigo 29(2) do Regulamento, a decisão do árbitro de emergência deverá ter a forma de uma ordem ("Ordem").

2. Em sua Ordem, o árbitro de emergência deverá determinar se a Solicitação e admissível nos termos do artigo 29(1) do Regulamento e se o árbitro de emergência é competente para ordenar as Medidas Urgentes.

3. A Ordem deverá ser proferida por escrito, fundamentada, datada e assinada pelo árbitro de emergência.

4. A Ordem deverá ser proferida em no máximo 15 dias contados da data em que os autos foram transmitidos ao árbitro de emergência nos termos do artigo 2º(3) do presente Apêndice. O Presidente poderá prorrogar esse prazo, atendendo a um pedido fundamentado do árbitro de emergência ou por sua própria iniciativa, se julgar necessário fazê-lo.

5. Dentro do prazo estabelecido no artigo 6º(4) do presente Apêndice, o árbitro de emergência deverá enviar a Ordem às partes, enviando uma cópia à Secretaria, por meio de qualquer meio de comunicação permitido pelo artigo 3º(2) do Regulamento que, segundo o árbitro de emergência, assegure uma pronta recepção.

6. A Ordem deixará de ser obrigatória para as partes quando:

a. o Presidente extinguir o procedimento do árbitro de emergência nos termos do artigo 1º(6) do presente Apêndice;

b. a Corte aceitar um pedido de impugnação contra o árbitro de emergência de acordo com o artigo 3º do presente Apêndice;

c. o tribunal arbitral proferir a sentença arbitral final, a menos que decida de outra forma;

d. as demandas sejam retiradas ou a arbitragem seja terminada sem a prolação de uma sentença arbitral final.

7. O árbitro de emergência poderá proferir Ordem condicionando-a a quaisquer requisitos que entenda apropriados, incluindo a prestação de garantia.

8. Mediante solicitação fundamentada de uma parte antes da transmissão dos autos ao tribunal arbitral nos termos do artigo 16 do Regulamento, o árbitro de emergência poderá alterar, revogar ou anular a Ordem.

ARTIGO 7º Custos do procedimento do árbitro de emergência

1. O solicitante deverá pagar o valor de US$ 40.000, o qual inclui US$ 10.000 pelas despesas administrativas da CCI e US$ 30.000 pelas despesas e honorários do árbitro de emergência. Não obstante o disposto no artigo 1º(5) do presente Apêndice, a Solicitação não será notificada até que o pagamento dos US$ 40.000 seja recebido pela Secretaria.

2. O Presidente poderá, a qualquer momento durante o procedimento do árbitro de emergência, decidir aumentar os honorários deste ou as despesas administrativas da CCI levando em consideração, inter alia, a natureza do caso e a natureza e a extensão do trabalho elaborado pelo árbitro de emergência, pela Corte, pelo Presidente e pela Secretaria. Se o solicitante deixar de pagar o aumento da taxa dentro do prazo estipulado pela Secretaria, a Solicitação será considerada retirada.

3. A Ordem do árbitro de emergência fixará os custos do procedimento do árbitro de emergência e decidirá qual das partes arcará com o seu pagamento, ou em que proporção serão repartidos entre as partes.

4. Os custos do procedimento do árbitro de emergência incluem as despesas administrativas da CCI, os honorários e despesas do árbitro de emergência, as despesas razoáveis, legais e outras, incorridas pelas partes no curso do procedimento do árbitro de emergência.

5. Caso o procedimento do árbitro de emergência não prossiga nos termos do artigo 1º(5) do presente Apêndice ou seja extinto antes da prolação de uma Ordem, o Presidente determinará o valor a ser reembolsado ao solicitante, se for o caso. O valor de US$ 5.000 de despesas administrativas da CCI não será reembolsável em nenhuma hipótese.

ARTIGO 8º Regra geral

1. O Presidente terá o poder de decidir, discricionariamente, qualquer tema relativo à administração do procedimento do árbitro de emergência que não esteja expressamente previsto neste Apêndice.

2. Na ausência ou mediante solicitação do Presidente, qualquer Vice-Presidente da Corte terá o poder de tomar decisões em nome do Presidente.

3. Em todos os assuntos relativos ao procedimento do árbitro de emergência não expressamente previstos no presente Apêndice, a Corte, o Presidente e o árbitro de emergência deverão proceder em conformidade com o espírito do Regulamento e do presente Apêndice.

PEDIDO DE EMERGÊNCIA "SWISSE RULES"

Artigo 43

1. Salvo estipulação em contrário, a parte que necessitar de uma medida urgente provisória nos termos do artigo 26 antes da constituição do tribunal arbitral poderá apresentar à Secretaria uma solicitação para procedimento de pedido de emergência (a «Solicitação»). Além dos elementos determinados no artigo 3(3) (b) a (e), a Solicitação deverá conter:

a. uma declaração da(s) medida(s) solicitada(s) e suas razões, particularmente a razão da emergência;

b. observações quanto ao idioma, ao lugar da arbitragem e à lei aplicável;

c. confirmação do pagamento, por cheque outra transferência à conta bancária estipulada no Anexo A, da Taxa de Registro e do depósito para procedimento de pedido de emergência conforme estipulado na Seção 1.6 do Anexo B (Tabela de Custas).

2. Dentro do menor prazo possível, após o recebimento da Solicitação, da Taxa de Registro e do depósito para procedimento de pedido de emergência, a Corte irá nomear e enviar os autos ao árbitro único de emergência, salvo se:

a. manifestamente não houver convenção de arbitragem com referência ao presente Regulamento; ou

b. parece mais apropriado prosseguir com a constituição do tribunal arbitral e enviar a Solicitação para o mesmo.

3. Se a Solicitação for apresentada antes da Notificação de Arbitragem, a Corte extinguirá o procedimento de pedido de emergência se a Notificação de Arbitragem não for apresentada dentro de dez dias contados do recebimento da Solicitação. Em circunstâncias excepcionais, a Corte pode prorrogar esse prazo.

4. Os artigos 9 a 12 se aplicam ao árbitro de emergência, com exceção dos prazos estipulados no artigo 11(1) e (2), os quais são reduzidos para três dias.

5. Se as partes não determinaram o lugar da arbitragem, ou se a designação do lugar da arbitragem não e clara ou e incompleta, o lugar da arbitragem para fins do procedimento de pedido de emergência será fixado pela Corte, sem prejuízo da determinação do lugar da arbitragem nos termos do artigo 16(1).

6. O árbitro de emergência conduzirá o procedimento de pedido de emergência da maneira que considerar apropriada, levando em consideração a urgência inerente ao procedimento em questão e assegurando que cada uma das partes tenha ampla oportunidade de expor suas alegações.

7. A decisão sobre a Solicitação deverá ser proferida dentro de quinze dias contados da data que a Secretaria enviou os autos ao árbitro de emergência. Esse prazo pode ser prorrogado por acordo das partes ou, diante de circunstâncias apropriadas, pela Corte. A decisão sobre a Solicitação poderá ser proferida mesmo se neste interregno os autos tenham sido enviados para o tribunal arbitral.

8. A decisão do árbitro de emergência produz os mesmos efeitos da decisão referida no artigo 26. Qualquer medida provisória concedida pelo árbitro de emergência pode ser modificada, suspensa ou revogada pelo próprio árbitro de emergência ou pelo tribunal arbitral, após envio dos autos ao mesmo.

9. A decisão sobre a Solicitação deve conter a fixação das custas, conforme o disposto no artigo 38(g). Antes de proferir a decisão sobre a Solicitação, o árbitro de emergência deve encaminhar uma minuta relativa à fixação das custas à Secretaria para aprovação ou correção pela Corte. As custas devem ser pagas pelo depósito feito para o procedimento de pedido de emergência. A fixação das custas nos termos do artigo 38(d) e (e) e a alocação das custas entre as partes serão decididas pelo tribunal arbitral. Se o tribunal arbitral não tiver sido constituído, a fixação das custas nos termos do artigo 38(d) e (e) e a alocação da totalidade das custas serão decididas pelo árbitro de emergência em uma sentença separada.

10. Qualquer medida concedida pelo árbitro de emergência deixará de ser obrigatória para as partes a partir da extinção do procedimento de pedido de emergência nos termos do artigo 43(3), a partir da extinção do procedimento arbitral ou a partir da prolação da sentença, salvo se o tribunal arbitral expressamente decidir diferentemente na sentença final.

11. O árbitro de emergência não poderá atuar como árbitro em nenhuma arbitragem relativa à controvérsia na qual o árbitro de emergência ja tenha atuado, salvo estipulação em contrário das partes.

LCIA Rules (2014)

Article 9B – Emergency Arbitrator

9.4 Subject always to Article 9.14 below, in the case of emergency at any time prior to the formation or expedited formation of the Arbitral Tribunal (under Articles 5 or 9A), any party may apply to the LCIA Court for the immediate appointment of a temporary sole arbitrator to conduct emergency proceedings pending the formation or expedited formation of the Arbitral Tribunal (the "Emergency Arbitrator").

9.5 Such an application shall be made to the Registrar in writing (preferably by electronic means), together with a copy of the Request (if made by a Claimant) or a copy of the Response (if made by a Respondent), delivered or notified to all other parties to the arbitration. The application shall set out, together with all relevant documentation: (i) the specific grounds for requiring, as an emergency, the appointment of an Emergency Arbitrator; and (ii) the specific claim, with reasons, for emergency relief. The application shall be accompanied by the applicant's written confirmation that the applicant has paid or is paying to the LCIA the Special Fee under Article 9B, without which actual receipt of such payment the application shall be dismissed by the LCIA Court. The Special Fee shall be subject to the terms of the Schedule of Costs. Its amount is prescribed in the Schedule, covering the fees and expenses of the Emergency Arbitrator and the administrative fees and expenses of the LCIA, with additional charges (if any) of the LCIA Court. After the appointment of the Emergency Arbitrator, the amount of the Special Fee payable by the applicant may be increased by the LCIA Court in accordance with the Schedule. Article 24 shall not apply to any Special Fee paid to the LCIA.

9.6 The LCIA Court shall determine the application as soon as possible in the circumstances. If the application is granted, an Emergency Arbitrator shall be appointed by the LCIA Court within three days of the Registrar's receipt of the application (or as soon as possible thereafter). Articles 5.1, 5.7, 5.9, 5.10, 6, 9C, 10 and 16.2 (last sentence) shall apply to such appointment. The

Emergency Arbitrator shall comply with the requirements of Articles 5.3, 5.4 and (until the emergency proceedings are finally concluded) Article 5.5.

9.7 The Emergency Arbitrator may conduct the emergency proceedings in any manner determined by the Emergency Arbitrator to be appropriate in the circumstances, taking account of the nature of such emergency proceedings, the need to afford to each party, if possible, an opportunity to be consulted on the claim for emergency relief (whether or not it avails itself of such opportunity), the claim and reasons for emergency relief and the parties' further submissions (if any). The Emergency Arbitrator is not required to hold any hearing with the parties (whether in person, by telephone or otherwise) and may decide the claim for emergency relief on available documentation. In the event of a hearing, Articles 16.3, 19.2, 19.3 and 19.4 shall apply.

9.8 The Emergency Arbitrator shall decide the claim for emergency relief as soon as possible, but no later than 14 days following the Emergency Arbitrator's appointment. This deadline may only be extended by the LCIA Court in exceptional circumstances (pursuant to Article 22.5) or by the written agreement of all parties to the emergency proceedings. The Emergency Arbitrator may make any order or award which the Arbitral Tribunal could make under the Arbitration Agreement (excepting Arbitration and Legal Costs under Articles 28.2 and 28.3); and, in addition, make any order adjourning the consideration of all or any part of the claim for emergency relief to the proceedings conducted by the Arbitral Tribunal (when formed).

9.9 An order of the Emergency Arbitrator shall be made in writing, with reasons. An award of the Emergency Arbitrator shall comply with Article 26.2 and, when made, take effect as an award under Article 26.8 (subject to Article 9.11). The Emergency Arbitrator shall be responsible for delivering any order or award to the Registrar, who shall transmit the same promptly to the parties by electronic means, in addition to paper form (if so requested by any party). In the event of any disparity between electronic and paper forms, the electronic form shall prevail.

9.10 The Special Fee paid shall form a part of the Arbitration Costs under Article 28.2 determined by the LCIA Court (as to the amount of Arbitration Costs) and decided by the Arbitral Tribunal (as to the proportions in which the parties shall bear Arbitration Costs). Any legal or other expenses incurred by any party during the emergency proceedings shall form a part of the Legal Costs under Article 28.3 decided by the Arbitral Tribunal (as to amount and as to payment between the parties of Legal Costs).

9.11 Any order or award of the Emergency Arbitrator (apart from any order adjourning to the Arbitral Tribunal, when formed, any part of the claim for emergency relief) may be confirmed, varied, discharged or revoked, in whole or in part, by order or award made by the Arbitral Tribunal upon application by any party or upon its own initiative.

9.12 Article 9B shall not prejudice any party's right to apply to a state court or other legal authority for any interim or conservatory measures before the formation of the Arbitration Tribunal; and it shall not be treated as an alternative to or substitute for the exercise of such right. During the emergency proceedings, any application to and any order by such court or authority shall be communicated promptly in writing to the Emergency Arbitrator, the Registrar and all other parties.

9.13 Articles 3.3, 13.1-13.4, 14.4, 14.5, 16, 17, 18, 22.3, 22.4, 23, 28, 29, 30, 31 and 32 and the Annex shall apply to emergency proceedings. In addition to the provisions expressly set out there and in Article 9B above, the Emergency Arbitrator and the parties to the emergency proceedings shall also be guided by other provisions of the Arbitration Agreement, whilst recognising that several such provisions may not be fully applicable or appropriate to emergency proceedings. Wherever relevant, the LCIA Court may abridge under any such provisions any period of time (pursuant to Article 22.5).

9.14 Article 9B shall not apply if either: (i) the parties have concluded their arbitration agreement before 1 October 2014 and the parties have not agreed in writing to 'opt in' to Article 9B; or (ii) the parties have agreed in writing at any time to 'opt out' of Article 9B.

A JURISPRUDÊNCIA E A ARBITRAGEM

Michele Cristie Pereira[1]

1. Introdução – 2. Sentença arbitral – 3. Jurisprudência e arbitragem – 4. Conclusão – Referências

1 INTRODUÇÃO

Apesar de bastante antiga, a arbitragem desenvolveu-se de maneira mais sólida a partir da publicação da Lei 9.307/96, tendo ganhado ainda mais espaço e discussão a partir da publicação do novo Código de Processo Civil. Trata-se de um modo privado de solução heterocompositiva de controvérsias, já que terceiro ou terceiros, em regra, nomeado pelas partes profere uma decisão sobre o caso.

A arbitragem, como se sabe, não é livremente aplicada em todos os ramos do direito, somente sendo utilizada quando o conflito vivido pelas partes se refere a um direito patrimonial disponível.

---

1 Doutoranda em Direito Internacional pela PUC Minas. Mestre em Direito Empresarial pela Faculdade de Direito Milton Campos. Pós-Graduada em Direito Público pelo Centro Universitário Newton Paiva e ANAMAGES. Mediadora Judicial e Extrajudicial. Coordenadora da Pós-Graduação em Métodos de Solução de Conflitos: Arbitragem, Mediação e Conciliação Lato sensu da Universidade Salgado de Oliveira – UNIVERSO. Professora de Direito Processual Civil, de Tópicos Especiais do Direito, de Direito Internacional e de Prática Civil na Universidade Salgado de Oliveira. Leciona Direito Processual Civil e Direito das Obrigações na FDCON – Faculdade de Direito de Contagem.

Quando se fala de direito patrimonial significa dizer que são aqueles que se encontram "nas relações jurídicas de direito obrigacional, ou seja, aquelas que encontram sua origem nos contratos, nos atos ilícitos e nas declarações unilaterais de vontade" (SCAVONE JUNIOR, 2015, p. 16).

Por ser da justiça privada, não há assistência judiciária, o que afasta várias pessoas de sua aplicabilidade. É, por isso, um mecanismo de solução de controvérsias cuja questão patrimonial serve como parâmetro de seleção de público, já que é pouco acessível a grande parte da população.

Havia, até dezembro de 2018, um projeto de emenda constitucional, PEC nº 108 de 2015, do Senador Vicentino Alves (PR-TO), cuja pretensão era adicionar ao art. 5º da Constituição Federal o inciso LXXIX, dando acesso a qualquer pessoa a utilização de qualquer meio extrajudicial para solucionar o conflito vivido, incluindo nessa interpretação a arbitragem. Referido projeto não mudaria, de toda a forma, o que se compreende atualmente de que a escolha da arbitragem ao contrário de afastar o acesso à justiça, é exatamente uma forma de demonstrar a eficácia de tal princípio[2].

A arbitragem, pela sua própria natureza, não é um método imposto às partes, sendo uma escolha que deve ser feita por elas diante da possibilidade de existência de um conflito ou de um conflito já existente. Essa escolha pela arbitragem se dá através da Convenção de Arbitragem[3]. Torna-se claro, pois, que a arbitragem decorre da vontade e da manifestação dessa vontade pelas partes.

---

2 "Destarte, o próprio Estado, por meio do Poder Legislativo, dá à sentença arbitral o mesmo tratamento que dispensa à sentença judicial, não deixando dúvidas acerca da sua natureza. Se a sentença arbitral não fosse produto de atividade jurisdicional – e, como tal, de manifestação de soberania – absolutamente descabido seria o condicionamento de sua eficácia no Brasil ao crivo do Superior Tribunal de Justiça através de procedimento de homologação de sentença, sendo certo que tal exigência não se verifica quando a eficácia em discussão é de um simples contrato internacional, por exemplo" (CREMASCO; SILVA, 2011, p. 376).

3 "O compromisso arbitral nada mais é que a convenção de arbitragem mediante o qual as partes pactuam que o conflito já existente entre elas será dirimido através da solução arbitral e pode ser: a) judicial, na medida em que as partes decidem colocar termo no procedimento judicial em andamento e submeter o conflito à arbitragem; e b) extrajudicial, firmado depois do conflito, mas antes da propositura da ação judicial" (SCAVONE JÚNIOR, 2015, p. 88-89).

É importante lembrar que a arbitragem pode ser julgada tanto com base no direito quanto na equidade. Quando escolhida a aplicação do Direito, poderá ser utilizado tanto o ordenamento jurídico brasileiro quanto o internacional. Já a arbitragem por equidade será aquela em que o árbitro decidirá, com base no bom senso, o conflito apresentado pelas partes.

Nessa contextualização básica, percebe-se que a arbitragem cosiste em uma opção formulada pelas partes, geralmente, antes da ocorrência do litígio. Isso toma grande relevo para o presente artigo, uma vez que as decisões judiciais devem levar em consideração o ordenamento jurídico pátrio. Mas para melhor compreensão do tema, torna-se necessário avaliar a sentença arbitral.

2. SENTENÇA ARBITRAL

A sentença arbitral é a decisão proferida pelo árbitro ou pelo Tribunal Arbitral em um processo de arbitragem.

Humberto Theodoro Júnior ensina que "a atual lei de arbitragem não mais apelida de laudo o ato decisório do procedimento arbitral. Tendo procedido à equiparação dele com a decisão judicial, o seu nomen iuris também passou a ser sentença, mais especificamente sentença arbitral (art. 23 da Lei 9307/96)" (2016, p. 573).

Segundo Scavone Júnior a sentença arbitral "é dotada da mesma eficácia do provimento judicial transitado em julgado nos termos do art. 31 da Lei de Arbitragem (...)" (2015, p. 191-192).

A sentença arbitral é uma decisão tão eficaz e tão válida quanto uma decisão judicial, já que o árbitro é, segundo artigo 18, da Lei nº 9.307/96, juiz de direito e de fato. Inclusive, o CPC de 2015, no artigo 515, incluiu a sentença arbitral dentre os títulos executivos judiciais. Vale lembrar que a decisão arbitral tem conteúdo terminativo e definitivo. Scavone Júnior em sua obra, exemplifica quando poderá ocorrer. Vejamos:

> As sentenças arbitrais, assim como as judiciais, podem ser portanto:
>
> a) Terminativas, de conteúdo meramente processual, quando por exemplo, reconhecem a invalidade do compromisso arbitral ou o impedimento ou a suspeição sem que haja possibilidade de substituição de árbitro, porque assim foi convencionado (art.12, I e II, da Lei de Arbitragem);
>
> b) Definitivas, aquelas que reconhecem o direito de uma das partes e podem ser, assim como as sentenças judiciais, condenatórias, constitutivas ou declaratórias. (2015, p. 192)

Entretanto, falta ao Tribunal Arbitral ou ao árbitro, a capacidade de executar sua decisão, já que não possui poder coercitivo, que tocará ao Poder Judiciário. Assim, não obstante apresente todas as características de uma sentença judicial, enquanto essa será executada pelo mesmo órgão que a proferiu, a decisão arbitral não será executada pelo Tribunal Arbitral nomeado. Percebe-se, portanto, que, não obstante tenha-se a mesma eficácia e validade, ambas se diferenciam não quanto às suas características, mas quanto ao órgão que executará, coercitivamente, seus efeitos. Não há dúvidas de que essa grande diferença tem como uma de suas origens na exclusividade para que a esfera pública exerça o poder coercitivo.

Além disso, é de se lembrar que a Sentença Parcial que já era anteriormente aplicada na Arbitragem,[4] consta expressamente no atual Código de Processo Civil, em seu artigo 356, situação que mantém a semelhança entre as duas espécies de decisão. É de se lembrar que o prazo para se suscitar a nulidade da sentença parcial inicia seu cômputo quando da intimação das partes em relação ao seu teor[5] e não quando houver a sentença final. Assim, torna-se imperioso verificar e acautelar de que tal questionamento seja adotado de maneira tempestiva.

---

4 "A distinção é conveniente, posto que corrobora com a celeridade, característica do procedimento arbitral, não permitindo que a parte do pedido dependente de prova pericial, ou outra que demande tempo, prejudique a parte do pedido que pode, desde logo, ser objeto de decisão de eventual execução. Portanto, poderão ser formulados diversos títulos executivos judiciais decorrentes do mesmo procedimento arbitral" (SCAVONE JÚNIOR, 2015, p. 193).

5 Artigo 33, parágrafo primeiro da Lei 9.307/96.

Vale lembrar que a sentença arbitral, quando proferida, produz os mesmos efeitos do trânsito em julgado da decisão judicial, por não existir a possibilidade de recurso, o que se pode conferir com o art. 18 da Lei de Arbitragem. Uma vez proferida, a sentença arbitral integral ou parcial, para ser executável, deverá ser líquida, certa e exigível, independentemente de sua natureza: condenatória, declaratória ou constitutiva.

Caberá ao Tribunal Arbitral ou ao árbitro estabelecer o valor determinado a ser pago pela parte sucumbente, mesmo que, para isso, conte com perícia. Aliás, a necessidade de perícia é recorrente na arbitragem, sendo um excelente campo de atuação para os profissionais especializados.

Na tradição da arbitragem, espera-se que as partes que se sujeitam a esse sistema de solução de controvérsias, cumpram espontaneamente as decisões. Entretanto, infelizmente, tem se visto um crescente número de discussões processuais relativas à nulidade da decisão judicial.

A parte cuja sentença lhe seja desfavorável, em regra, é intimada para cumpri-la no prazo de 15 dias, baseando-se no art. 29 da Lei de Arbitragem. Não resta dúvida de que, se não cumprida de forma espontânea pela parte, o credor da sentença poderá executá-la no Poder Judiciário, podendo acrescentar na petição de execução a multa e os honorários previstos no art. 523 do CPC, e demais pedidos possíveis.

Carlos Alberto Carmona explica que o descumprimento da decisão arbitral impinge a parte inadimplente à situações que vão além do processo executivo, citando alguns exemplos:

> (...) O primeiro deles pode ser vislumbrado na imagem negativa formada em relação ao inadimplente; o segundo refere-se ao custo e aos riscos do processo estatal de impugnação dos laudos (considerando-se a especialização cada vez maior dos órgãos arbitrais, tende a diminuir o número de decisões estatais que anulam laudos arbitrais); o terceiro concretiza-se nas sanções corporativas como se vê no Juízo Arbitral da Bolsa de mercadorias e Futuros, que impede o inadimplente de continuar a atuar no mercado se deixar de cumprir a decisão, o que atinge as raias de um verdadeiro boicote). (CARMONA, 2006, p. 303).

É de se destacar, no que toca à decisão arbitral, que o desrespeito por parte do árbitro ou do Tribunal Arbitral quanto ao prazo legal ou convencional pode levar à nulidade de referida sentença. Isso não se verifica no judiciário, vez que a extrapolação do prazo legal para que as decisões sejam proferidas não provocam sua nulidade. Além disso, na arbitragem, as partes poderão estabelecer um prazo diverso do legal, ou mesmo prorrogar aquele que tiverem estabelecido, conforme art. 23, §2° da Lei de Arbitragem. O que não é permitido é que o árbitro ultrapasse esse prazo sem a anuência das partes, sob pena de anular a sentença proferida, de acordo com a previsão dos arts. 32, inciso VII e 33 da mesma lei.

Verificando, portanto, o prazo em que a sentença deve ser proferida é vantajosa a escolha da arbitragem, por trazer a celeridade processual que tanto se almeja. Se fizer uma comparação, é quase impossível que uma sentença judicial seja proferida no mesmo prazo daquela que eventualmente seria proferida acaso o litigio estivesse no Poder Judiciário.

A decisão arbitral poderá apresentar divergências quando no Tribunal Arbitral não houver unanimidade de entendimentos de uma determinada matéria. Tal qual acontece com as decisões proferidas por órgãos colegiados do judiciário, o árbitro dissidente deverá fazer constar seu voto divergente no corpo da decisão arbitral. Ocorre que, no âmbito da arbitragem, não caberá, diferente do que ocorre no judiciário, recurso desta decisão não uniforme.

Já os requisitos de relatório, fundamentação e dispositivo, em consonância com art. 26 da Lei de Arbitragem, se mostram semelhantes àqueles presentes nas decisões proferidas pelo magistrado.

A falta de um desses requisitos gera a nulidade da sentença, conforme art. 32, inciso III da Lei 9.307/96. A sentença do árbitro deve se ater ao que está na convenção de arbitragem não podendo ultrapassar os limites ali impostos. Pode ocorrer que a sentença arbitral também apresente vícios, e até mesmo que seja considerada extra petita ou ultra petita.

Com relação à sentença citra petita, conforme sua própria definição, ela ocorrerá quando o árbitro deixar de julgar um dos pedidos. Conforme arts. 32 e 33 da Lei de Arbitragem é permitido ao árbitro proferir sentença parcial, claro que justificando através de esclarecimentos o motivo de não ter trazido o julgamento de todos os pedidos.

Neste caso, é claro que o árbitro proferirá o pedido omisso posteriormente e, se não o fizer, caberá à parte o direito de ajuizar uma ação em face do árbitro, ação essa ajuizada no Poder Judiciário, requerendo ao juiz que determine que o árbitro cumpra a sua obrigação, que é considerada obrigação de fazer, sob pena de sofrer a aplicação da astreintes.

A consequência mais grave quando isso ocorre é a anulação da sentença arbitral, que não traz por completo o julgamento de todos os pedidos requeridos pela parte.

Sendo a sentença arbitral definitiva ou homologatória, para ter validade de título executivo judicial é necessário que seja proferida pelo árbitro. Assim explica Humberto Theodoro Júnior "Se, antes do julgamento da causa pelo órgão arbitral, as partes chegarem a um acordo quanto ao litígio, este fato poderá, a pedido das partes, ser declarado em sentença arbitral (art. 28), que naturalmente, terá a natureza homologatória" (2016, p. 580).

E, assim que proferida, a sentença arbitral deverá ser comunicada às partes ou aos seus advogados, se o procedimento foi por eles acompanhado, e se as partes quiserem, ou até mesmo a ambos, partes e advogados.

Apesar da sentença arbitral não caber recurso é importante destacar que poderá ser esclarecida, se a parte entender que esteja obscura, contraditória, omissa, duvidosa ou que apresente erro material.

Como se pode notar, a sentença arbitral é praticamente idêntica à sentença judicial, contudo, por disposição da maior parte das Câmaras de Arbitragem do Brasil, são as arbitrais sigilosas. Assim, enquanto a regra, no Poder Judiciário, é a publicidade, na arbitragem, a regra é a sigilosidade. Mas vale lembrar que essa regra prevalece quando estabelecida no Regulamento da Câmara escolhida ou na Convenção de Arbitragem estabelecida pelas partes. A omissão torna a arbitragem pública. A regra da exceção da sigilosidade foi, inclusive, acrescida no atual Código de Processo Civil, em seu art. 189, no qual a sigilosidade somente será deferida para processamento de litígios decorrentes de disputas arbitrais, quando a condição de segredo e confidencialidade for comprovada perante o judiciário. Caso isso não ocorra, o processo terá curso público como todos os demais. Vejamos o art. 189:

> Art.189. Os atos processuais são públicos, todavia tramitam em segredo de justiça os processos:
>
> (...)
>
> IV – que versem sobre arbitragem, inclusive sobre cumprimento de carta arbitral, desde que a confidencialidade estipulada na arbitragem seja comprovada perante o juízo.

Pois bem, a arbitragem, em regra, é sigilosa e essa é uma de suas maiores vantagens. Também, em regra, os árbitros são profissionais altamente gabaritados e capacitados. Além disso, a sentença arbitral possui características muito próximas daquelas que as decisões judiciais possuem. Assim, nasce um questionamento: não seria interessante tornar públicas, com as limitações de informações possíveis as decisões arbitrais para que estas pudessem ser utilizadas como fontes de direito?

O árbitro ou Tribunal Arbitral pode, ao proferir suas decisões, se basear na jurisprudência brasileira, como fonte de decisão. Talvez, com a publicidade restrita da decisão arbitral pudesse servir de fonte para consulta para outros árbitros ou, quiçá, para o próprio Poder Judiciário.

Essa é a análise que será feita no próximo tópico.

3. JURISPRUDÊNCIA E ARBITRAGEM

No Direito brasileiro são fontes do direito a lei, a doutrina, a jurisprudência, os princípios gerais do direito e a equidade. Jurisprudência é considerada um conjunto de decisões proferidas por juízes e/ou tribunais sobre determinados casos, que passam a balizar a tomada de decisão por outros magistrados sobre casos semelhantes.

Para Daniel Amorim Assumpção Neves:

> Precedente é qualquer julgamento que venha a ser utilizado como fundamento de um outro julgamento que venha a ser

> posteriormente proferido. Dessa forma, sempre que um órgão jurisdicional se valer de uma decisão previamente proferida para fundamentar sua decisão, empregando-a como base de tal julgamento, a decisão anteriormente prolatada será considerada um precedente.
>
> Jurisprudência, por sua vez, é o resultado de um conjunto de decisões judicias no mesmo sentido sobre uma mesma matéria proferidas pelos tribunais. É formada por precedentes, vinculantes e persuasivos, desde que venham sendo utilizados como razões do decidir em processos, e de meras decisões.
>
> Como ensina a melhor doutrina, apenas um precedente já é o suficiente para fundamentar a decisão do processo julgado posteriormente, enquanto a utilização de jurisprudência como razão de decidir exige do julgador a indicação de vários julgados no mesmo sentido. Essa importante distinção deriva justamente do caráter concreto do precedente e abstrato da jurisprudência. (2016, p. 1298-1299)

Já o precedente judicial, segundo Fredie Didier Jr. "em sentido lato, o precedente é a decisão judicial tomada à luz de um caso concreto, cujo elemento normativo pode servir como diretriz para o julgamento posterior de casos análogos" (2015, p. 441). Acrescenta que "em sentido estrito, o precedente pode ser definido como sendo a própria ratio decidendi. A ratio decidendi – ou para os norte-americanos, a holding – são os fundamentos jurídicos que sustentam a decisão (...)" (2015, p. 442).

A pretensão nesse caso não é entrar na vasta discussão das diferenças entre jurisprudência e precedente judicial, mas tão somente analisar o fato do árbitro usar decisões judiciais como fonte para proferir sua sentença, de outros árbitros utilizarem-se de decisões anteriores e, em última análise, do magistrado fazer o mesmo, caso se depare com casos decididos de forma brilhante em um processo arbitral.

Como dito, a jurisprudência é fonte importante no direito brasileiro, mesmo que considerada secundária. Veja a posição de Nelson Rosenvald e Cristiano Chaves de Faria:

> Entre nós, após o advento da Emenda Constitucional nº 45, de acordo com a redação do art.103-A da Carta Constitucional, a jurisprudência ganhou especial importância, podendo, até mesmo, vincular a decisão do juiz de primeiro grau de jurisdição,

> quando se tratar de decisão proferida pelo Supremo Tribunal Federal, em matéria constitucional. É o que se convencionou chamar jurisprudência com efeito vinculante, ou simplesmente súmula vinculante. (2016, p. 116)

O Brasil é um país fundamentado na civil law. Não por outra razão que sua principal fonte de direito é exatamente o ordenamento jurídico. A jurisprudência quando aplicada, vem de forma secundária. Assim, os magistrados a utilizam [ou deveriam utilizar] em caráter complementar ao dispositivo legal adequado ao caso.

Ernesto Netto explica que:

> Já os países que adotam o sistema da Common Law atribuem maior importância à jurisprudência com o estudo e aplicação por analogia de casos passados (1). Enquanto no Brasil, excluindo-se a situação da Súmula Vinculante, a pesquisa jurisprudencial deveria servir apenas para persuadir o juiz, nos EUA a jurisprudência é vital para o sucesso de uma ação judicial. (2011)

Para muitos autores, a jurisprudência é um elemento de segurança jurídica para o ordenamento brasileiro, pois já se conhece o entendimento judicial sobre determinado ponto, o que diminuiria as demandas e além disso, colaboraria para uma sólida fundamentação jurídica ao se proferir uma decisão.

Se o magistrado utiliza da jurisprudência para fundamentar suas decisões, não seria errado o árbitro também utilizá-la em suas decisões.

Como o processo arbitral pode tramitar de acordo com o direito brasileiro, e nestes termos o árbitro decidir, a jurisprudência brasileira também pode ser aplicada por ele. Ao aplicar a jurisprudência ou precedente judicial como forma até mesmo de interpretação, caberá ao árbitro fundamentá-la, demonstrando que trabalha com a segurança jurídica aplicada pelo Poder Judiciário.

Para alguns doutrinadores, o uso da jurisprudência ou precedente como fonte de interpretação da norma jurídica é obrigatório para o juiz, e também para o árbitro. Para outros doutrinadores, a sua aplicação é facultativa, podendo o árbitro segui-la ou não.

Segundo José Rogério Cruz e Tucci:

Em outras palavras, o tribunal arbitral, para dirimir a controvérsia submetida à sua apreciação, tem o dever inafastável de julgar em consonância com o arcabouço de normas, regras e outras formas de expressão do direito que integram o Direito Positivo brasileiro.

Desse modo, assim como o juiz togado, o árbitro não poderá se afastar da interpretação, acerca de determinado texto legal, que desponta consagrada pelos tribunais pátrios. O precedente judicial, portanto, constitui valioso subsídio para que o árbitro, no processo hermenêutico de subsunção, possa aplicar a lei ao caso concreto, cumprindo adequadamente a missão que lhe foi outorgada pelas partes.

(...)

Na 'arbitragem de direito', isso não me parece permitido.

Cumpre enfatizar, contudo, que tanto o juiz togado quanto o árbitro não são 'escravos do precedente', até porque, sendo exigido o dever de motivação para ambos, poderão eles, em igualdade de condições, nas respectivas sentenças, justificar a inobservância de determinada exegese pretoriana.

Seja como for, é também importante ter presente que, se o árbitro tout court não observar o precedente judicial, configura-se error in iudicando e, nesse caso, não cabe ação anulatória da sentença, porque vedado ao Judiciário o controle intrínseco da justiça ou injustiça do julgamento do processo arbitral.

No entanto, a regra do artigo 489, parágrafo 1º, inciso VI, do Código de Processo Civil, a qual, à evidência, também se aplica à arbitragem, é vocacionada à proteção da confiança, quando impede que o juiz (ou árbitro), ao proferir a sentença, despreze súmula ou precedente, colacionado como reforço argumentativo por uma das partes, não tomando o cuidado de explicar que o julgado paradigma não se aplica ao caso concreto, ou mesmo, que já se encontra superado pela obsolescência.

Entendo que, por força do importante aforismo, iura novit curia, mesmo que a tese jurisprudencial, embora relevante, não seja invocada pela parte interessada, a sentença encontra-se eivada de nulidade, se o árbitro desprezá-la de forma injustificada. (2016)

É importante lembrar que a arbitragem é um método de solução de conflito previsto na justiça privada, e as partes ao optarem por ela, têm total liberdade de escolher se o processo arbitral tramitará de acordo com o Direito ou com a equidade, e optando pelo Direito, podem escolher se a norma aplicada será a nacional ou uma norma internacional.

O árbitro, ao aplicar o direito brasileiro, não tem liberdade de ultrapassar os limites legais, apesar de não ter obrigatoriedade, também, de seguir justamente o que determina a jurisprudência ou o precedente judicial, uma vez que constituem fontes secundárias de mera interpretação da norma.

Neste assunto, torna-se importante discutir dois artigos presentes no atual Código de Processo Civil. O primeiro deles é o art. 927. Referido artigo estabelece que:

> Art. 927. Os juízes e os tribunais observarão:
>
> I – as decisões do Supremo Tribunal Federal em controle concentrado de constitucionalidade;
>
> II – os enunciados de súmula vinculante;
>
> III – os acórdãos em incidente de assunção de competência ou de resolução de demandas repetitivas e em julgamento de recursos extraordinário e especial repetitivos;
>
> IV – os enunciados das súmulas do Supremo Tribunal Federal em matéria constitucional e do Superior Tribunal de Justiça em matéria infraconstitucional;
>
> V – a orientação do plenário ou do órgão especial aos quais estiverem vinculados.

Assim, a observação das diretrizes determinadas no art. 927 se torna a regra[6] e que, para alguns, totalmente aplicáveis à arbitragem. Isso porque, avaliando-se a equiparação do árbitro ao magistrado e a opção das partes pela arbitragem de Direito, o que sujeitaria o árbitro ao ordenamento jurídico brasileiro, a aplicação de referida norma se tornaria cogente.

---

6 "Conforme, entende a doutrina amplamente majoritária o art.927 do Novo Código de Processo Civil é suficiente para consagrar a eficácia vinculante aos precedentes e enunciados sumulares previstos em seus incisos" (NEVES, 2016, p. 1304).

O segundo destes artigos que carecem de atenção é o art. 489. Seu §1°, inciso VI do Código de Processo Civil apresenta a hipótese da decisão não seguir enunciado de súmula, jurisprudência ou precedentes invocados pelas partes, apenas se demonstrar a existência de distinção do caso concreto ou se houver a superação do entendimento. Vejamos o disposto em tal artigo:

> Art. 489. São elementos essenciais da sentença:
>
> II – os fundamentos, em que o juiz analisará as questões de fato e de direito;
>
> (...)
>
> §1° Não se considera fundamentada qualquer decisão judicial, seja ela interlocutória, sentença ou acórdão, que:
>
> (...)
>
> VI – deixar de seguir enunciado de súmula, jurisprudência ou precedente invocado pela parte, sem demonstrar a existência de distinção no caso em julgamento ou a superação do entendimento.

A interpretação conjunta destes artigos leva ao entendimento de que o árbitro, nos casos em que tiver que decidir de acordo com direito pátrio, deverá justificar sua decisão em contrário a enunciado de súmula, jurisprudência ou precedente, desde que invocados pelas partes.

Neste sentido, Guilherme Rizzo Amaral (2017), citando a palestra de Cahali, disse o que foi defendido pelo mencionado autor:

> Seguiu-se a exposição, afirmando-se que, da mesma forma que o árbitro deve observar o direito legislado, deve também observar os precedentes judiciais que, com o novo CPC, passariam a constituir fonte normativa. A inobservância dos precedentes pelo árbitro estimularia a imprevisibilidade e a insegurança jurídica.

Apesar disso, Cahali, na palestra acima mencionada, explicou que a sentença arbitral que não segue exatamente o precedente jurídico não é passível de anulação. Vejamos:

> Ao final, contudo, concluiu Cahali que a sentença arbitral que deixa de aplicar o precedente não estará sujeita a anulação com base no artigo 32, IV, da LArb, sendo os precedentes persuasivos e devendo os árbitros agir com bom-senso na sua aplicação. (AMARAL, 2017)

Segundo Marcela Kohlbach de Faria (2016):

> Portanto, entendo que o Código de Processo Civil não trouxe nenhuma nova causa de anulação de sentença arbitral calcada na não observância do árbitro aos precedentes. De fato, assim como ocorre com a lei e outras fontes de direito adotadas pelo sistema jurídico pátrio, sendo a arbitragem de direito, cabe ao árbitro a observância dos precedentes e o enfrentamento dos argumentos fáticos e jurídicos aduzidos pelas partes. A despeito disso, a vinculação estabelecida pelo CPC/2015 para os precedentes elencados no rol do artigo 927, com todas as consequências previstas no diploma processual, é de todo inaplicável às decisões arbitrais.
>
> Se por um lado não podemos afirmar que existem dois regimes jurídicos no plano material, um aplicável à arbitragem e outro às demandas judiciais, por outro lado, o controle da aplicação dos precedentes judiciais é muito mais rígido no sistema judicial, pela criação de mecanismos processuais previstos no Código de Processo Civil, que não podem ser aplicados às decisões arbitrais.

Percebe-se, portanto, que, mesmo que seja considerado juiz de direito e de fato, a sentença proferida por um árbitro que não observou precedente, enunciado ou súmula, somente poderia ser anulada se: (i) contrariar o precedente, o enunciado ou a súmula; (ii) que tenha sido mencionada pela parte; e (iii) que não tenha justificativa em contrário na decisão.

Suzanna Santi Cremasco e Tiago Eler Silva explicam que "(...) é forçoso reconhecer que a função exercida pelos árbitros, no sentido de buscar resolver o conflito tendo como pano de fundo o ordenamento jurídico existente, não se difere daquela exercida pelo juiz" (2011, p. 376).

O árbitro também tem as mesmas possibilidades de aplicação da norma diante da análise de um caso concreto, portanto não há que se falar em anulação da sentença arbitral, se o árbitro não seguir uma jurisprudência ou um precedente judicial, contanto que fundamente nesse sentido, demonstrando a segurança jurídica em sua decisão. É de se lembrar que não são raras as decisões arbitrais que citam jurisprudência aplicável ao caso.

Mas o que se pretende avaliar com mais cautela, seria a possibilidade de utilização de decisões arbitrais como fontes para outras decisões, sejam elas no âmbito arbitral ou no âmbito judicial.

Assim, inicialmente para que isso se tornasse possível seria necessário a criação de uma sistemática de publicação das decisões arbitrais.

A primeira dificuldade para aplicação desta possibilidade se verifica na sigilosidade da arbitragem. Como sua característica básica, o sigilo se mostra essencial e um dos fatores de escolha da arbitragem. Assim sendo, a publicação da decisão arbitral, essencial para que possa ser utilizada como fonte esbarra em um dos pilares da própria arbitragem.

A solução para isso seria a divulgação parcial da decisão, omitindo partes, localização e fatos que pudessem identificar as partes envolvidas. Mas aí o problema seria tanto a demora para a providência de ocultação destas informações, quanto o fato de que, pelas situações e pela notoriedade dos envolvidos, a comunidade como um todo, mesmo com a ocultação de várias informações, poderia identificar as partes envolvidas naquela arbitragem.

O tempo despendido para a ocultação das informações se manifestaria em recursos financeiros o que encareceria por demais os procedimentos arbitrais. E custo hoje em dia já é um grande problema da arbitragem.

Entretanto, o fato de se permitir, por dedução, a identificação das partes ou do fato objeto da arbitragem certamente afastaria aqueles que pretendem o sigilo absoluto de suas informações.

Há países, como na Itália onde se verifica a existência de Câmaras de Arbitragem que publicam em suas páginas de Internet as decisões dos procedimentos que administram. O que ocorreu naquele país foi a migração de várias arbitragens da institucional para a ad hoc. Modelo que o Brasil, talvez, ainda não esteja muito bem preparado para atuar.

Naqueles processos de arbitragem que envolvem a administração pública[7], talvez o problema do sigilo não seja tão marcante. Segundo as regras legais, a arbitragem será pública quando envolver a administração pública. Entretanto, o que se verifica na prática é que a publicidade não é integral. Mas fato é que a sentença deve ser pública e, neste caso, poderia se formar um banco de decisões de modo a se permitir sua utilização como base para outras sentenças.

Se não houvessem esses problemas, as decisões arbitrais poderiam formar uma jurisprudência própria. Em sua maioria as sentenças arbitrais são bem fundamentadas. Mas mais que isso, os árbitros costumeiramente possuem experiência na matéria abordada, o que torna a decisão mais palpável ao caso concreto. Claro que há decisões formuladas sem o devido zelo por alguns árbitros, mas isso, felizmente, não consiste regra geral. Tanto assim que muitas empresas, mesmo tendo visto decisões que lhes são desfavoráveis continuam optando pela utilização da arbitragem.

Ora, sem dúvida, o trabalho de alguns árbitros é brilhante e poderia dar suporte a decisões de outros ou dos próprios magistrados.

Aí, verificaríamos outro problema. Mesmo sendo absolutamente capacitados, não é possível afirmar até que ponto os magistrados dariam crédito às decisões arbitrais. Talvez aproximassem o conteúdo de referidas decisões ao conteúdo de doutrinas em geral, mas provavelmente não equivaleria o trabalho dos árbitros à jurisprudência.

---

7 "É evidente que, diante dos diversos mecanismos de controle que o Estado estabelece para prestar contas aos cidadãos de tudo quanto foi feito para garantir o interesse público (a publicidade garante o maior de todos os controles, ou seja, o controle popular), não se pode garantir o sigilo na arbitragem de que participe o Estado, sem que isso implique a impossibilidade de utilizar-se o mecanismo para resolver as questões que possam interessar ao interesse público. A solução de compromisso, neste ponto, é de rigor: o princípio da transparência deve ser respeitado, dando-se acesso aos interessados à decisão e aos atos essenciais do processo arbitral (quando necessário), preservando-se, porém, o sigilo dos debates e a confidencialidade dos documentos que instruíram o processo arbitral" (CARMONA, 2006, p. 67).

4. CONCLUSÃO

Nesta breve análise que fizemos, torna-se possível verificar que o tema é inaplicável de maneira imediata. Mas uma construção inicial de base de decisões nos procedimentos de arbitragem que envolvem a administração pública poderiam auxiliar, para que no futuro, tenha-se a possibilidade de se utilizar decisões de arbitragem como base para outras decisões.

REFERÊNCIAS

AMARAL, Guilherme Rizzo. Vinculação dos árbitros aos precedentes judiciais. *Revista Consultor Jurídico*, publicada em 3 outubro de 2017. Disponível em: https://www.conjur.com.br/2017-out-03/guilherme-amaral-vinculacao-arbitros-aos-precedentes-judiciais. Acesso em: 11 jan. 2018.

CARMONA, Carlos Alberto. *A arbitragem no processo civil brasileiro.* São Paulo: Malheiros, 1993.

CARMONA, Carlos Alberto. *Arbitragem e processo:* um comentário à Lei n. 9.307/96. 2. ed. rev. atual. e ampl. 3. reimpr. São Paulo: Atlas, 2006.

CREMASCO, Suzanna Santi; SILVA, Tiago Eler. O caráter jurisdicional da arbitragem e o precedente arbitral. *Rev. Fac. Direito UFMG*, Belo Horizonte, n. 59, p. 367 a 404, jul./dez./2011. Disponível em: https://www.direito.ufmg.br/revista/index.php/revista/article/view/159. Acesso em: 23 jan. 2018.

DIDIER JR., Fredie; BRAGA, Paula Sarno; OLIVEIRA, Rafael Alexandria de. *Curso de Direito Processual Civil*: teoria da prova, direito probatório, ações probatórias, decisão, precedente, coisa julgada e antecipação dos efeitos da tutela. 10. ed. Salvador: JusPodivm, 2015. V. 2.

FARIA, Marcela Kohlbach de. *Vinculação do árbitro aos precedentes judiciais após a vigência do CPC/2015*. Publicado em 5 de dezembro de 2016. Disponível em: https://processualistas.jusbrasil.com.br/

artigos/412259718/vinculacao-do-arbitro-aos-precedentes-judiciais--apos-a-vigencia-do-cpc-2015. Acesso em: 23 jan. 2017.

FARIAS, Cristiano Chaves de; ROSENVALD, Nelson. *Curso de Direito Civil*: Parte Geral e LINDB. 14. ed. rev., ampl. e atual. Salvador: JusPodivm, 2016.

JÚDICE, José Miguel. Confidencialidade e publicidade. Reflexão a propósito da Reforma da Lei de Arbitragem (Lei n. 13.129, de 26 de maio de 2015). *In*: CAHALI, Francisco José; RODOVALHO, Thiago; FREIRE, Alexandre (Org.). *Arbitragem*. Estudos sobre a Lei n. 13.129, de 26-5-2015. São Paulo: Saraiva, 2016.

MARTINS, André Chateaubriand. Arbitragem e Administração Pública. *In*: CAHALI, Francisco José; RODOVALHO, Thiago; FREIRE, Alexandre (Org.). *Arbitragem*. Estudos sobre a Lei n. 13.129, de 26-5-2015. São Paulo: Saraiva, 2016.

NETTO, Ernesto. *A influência da jurisprudência no direito brasileiro*. Parte I. Artigo publicado em 10/03/2011. Disponível em: https://www.direitonet.com.br/artigos/exibir/5872/A-influencia-da-jurisprudencia--no-direito-brasileiro-Parte-I. Acesso em: 11 jan. 2018.

NEVES, Daniel Amorim Assumpção. *Manual de Direito Processual Civil*. Volume único. 8. ed. Salvador: JusPodivm, 2016.

SCAVONE JÚNIOR, Luiz Antônio. *Arbitragem: mediação, conciliação e negociação*. Rio de Janeiro: Forense, 2015.

SYLVESTRE, Fábio Zech; LIMA, Tiago Asfor Rocha. Aspectos processuais da ação de nulidade de sentença arbitral: perspectivas reformistas. *In*: CAHALI, Francisco José; RODOVALHO, Thiago; FREIRE, Alexandre (Org.). *Arbitragem*. Estudos sobre a Lei n. 13.129, de 26-5-2015. São Paulo: Saraiva, 2016.

TUCCI, José Rogério Cruz e. O árbitro e a observância do precedente judicial. *Revista Consultor Jurídico*. Publicado em 01/11/2016. Disponível em: https://www.conjur.com.br/2016-nov-01/paradoxo-corte-arbitro--observancia-precedente-judicial. Acesso em: 11 jan. 2018.

ANOTAÇÕES SOBRE A ARBITRAGEM SOCIETÁRIA

Pedro A. Batista Martins[1]

1. Breve retrospectiva – 2. A arbitragem na panela de pressão – 3. A arbitragem volta a atender os anseios empresariais – 4. Ausência de excepcionalidade na Deliberação Assemblear para inserção de cláusula estatutária – 5. Aprovação assemblear de cláusula compromissória estatutária. Visão inadequada do legislador – 6. Vinculação dos administradores à cláusula compromissória estatutária – 7. Jurisdição arbitral para decidir impasses de natureza puramente negocial – Referências

1. BREVE RETROSPECTIVA

A arbitragem como meio de solução das controvérsias societárias foi, pioneiramente, positivada no Código Comercial de 1850.

Portanto, há mais de 160 anos possibilitou-se aos empresários solucionarem os conflitos existentes no seio de sociedade comercial através de mecanismo próprio, ágil, célere e, mais marcante, fora da égide do Poder Judiciário.

---

1 Coautor da Lei de Arbitragens. Pós-Graduado em Direito Empresarial. Especialista em Direito Americano e Internacional pela Universidade do Texas. Professor de Direito Comercial da Faculdade de Direito Cândido Mendes. Coordenador do Curso de Pós-Graduação em Arbitragem da Direito GV. Autor de livros e artigos diversos. Membro da lista de árbitros das mais importantes câmaras de arbitragem do Brasil e de várias ao redor do mundo.

Dessa forma, já àquela época, poderiam escolher os julgadores – pautados em suas especialidades e qualificações –, o local onde o procedimento teria curso, as regras procedimentais incidentes, os prazos e a lei aplicável. Nesta última hipótese, poderiam os comerciantes adotar conjunto de regras peculiares aos seus negócios, como os usos e costumes e as praxes comerciais[2].

Fundado na liberdade do cidadão frente ao Estado[3] e na convicção de inexistir monopólio do Judiciário acerca de direitos patrimoniais

---

2 "Para os comerciantes, a autonomia na escolha da via de resolução de conflitos era fundamental ao correto implemento dos seus negócios jurídicos. A práxis era muito particular e de conhecimento restrito. Qualquer intervenção visando solucionar suas controvérsias de forma distinta dos seus usos e costumes, inclusive pela adoção da via estatal, restaria por desestabilizar o sistema comercial e, dessa forma, gerar uma enorme insegurança nas relações e tratativas dos mercadores. Seus usos e costumes, pioneiros do direito, deveriam ser preservados. Para isso, fundamental a autonomia privada. Sem o exercício da liberdade, por certo, os comerciantes estariam em apuros e suas relações sofreriam grave insegurança se adotada a justiça comum, não afeita ao ramo, e às leis existentes, bem atrasadas em relação à prática comercial" (BATISTA MARTINS, Pedro A. *Arbitragem no Direito Societário*. São Paulo: Quartier Latin, 2012, p. 37).

3 "E, justamente aqui, retorno ao ponto central da questão do monopólio do Poder Judiciário. Não há, a meu ver, exclusividade desse poder do Estado no que tange à concretização da justiça. Os indivíduos são livres para solucionarem suas divergências por todas as formas lícitas, inclusive (mas, nunca, exclusivamente), através do Poder Judiciário.
O monopólio que o Estado deve perseguir é o da salvaguarda e proteção da justiça, visto este sob o prisma do devido processo legal substantivo. Sob o prisma da observância plena dos direitos fundamentais do cidadão. Sob o prisma garantista do Direito.
Nesse sentido, o que o Estado não pode abrir mão é da concretização da justiça, no que toca seus elementos primários, essenciais e fundamentais. Explico: o verdadeiro monopólio do Estado diz com o controle de uma adequada realização da justiça. Diz com a plena sujeição, de todo e qualquer processo de solução de conflitos, aos princípios e garantias fundamentais dos jurisdicionados.
O monopólio é o da justiça, e não do Judiciário, visto sob sua ótica deontológica em que os valores relevantes da sociedade e o devido processo legal são preservados. O que o Estado deve assegurar a todos é uma tutela jurisdicional justa. E essa pode ser conduzida tanto por particulares, investidos de autoridade, quanto por servidores públicos concursados.
A escolha do modelo de solução dos conflitos não há de ser aquele imposto pelo Estado e, sim, aquele manifestado pelo interessado.
Em outros termos, o indivíduo é que detém o poder de definir a opção que melhor atenda seus interesses pessoais. Sua vontade, no particular, é soberana. Aqui, estamos com **Rousseau** quando afirma que '*la soberania del cuerpo politico sobre los ciudadanos se*

disponíveis, o legislador de 1850, sensível aos anseios da comunidade empresária de então, instituiu a arbitragem obrigatória para a solução das controvérsias havidas entre os sócios e as relativas à liquidação e partilha do acervo social, e deixou à livre escolha dos sócios e da sociedade a possibilidade de se utilizar a arbitragem para a resolução das demais controvérsias sociais.

Portanto, o comerciante tinha plena liberdade de optar pelo caminho da arbitragem para solucionar todos os conflitos que porventura surgissem no âmbito social, exceto aqueles que, compulsoriamente, deveriam ser solucionados pelo juízo arbitral.

Impende registrar a ousadia do legislador de 1850 ao impor o afastamento da justiça estatal nas controvérsias entre os sócios e naquelas oriundas da liquidação e partilha dos bens da sociedade, haja vista os calafrios que a arbitragem necessária ou compulsória ainda hoje – sem razão – causa na comunidade jurídica.

Digo isso pelo fato de o art. 5º, inciso XXXV da Constituição Federal não vedar a imposição, por lei, da via arbitral para a solução de determinados conflitos.[4]

Isso porque esse comando constitucional, primeiramente, não foi obstáculo para a validade e eficácia da Lei n. 9.307/96 (Lei de Arbitragem) e, segundo, a teleologia desse dispositivo volta-se para outros fundamentos de Direito.

---

asemeja al 'poder absoluto' que el hombre ejerce sobre sus miembros. A Estado soberano, individuo esclavo'.
A exclusividade da atuação estatal deve se dirigir ao controle dos vícios que violem os direitos fundamentais do cidadão e da coletividade, nomeadamente, a ordem pública relevante" (BATISTA MARTINS, Pedro A. *Arbitragem no Direito Societário*. São Paulo: Quartier Latin, 2012, pp. 32-33).

4 Art. 5º Todos são iguais perante a lei, sem distinção de qualquer natureza, garantindo-se aos brasileiros e aos estrangeiros residentes no País a inviolabilidade do direito à vida, à liberdade, à igualdade, à segurança e à propriedade, nos termos seguintes: (...) XXXV – a lei não excluirá da apreciação do Poder Judiciário lesão ou ameaça a direito; (...).

Importa ressaltar a inexistência de previsão da espécie em constituições de países avançados, sem que tal ausência implique em ameaça aos jurisdicionados de vir a ter sonegado, a qualquer tempo, seu sagrado direito de acesso à justiça.

Historicamente, percebe-se que essa norma foi inserida na Constituição Federal de 1946, logo após o advento do Estado Novo, período em que não eram incomuns julgamentos sem a observância do devido processo legal. Pairavam os tribunais de exceção e os abusos na aplicação dos mais comezinhos direitos dos cidadãos, muitas vezes pautados em regras legais estabelecidas para respaldar práticas inadequadas.

À luz dessa realidade, e de forma a registrar que os abusos do passado não mais seriam tolerados, os constituintes de 1946, de forma didática e profilática, resolveram deixar expresso norma inerente a qualquer estado de Direito. Em outros termos, a regra de acesso à Justiça independe de registro constitucional, pois, ainda que não conste explícita em qualquer Constituição, não há de ser olvidada nos países em que vige o pleno Estado de Direito, posto ser o acesso à justiça direito natural de todo cidadão.

Daí porque o art. 5º, inciso XXXV de nossa Constituição não deve ser analisado e interpretado de maneira isolada e destacada de suas causas históricas, ou de forma literal, a ponto de admitir-se a impossibilidade de o conflito ser resolvido sem o envolvimento do Poder Judiciário, até mesmo em razão de a qualquer um ser assegurado o direito de transacionar ou renunciar a direitos e pretensões.

De fato, o verdadeiro sentido do conteúdo normativo desse dispositivo não é o de propalar o monopólio da justiça pelo Poder Judiciário, e, sim, o de assegurar a todos um processo justo, fundado na ampla defesa e no contraditório. O que se quer, de fato, é garantir a todos os cidadãos que seus direitos, deveres e obrigações, uma vez controvertidos, sejam apreciados e julgados de forma imparcial, com a observância do devido processo legal. Destarte, atendidos os pressupostos de relevo, a arbitragem necessária pode ser manejada legalmente.

Feita essa digressão, e exatamente pelo entendimento enviesado que acabo de contestar, a arbitragem obrigatória estabelecida no Código

Comercial de 1850 foi fulminada pela Lei n. 1.350, de 1866, por obra e graça de José Thomaz Nabuco de Araújo, pai de Joaquim Nabuco e integrante do Gabinete de Olinda, cuja posição no governo corresponderia hoje, de certo modo, a Ministro da Justiça.

No ano seguinte, também por iniciativa de José Thomaz Nabuco de Araújo, a arbitragem facultativa sofre enorme revés com a promulgação do Decreto n. 3.900, que acabou por gerar o entrave que inviabilizou a adoção da arbitragem por mais de 100 anos, ao criar a malfadada figura jurídica do compromisso.

Com isso, ainda que pactuada no contrato a cláusula compromissória, as partes deveriam, após a erupção da disputa, firmar novo instrumento – compromisso – para definir o escopo da controvérsia, pois somente com as questões conflituosas devidamente delimitadas é que as partes estariam aptas a afastar o Poder Judiciário.

Dito de outro modo, ainda que a disputa estivesse cingida aos direitos, deveres e obrigações contempladas no contrato em que inserta a cláusula arbitral, tal circunstância não era suficiente para que a manifestação de vontade fosse eficaz. Dependia ela de ser especificada no compromisso. Somente assim a cláusula compromissória produziria seus efeitos de direito.

Essa normativa, não resta dúvida, tornou impraticável o desenvolvimento do instituto da arbitragem no Brasil, como demonstrou a realidade fática, pois o consenso exigido para a fixação dos termos e condições do compromisso não se mostrava factível quando já disseminada a discórdia.

Após décadas e décadas perdidas e três anteprojetos de lei sem encaminhamento nos anos de 1980, finalmente o instituto é introduzido no Brasil em 1996 – não sem muitas e árduas batalhas[5] – com a edição da Lei de Arbitragem (Lei n. 9.307/96, também conhecida como Lei Marco Maciel).

---

[5] MUNIZ, Petrônio R.G. *Operação Arbiter*: a história da Lei nº 9.307/96 sobre arbitragem comercial no Brasil. Recife: Instituto Tancredo Neves, 2005.

2 A ARBITRAGEM NA PANELA DE PRESSÃO

Os anos 1980 e 1990 foram marcados pelo avanço da arbitragem no cenário internacional e pela sua inserção na agenda das autoridades nacionais dada a sua intercessão nas negociações dos financiamentos externos e, posteriormente, a própria convergência com os desideratos governamentais.

De fato, durante a década de 1970 e até meados de 1980, o Brasil, aproveitando os baixos juros no mercado internacional, contraiu empréstimos externos para fazer frente à implementação e desenvolvimento das atividades executadas pelas estatais, tais como Furnas, Itaipu, Telebras, Nuclebras e Eletrobras.

Por seu turno, os contratos de empréstimo, normalmente executados por um pool de bancos, continham cláusula compromissória cuja eficácia, pela necessidade de formalização do compromisso, era ressalvada pelos advogados brasileiros das instituições financeiras no momento de concluir suas legal opinions nas quais registravam a validade e a exequibilidade, ou não, dos termos e condições dos Loan Agreements.

Conquanto fosse interesse dos bancos estrangeiros dirimir por arbitragem, em Londres ou Nova Iorque, eventual controvérsia surgida no âmbito desses contratos, os pareceres legais de seus advogados brasileiros não consideravam essa hipótese como factível, ressalvando-a em seu texto, dada a resistência do país ao instituto.

Nada obstante, ainda que extremamente frágil sua eficácia no país, os bancos financiadores pressionavam pela inserção da cláusula compromissória nos contratos de empréstimo – o que de fato ocorria – e buscavam ainda conferir-lhe, no limite do possível, um contorno mínimo de segurança que propiciasse aos banqueiros transitar em uma zona mediana de conforto.

Para tanto, mas não sem muita relutância, a União Federal, enquanto garantidora das tomadoras dos financiamentos, aceitava a inclusão da cláusula arbitral amparada em Parecer da Procuradoria-Geral da Fazenda Nacional, pelo qual, e nos limites nele contidos, permitia a introdução da cláusula de arbitragem nos contratos de empréstimo. No entanto, não concordava em renunciar à sua jurisdição, apesar da insistência dos bancos estrangeiros[6].

Com isso, chegou-se a um meio termo que atendesse, de certo modo, aos interesses das partes contratantes[7].

De outro lado, à medida que o país se torna mais atuante no plano do comércio internacional, e nosso mercado mais cobiçado, aumentam a pressão e a insistência na utilização da arbitragem para a resolução de conflitos e, logicamente, na implementação de arcabouço jurídico que validasse a arbitragem no perímetro nacional[8].

Nessa época, década de 1980, a pedido do Ministério da Justiça, são elaborados três anteprojetos de lei dispondo sobre arbitragem (dois na primeira metade e o último, bem deficiente, ao final desse período), os quais sequer foram encaminhados ao Congresso Nacional.

Sem embargo, já se prenunciava a importância do instituto e sua premente necessidade de inserção no âmbito legal, dada a crescente participação do país nos negócios internacionais, cuja comunidade demandava método célere e neutro de solução de conflitos. O apoio e a inserção da arbitragem nos contratos de comércio internacional eram tão presentes que se chegou a afirmar "não existir contrato sério sem que dele conste cláusula compromissória".

Com o incremento do uso da arbitragem pelos países mais desenvolvidos e com forte presença econômica, a pressão faz-se sentir e, justamente nessa ocasião – início da década de 1990 –, um projeto de lei sobre arbitragem inicia sua tramitação no Congresso Nacional (junho de 1992) para ser convertido, quatro anos após, na Lei de Arbitragem, também conhecida como Lei Marco Maciel.

---

6 BATISTA MARTINS, Pedro A. "Arbitragem e atração de investimentos no Brasil". *In: II Dia Gaúcho da Arbitragem*. Porto Alegre: Lex Magister, 2017, p. 124-125.

7 BATISTA MARTINS, Pedro A. "Arbitragem e atração de investimentos no Brasil". *In: II Dia Gaúcho da Arbitragem*. Porto Alegre: Lex Magister, 2017, p. 125.

8 BATISTA MARTINS, Pedro A. "Arbitragem e atração de investimentos no Brasil". *In: II Dia Gaúcho da Arbitragem*. Porto Alegre: Lex Magister, 2017, p. 125.

Interessante observar que, antes mesmo de sua promulgação, a Lei de Concessão e Permissão de Serviços Públicos (Lei n. 8.987/95) já tratava a arbitragem como cláusula essencial dos contratos de concessão, e no período em que a constitucionalidade da Lei de Arbitragem esteve sub judice no Supremo Tribunal Federal o legislador continuou prestigiando o instituto, dada a edição das Leis do Petróleo (Lei n. 9.478/97) e das Telecomunicações (Lei n. 9.472/97).

Do mesmo modo que a Lei de Concessão e Permissão de Serviços Públicos, a Lei do Petróleo incluiu a arbitragem como uma das cláusulas essenciais dos contratos de concessão. Já a Lei das Telecomunicações foi mais adiante: não só conferiu a mesma essencialidade à cláusula compromissória, como também estabeleceu que as disputas atinentes ao equilíbrio econômico-financeiro dos contratos, à revisão das tarifas e à fixação da indenização devida ao final do prazo da concessão (incluindo a reversão dos bens utilizados na exploração dos serviços) deveriam ser resolvidas por arbitragem.

Observa-se dessas práticas legislativas, claramente, ter o Estado percebido a arbitragem como instrumento de atração para os investimentos necessários ao implemento e incremento das atividades de infraestrutura que viriam a ser privatizadas.

Nessa área, sabidamente de vultosos investimentos e partícipes sofisticados, sobrelevam a segurança jurídica e os custos de transação, seara em que a arbitragem responde positivamente, dado favorecer a análise econômico-financeira dos contratos.

Assim, a admissão da arbitragem no sistema legal nacional não ocorreu pelas suas conhecidas vantagens, mas pela necessidade de atração de investimentos e de players que pudessem energizar e alavancar o processo de privatização levado a cabo pelo governo Fernando Henrique Cardoso.

Em outras palavras, a arbitragem não foi, à época, assimilada pelo seu natural valor, mas, sim, por mero interesse. Essa percepção só foi alterada a partir do ano 2000, com a entrada em vigor de novas leis incentivando a sua utilização e com a crescente difusão do instituto da arbitragem, inclusive nas Escolas de Direito, o que tornou possível a sua assimilação no inconsciente coletivo.

Também cumpriu papel relevante para a alavancagem da arbitragem a consolidação da jurisprudência judicial favorável ao instituto, e, agora, com o Código de Processo Civil de 2015, regras importantes restaram codificadas, a denotar o maciço apoio a esse meio extrajudicial de solução de conflitos.

3. A ARBITRAGEM VOLTA A ATENDER OS ANSEIOS EMPRESARIAIS

Com a conscientização dos benefícios e vantagens da arbitragem pelo empresariado nacional e pelos advogados, sua utilização amplia-se para a solução dos conflitos no seio das sociedades anônimas e, com isso, é alterado o art. 109 da Lei n. 6.404/76, que passa a constar com mais um parágrafo de seguinte redação:

> §3º – O estatuto da sociedade pode estabelecer que as divergências entre os acionistas e a companhia, ou entre acionistas controladores e os acionistas minoritários, poderão ser solucionadas mediante arbitragem, nos termos em que especificar.[9]

Denota-se da simples leitura desse dispositivo inexistir ressalva quanto ao quórum para a introdução de cláusula compromissória estatutária.

Outrossim, percebe-se do conteúdo do art. 1º da Lei de Arbitragem ("As pessoas capazes de contratar poderão valer-se da arbitragem para dirimir conflitos relativos a direitos patrimoniais disponíveis") que, ainda que inexistente o referido §3º do art. 109 da Lei n. 6.404/76, os conflitos interna corporis eram passíveis de submissão à arbitragem. Afinal de contas, essas disputas tratam de direitos patrimoniais disponíveis.

Daí resulta que a alteração levada a cabo visou, muito mais, a induzir as companhias e acionistas a resolverem seus conflitos de forma mais célere, confidencial e por especialistas, em prol da boa governança corporativa, do que a efetivamente viabilizar o uso da arbitragem na seara societária.

---

[9] Incluído pela Lei n. 10.303, de 2001.

Essa indução ou persuasão para a resolução dos conflitos sócio-sócio e companhia-sócios, funda-se no fato de serem as sociedades anônimas a mola propulsora dos grandes investimentos, assim como instrumentos mundiais de avanço econômico e social. São, sem dúvida, peças fundamentais da globalização e do tráfego comercial, chegando o faturamento de algumas delas a superar o produto interno bruto de vários países.

Por essas e outras razões, são parceiras do Estado em projetos de grande porte, e também são chamadas a unir esforços, via consórcio, de maneira a viabilizar a concentração de vultosos recursos voltados a empreendimentos de alta complexidade e de relevância nacional.

Com efeito, o desenvolvimento dessas atividades pelas sociedades anônimas implica em complexa relação comercial e jurídica, toda ela amarrada em extenso feixe contratual a demandar rápida resposta em caso de divergências, pois, mais do que nunca, tempo é dinheiro; e tempo perdido encerra perdas de oportunidades irrecuperáveis.

Por certo, é impensável, no contexto atual, em que a competição é cada vez mais intensa e se revela sem fronteiras, diante da regionalização, da globalização e das infindáveis facilidades de comunicação, que uma disputa comercial se prolongue por dois, três ou quatro anos. A dinâmica exuberante do mercado e a agilidade empresarial, aliadas aos avanços frequentes e intermitentes da tecnologia e às atividades a elas correlatas, demandam uma solução ágil para os conflitos que resultam das múltiplas relações negociais, inclusive, se possível, que permita aos demandantes, não obstante, manter o diálogo comercial que a parceria exige; que as controvérsias, diante dessas circunstâncias, sejam tratadas como ruptura temporária, sem maiores impactos nas relações comerciais[10].

---

[10] BATISTA MARTINS, Pedro A. "Arbitragem e atração de investimentos no Brasil". *In: II Dia Gaúcho da Arbitragem*. Porto Alegre: Lex Magister, 2017, p. 127-128.
Nos dias de hoje, quando imperativa a submissão dos conflitos ao Poder Judiciário, os empresários não buscam mais uma decisão judicial que ponha fim à disputa; brigam unicamente por obter, manter ou revogar um provimento de urgência. O rumo do investimento e as oportunidades de negócio são, nesses casos, mantidos ou redirecionados de acordo com o resultado da disputa travada em sede de liminar.

Não por outra razão que a Câmara de Arbitragem do Mercado, constituída pela Bovespa, agrega mais de 130 companhias abertas com cláusula compromissória estatutária.

4. AUSÊNCIA DE EXCEPCIONALIDADE NA DELIBERAÇÃO ASSEMBLEAR PARA INSERÇÃO DE CLÁUSULA ESTATUTÁRIA

Considerando a alegada generalidade do comando contido no §3º, art. 109 da Lei das S.A., e por nada tratar do quórum para a deliberação de inclusão de cláusula compromissória estatutária, o debate sobre o tema se instaurou a ponto de se arguir a incompatibilidade da arbitragem com o parágrafo imediatamente precedente que estabelece: "§2º – Os meios, processos ou ações que a lei confere ao acionista para assegurar os seus direitos não podem ser elididos pelo estatuto ou pela assembleia-geral".

Essa incompatibilidade dar-se-ia também, como sustentaram, pelo fato de o estatuto social ser instrumento de adesão e, desse modo, incidir na espécie o §2º, art. 4º, da Lei de Arbitragem, que contempla a seguinte redação:

> Nos contratos de adesão, a cláusula compromissória só terá eficácia se o aderente tomar a iniciativa de instituir a arbitragem ou concordar, expressamente, com sua instituição, desde que por escrito em documento anexo ou em negrito, com a sua assinatura ou visto especialmente para essa cláusula.

Entretanto, não procedem esses entendimentos, pois a arbitragem não elide direitos processuais de acionistas ou o seu acesso à justiça, estando prevista em lei e seu procedimento assegurando aos demandantes julgamento imparcial e pautado nos ditames do devido processo legal.

Tampouco impera na sociedade anônima a restrição prevista no §2º, art. 4º, da Lei de Arbitragem, pois tal regra excepcional dirige-se aos típicos contratos de consumo. Era essa, e sempre foi, a inclinação do legislador, tanto é que constava do projeto de lei que resultou na atual Lei de Arbitragem a revogação do art. 51, inc. VII, do Código do Consumidor, haja vista o tratamento dado a essa matéria pelo referido §2º do artigo 4º.

Por certo, contratos de prestação de serviços e de fornecimento de produtos voltados ao consumidor divergem, conceitual e instrumentalmente, dos contratos de sociedade, seja pela hipossuficiência e interesse egoísta, seja pela predeterminação de seu conteúdo e cláusulas uniformes.

O contrato de sociedade não é de índole comum, posto não haver reciprocidade de direitos e obrigações ou antagonismo de posição contratual. Reversamente, as partes têm obrigação para com todas as outras e a cooperação encerra a relação social, dado o interesse comum que impera. Conforme Ascarelli, o contrato de organização não termina com o cumprimento da obrigação da parte, antes premissa de atividade ulterior.

Daí a afirmação de Vivante de que o contrato de sociedade transforma interesses individuais e divididos dos sócios em interesse coletivo.

A relutância em se admitir a arbitragem no campo das sociedades anônimas chegou ao ponto de se sustentar a necessidade de o adquirente de participação acionária aceitar, formalmente, submeter-se à arbitragem, caso incluída essa cláusula no estatuto social.

Nada mais equivocado, pois ao comprar ações é pressuposto que o adquirente tenha conhecimento das regras dispostas no estatuto da companhia, e que dessa aquisição resulte a assunção pelo novo titular dos direitos e obrigações até então detidos pelo cedente-vendedor.

Quanto ao quórum de deliberação, o debate se acirrou independentemente de a matéria não tocar direitos patrimoniais ou políticos dos acionistas e, tampouco, contrariar o interesse social.

Nada obstante, e sem fundamento legal, sustentou-se a necessidade de a inclusão de cláusula arbitral estatutária demandar quórum qualificado e/ou direito de recesso, relegando a segundo plano o fato de prevalecer o quórum majoritário para uma gama enorme de decisões substantivas, dada a excepcionalidade do quórum qualificado, e, muito mais, do exercício do direito de retirada.

Não há dúvida de a deliberação por maioria ser a regra, e a submissão da minoria dissidente não implicar renúncia a direito. Aprovada a deliberação é dever do acionista observá-la, sob pena de subversão da ordem social.

Isso, porque, a posição jurídica do acionista é a de sujeição, e não a de renúncia. A regra geral é a de a maioria ditar a solução para os interesses e questões da companhia, desde que não haja abuso ou desvio, com a consequente aceitação pela minoria, pois o efeito jurídico daí advindo, reitere-se, é o de sujeição.

Não há, portanto, abandono do direito pela minoria ou sua desistência. A deliberação assemblear aprovada de acordo com os ditames legais e contratuais produz eficácia potestativa, notadamente no que toca aos dissidentes, pois dela emana direta subordinação do acionista aos interesses do grupo.

Daí se falar em sujeição do acionista frente à deliberação majoritária, sujeição essa que se traduz, na expressão de Carnelutti, na impotência da vontade para a tutela de um interesse. Destarte, percebe-se que a decisão assemblear produz efeitos potestativos que implicam para os minoritários o dever de observar e cumprir o comando majoritário.

No mais, no confronto entre princípios – consenso e maioria –, prevalecerá o que governa as companhias, pilar de sua existência.

Outrossim, não vislumbro razão para se ampliar o quórum na aprovação de cláusula compromissória estatutária quando várias decisões que tocam interesses patrimoniais de acionistas são tomadas sem que haja previsão de quórum qualificado e, nua e cruamente, a arbitragem atinge o desiderato social, no mínimo, por impedir que uma disputa entre sócios ou entre esses e a companhia perdure por anos, em grave desproveito da empresa, demais sócios, colaboradores, fornecedores e outros tantos.

5. APROVAÇÃO ASSEMBLEAR DE CLÁUSULA COMPROMISSÓRIA ESTATUTÁRIA. VISÃO INADEQUADA DO LEGISLADOR

Com o intuito de pacificar o debate, por meio da alteração legislativa de 2015 (Lei n. 13.129) modificou-se a Lei das S.A. para introduzir o seguinte dispositivo:

> Art. 136-A. A aprovação da inserção de convenção de arbitragem no estatuto social, observado o quorum do art. 136, obriga a todos os acionistas, assegurado ao acionista dissidente o direito de retirar-se da companhia mediante o reembolso do valor de suas ações, nos termos do art. 45.
>
> §1º A convenção somente terá eficácia após o decurso do prazo de 30 (trinta) dias, contado da publicação da ata da assembleia geral que a aprovou.
>
> §2º O direito de retirada previsto no caput não será aplicável:
>
> I – caso a inclusão da convenção de arbitragem no estatuto social represente condição para que os valores mobiliários de emissão da companhia sejam admitidos à negociação em segmento de listagem de bolsa de valores ou de mercado de balcão organizado que exija dispersão acionária mínima de 25% (vinte e cinco por cento) das ações de cada espécie ou classe;
>
> II – caso a inclusão da convenção de arbitragem seja efetuada no estatuto social de companhia aberta cujas ações sejam dotadas de liquidez e dispersão no mercado, nos termos das alíneas 'a' e 'b' do inciso II do art. 137 desta Lei.

Observa-se, de uma simples mirada, o rigoroso tratamento dado ao instituto arbitral em segmento de mercado no qual sua utilização é de enorme valia, inclusive, e no extremo, para a própria sobrevivência da empresa.

Com efeito, a insegurança e as incertezas de uma acirrada e longa disputa societária podem acarretar, no mais das vezes, a saída de executivos e colaboradores chaves, perdas de oportunidades e de market share, impacto no balanço, aperto na obtenção de financiamentos e crédito, a par de outras tantas situações negativas para companhia e colaboradores.

O rigor adotado pelo legislador para a viabilização da arbitragem societária não se coaduna – pela dificuldade imposta pela lei – com as modernas práticas corporativas, nas quais a arbitragem apresenta-se como instrumento eficaz de melhoria da governança das companhias.

Basta, para tanto, ver o exemplo da Bovespa, que exige a inserção de cláusula arbitral estatutária como pré-requisito para a companhia, com ações negociadas na Bolsa de Valores, se alçar aos maiores níveis de governança do mercado.

Outrossim, os meios extrajudiciais de resolução de conflitos societários encerram tamanha relevância a ponto de sua utilização já ser considerada como elemento inerente aos deveres de cuidado e diligência atribuíveis aos administradores.

Ademais, é cediço que tais meios são saudados por vários órgãos, internacionais e nacionais, que estudam e divulgam os melhores procedimentos de boas práticas corporativas.

A título de exemplo, consta do Código das Melhores Práticas de Governança Corporativa do Instituto Brasileiro de Governança Corporativa (IBGC), em seu item 1.4 – que trata de mediação e arbitragem – ser "fundamental prever formas ágeis e eficazes de resolução de controvérsias e divergências entre sócios e administradores e entre estes e a própria organização, para evitar prejuízos ao desempenho ou redução do valor da organização". O mesmo dispositivo aduz que "os conflitos entre sócios, administradores e entre estes e a organização devem, preferencialmente, ser resolvidos mediante a negociação entre as partes".[11]

Caso isso não seja possível, o referido Código recomenda a resolução da divergência por meio de mediação e/ou arbitragem. Nesse sentido, as boas práticas demandam, segundo o mesmo Código, a inclusão desses mecanismos no estatuto/contrato social ou em compromisso a ser firmado entre as partes.

---

[11] Disponível em: http://www.ibgc.org.br/userfiles/2014/files/codigoMP_5edicao_web.pdf, p. 27.

Do outro lado do Atlântico, na África do Sul, o King Code of Governance for South Africa 2009, elaborado pelo Institute of Directors Southern Africa, entidade amparada por várias instituições independentes deste país, dispõe:

> International bodies such as the International Finance Corporation have started to recognise that alternative dispute resolution (ADR) clauses are needed in contracts. (...) It is accepted around the world that ADR is not a reflection on a judicial system of any country, but that it has become an important element of good governance. Directors should preserve business relationships. Consequently, when a dispute arises, in exercising their duty of care, they should endeavor to resolve it expeditiously, efficiently and effectively. (...) The board should adopt formal dispute resolution processes for internal and external disputes.[12]

Nessa toada, causa espécie exigir-se quórum qualificado para aprovação e assegurar direito de recesso aos dissidentes das deliberações que chancelem a inclusão de arbitragem nos estatutos sociais das companhias. Qual a razão para tanto obstáculo se a solução arbitral não impacta direito patrimonial ou político dos acionistas, tampouco prejudica os interesses sociais e, como visto, é considerada pelos estudiosos como instrumento saudável e fundamental para os fins das boas práticas de governança corporativa?

De outro lado, fosse o consenso a razão dos empecilhos para a aprovação da arbitragem societária, a unanimidade deveria ser o caminho, pois o recesso, no caso, não encerra qualquer acordo ou concordância; muito ao reverso, conduz ao dito popular "os incomodados que se mudem".

Não é demais realçar que a criatividade e a engenhosidade poderão, ao fim e ao cabo, resultar na introdução da arbitragem nos estatutos sociais em momento e circunstâncias desfavoráveis ao exercício do direito de retirada, em subversão à teleologia da norma legal. E, nessas

---

[12] Disponível em: http://www.ngopulse.org/sites/default/files/king_code_of_governance_for_sa_2009_updated_june_2012.pdf, p. 13, p. 48.

circunstâncias, irrelevante o princípio do consentimento ou o direito de recesso, pois o dissidente nada poderá fazer.

Do que se extrai, o recesso foi concedido casuisticamente, posto, ao meu sentir, sua ratio estar descolada dos efeitos jurídicos que dele – direito de retirada – emanam, haja vista não se tratar de deliberação que afete, sobremaneira, pilar basilar da sociedade e, muito menos, afronte direitos elementares e marcantes dos acionistas.

Por certo, as razões que emergem do direito de retirada impõem que seu exercício seja assegurado em caráter restritivo, pontual e excepcional. O arcabouço legal em cujo sistema esse direito extraordinário se insere funda-se, sobretudo, no princípio majoritário. Sistema jurídico este muito peculiar, de administração de patrimônio alheio, e em cujo princípio majoritário se sobrepõe, e torna-se exceção, pelas suas particularidades, ao livre consentimento que norteia o direito das obrigações.

Com efeito, se o quórum qualificado, por si só, é irrelevante para fins do consenso, por não abarcar toda a comunidade de acionistas, o direito de recesso não se harmoniza com os benefícios da arbitragem societária – que, repita-se, não viola direitos dos acionistas ou o interesse social – e, por isso, é inaplicável à espécie.

Como bem pontua Diego Franzoni:

> Somente o legislador, portanto, tem a função de decidir o mérito das hipóteses de recesso. No entanto, isso não significa que se possa admitir a invenção de hipóteses de recesso, mesmo pelo legislador, despidas de qualquer critério, justificadas apenas pela vontade política do momento. É preciso que haja o mínimo de coerência histórica e sistemática entre as hipóteses de recesso legalmente previstas. Mais do que isso, é necessário que seja respeitado o fundamento, a função do instituto do recesso (...).[13]

Consentâneas, pois, com os ditames societários todas as jurisdições que permitem a inclusão de cláusula compromissória estatutária, sem apelo a quórum qualificado e, muito menos, a direito de retirada.

---

[13] FRANZONI, Diego. *Arbitragem societária*. São Paulo: Revista dos Tribunais, 2015, p. 149.

Isso porque, como já expus:

> A substituição da jurisdição judicial pela arbitral para a análise e solução de controvérsia societária, desde que preservado o livre acesso e os pressupostos do devido processo legal, não viola ordem pública ou é matéria inderrogável pela assembleia geral e, menos ainda, qualifica-se como ato abusivo. Dessa forma, pode-se afiançar, insere-se na lista de direitos que podem ser modificados pelo voto majoritário.
>
> A arbitragem amalga-se com o próprio interesse social e não atinge direitos patrimoniais ou políticos dos sócios. Preserva os interesses e, quiçá, a sobrevivência da sociedade e, consequentemente, o patrimônio dos minoritários.
>
> A inserção de cláusula compromissória estatutária não gera obrigações novas aos titulares das ações ou quotas, ou alterações substanciais em direitos de sócio; enfim, não implica em diminuição ou garantias dos acionistas ou quotistas. Muito menos atenta contra pilares relevantes do pacto social; seu efeito é, portanto, neutro, haja vista, inclusive, que a arbitragem é instituto contemplado em lei, cujo fim maior é cooperar com o Estado na administração e acesso à justiça, e cujo processamento encerra todos os pressupostos do devido processo legal.
>
> Destarte, não prejudica o direito de ação de qualquer acionista ou sócio, mas, tão somente, com a arbitragem, altera-se a jurisdição em que a demanda será apreciada e julgada, reitere-se, de conformidade com os princípios maiores da imparcialidade, ampla defesa, contraditório e livre convencimento.
>
> Conforme assenta o ilustre jurista António Sampaio Caramelo, '*É inquestionável que, quando os direitos que integram o status de sócio são alterados através de modificação estatutária regularmente deliberada, os sócios que não votaram a seu favor ficam vinculados por tal modificação. Ora, se o efeito da cláusula compromissória inserida nos estatutos é o de dar outra configuração à dimensão processual dos direitos dos sócios perante os outros sócios, a sociedade ou os titulares dos seus órgãos, bem como dos direitos daquela perante estes ou os sócios, há que concluir que o que vale para a modificação da dimensão material dos direitos dos sócios vale também para a da sua dimensão processual. (...) Por outro lado, sendo o efeito da cláusula compromissória supervenientemente inserida nos estatutos o de configurar o direito de acção inerente aos direitos subjectivos dos vários intervenientes na vida interna da sociedade, direcionando-o para a jurisdição*

> *arbitral, essa configuração não pode deixar de vincular todos os sócios, mesmo os que hajam votado contra essa alteração estatutária. Também aqui o princípio maioritário tem de prevalecer, como é regra nas sociedades comerciais'.*[14]

Enfim, desperdiçou o legislador nacional excelente oportunidade de prestigiar o instituto da arbitragem e moldá-lo, adequadamente, ao sistema jurídico da sociedade anônima, peça marcante e imprescindível na captação de poupança pública e geração de empregos, e imperiosa ao desenvolvimento de atividades produtivas e, consequentemente, para o desenvolvimento econômico e social dos países.

6. VINCULAÇÃO DOS ADMINISTRADORES À CLÁUSULA COMPROMISSÓRIA ESTATUTÁRIA

Uma vez inserta nos estatutos sociais, questiona-se a possibilidade de os administradores, no momento em que tomam posse em cargos na Diretoria estatutária e no Conselho de Administração, vincularem-se automaticamente aos efeitos jurídicos da cláusula de arbitragem, independentemente de manifestarem expressamente sua concordância.

Entendo que sim. Como integrantes de órgãos da sociedade, a existência de dispositivo estatutário da espécie vincula automaticamente seus membros.

Afinal, a companhia, enquanto ficção jurídica, "vocaliza-se" por intermédio de seus órgãos, os quais, ao se manifestarem juridicamente por intermédio de seus membros para assegurar direitos e contrair obrigações no mundo das relações, restam por dar-lhe vida – à companhia – no plano da realidade.

---

14 BATISTA MARTINS, Pedro A. "Cláusula arbitral estatutária e sua aprovação por voto majoritário: por que resistir?". *In:* MIRANDA, Agostinho Pereira de *et al.* (Org.). *Estudos de direito da arbitragem em homenagem a Mário Raposo*. Lisboa: Universidade Católica Editora, 2015, p. 219-220.

Ressalte-se que o vínculo do administrador com a companhia não se traduz em contrato de locação de serviços ou em outorga de mandato, como aceito pela doutrina no passado. Claramente, os administradores não representam a sociedade pautados em procuração, pois inexiste o liame outorgante e outorgado. Não há duas figuras distintas uma da outra. Há, sim, um amálgama indissociável entre sociedade e administrador, sendo este último quem expressa a vontade daquela enquanto membro do seu órgão social e, com isso, chancela existência da sociedade.

Daí não se distinguirem duas pessoas, sociedade e administrador, ou representada e representante. Por essa razão, Pontes de Miranda pontua que o administrador não representa mas, sim, presenta a sociedade, posto inserir-se no seio da própria companhia, e, sendo dela parte integrante – via o órgão social do qual é membro –, encerra uma particular junção de pessoas.

Eis, a título de exemplo, a razão para a procuração outorgada por diretor manter-se vigente ainda após o seu falecimento; afinal, foi outorgada em nome da pessoa jurídica, e não da pessoa física do diretor. Do mesmo modo, a alteração de membros da diretoria não resulta na revogação das procurações por eles assinadas.

Diante dessa realidade, fortaleceu-se a teoria organicista da administração, posto a vida da sociedade derivar da atuação de seus órgãos. Ajam os seus membros eleitos bem ou mal, quem responde é a sociedade. Direitos, obrigações, deveres e responsabilidades, conquanto pactuados pelos integrantes dos órgãos sociais, são atos imputáveis à sociedade.

De fato, a sociedade somente tem existência enquanto funcionarem seus órgãos sociais. É através deles, e de conformidade com as suas regras de competência, que os administradores exprimem os interesses sociais e vinculam a sociedade para todos os fins e efeitos jurídicos. São eles, enquanto membros dos órgãos sociais, a boca, os olhos, os ouvidos e o cérebro da sociedade.

Como já expus em trabalho específico:

[c]omo parte integrante desses órgãos, os administradores estão obrigados a observar e a respeitar a lei e, também, o estatuto social da companhia da qual são partes integrantes. Essa concepção orgânica confere aos administradores uma dimensão jurídica que os imbricam e os amálgamam ao seio da sociedade e a todo o feixe que compõe a relação interna social.

Com efeito, os administradores se ligam, umbilicalmente, à sociedade de tal modo que não lhes podem escapar os vínculos e a subordinação da disciplina societária e das regras máximas que compõem o estatuto social. A eles cabe zelar pelo correto funcionamento da companhia. De tal sorte que, ao aceitarem o encargo de administrador, então, ipso facto, afirmando fiel obediência ao estatuto social e à lei. Estão, outrossim, integrando-se ao interior da empresa como membros de um órgão que é pura expressão da própria sociedade. Passam a ser uma única pessoa para fins orgânicos, mas com deveres e responsabilidades que lhes são próprios.

Ao afirmarem respeito e observância aos termos e condições do estatuto social, e, ademais, por serem responsáveis pelo fiel cumprimento do contido na carta magna societária, e assentarem-se como 'órgãos' da sociedade, seria uma incongruência que os administradores não fossem alcançados pelos efeitos da cláusula compromissória estatutária, com o fim de solucionar questão que impacta a sociedade e de cujos órgãos são partes integrantes. Isso porque integram seu corpo social e, assim, com ele se imbricam.

O administrador se subordina à sociedade e sua eleição pela assembleia geral, ou pelo Conselho de Administração, resulta no seu enquadramento ao corpo social da companhia. Se esta, em seu estatuto social contempla uma cláusula de arbitragem, assim como devem os administradores impor a sua observância à companhia e seus acionistas, como resultado dos deveres que ostentam, do mesmo modo a ela se submetem, enquanto 'órgão' da sociedade.

A função e a atuação do administrador pressupõem a observância dos interesses maiores da companhia que representa, tal qual deve por eles zelar os seus acionistas que, por força da obediência ao estatuto social, também se vinculam aos efeitos da cláusula compromissória estatutária.

Ao se integrar ao órgão social, o administrador perde sua autonomia no plano individual para se vincular aos ditames da

> sociedade. Exercem os administradores a representação orgânica da companhia. Sua função, típica do feixe de relações societárias, impacta no acordo social. Impacta, por certo, no feixe de relações e vinculações sociais. Justamente na esfera jurídica em que a cláusula compromissória estatutária opera eficácia. Campo esse denominado pacto social. (...)
>
> Frente a essa realidade, e do direito subjetivo que passam a ser titulares no âmbito do feixe das relações sociais, e, ainda, da incorporação orgânica que o cargo lhes reconhece, creio que os administradores de sociedade anônima restam alcançados pelos efeitos de uma cláusula compromissória estatutária, mesmo que a ela não tenham consentido formalmente, ressalvadas as peculiaridades do conteúdo de dita disposição estatutária.[15]

Em suma, ao ingressar no órgão social, o administrador vincula-se e sujeita-se ao feixe das relações jurídicas daí derivadas, com direitos, deveres e responsabilidades, e passa a deter direito subjetivo no exercício de função orgânica da sociedade, sendo sua expressão física no mundo real.

Nessa toada, as funções exercidas pelo administrador originam-se das regras estatutárias e daquelas estabelecidas pela assembleia geral, bem como daquelas estampadas na lei societária. Portanto, eximir-se da sujeição a dispositivo estatutário ao qual deve observância não encontra eco na lógica ou na razoabilidade, exceto eventual particularidade da cláusula compromissória estatutária ou fatos atestados no caso concreto.

7. JURISDIÇÃO ARBITRAL PARA DECIDIR IMPASSES DE NATUREZA PURAMENTE NEGOCIAL

Poderão ocorrer situações em que haja impasse nas deliberações do Conselho de Administração ou da Assembleia Geral e cujo objeto não seja de natureza eminentemente jurídica como, a título de exemplo,

---

15 BATISTA MARTINS, Pedro A. *Arbitragem no Direito Societário*. São Paulo: Quartier Latin, 2012, p. 136, 137, 139.

a abertura de subsidiária no exterior, a adoção de nova estratégia nos negócios correntes da empresa ou a mudança mais radical nas suas atividades.

Essa circunstância implica na análise da possibilidade de a controvérsia que gerou o impasse ser arbitrável, dado que sua solução não demanda a pura aplicação da lei ao caso concreto. Assim, por não haver pretensões de direito em si, mas de cunho empresarial, alguns poderão sustentar que o árbitro estaria despojado de jurisdictio para solucionar a controvérsia.

Entretanto, se a cláusula estatutária apenas dispuser que todas e quaisquer disputas oriundas ou relacionadas ao estatuto social serão resolvidas por arbitragem, como proceder?

É meu entender que, muito embora a arbitragem não seja a primeira ou mesmo a terceira opção de resolução desses tipos de conflitos, caso todos os demais meios restem frustrados ou não sejam possíveis de manejo (por falta de convenção contratual, regra impositiva ou acordo), aos árbitros caberá essa função, sob pena de o impasse conduzir à dissolução da sociedade, como pregam alguns, pela impossibilidade de preencher a finalidade para a qual foi constituída.

Por certo, a dissolução e liquidação da companhia é o pior caminho, e contrário aos pressupostos contemporâneos da preservação da empresa. Pressupostos esses fundados nos ditames da função social da empresa, dos quais ecoam nítidos deveres para com seus colaboradores e fornecedores, para além de outras tantas pessoas e setores que na órbita da empresa restam beneficiados.

Conforme já exposto em outro texto, é minha convicção:

> que a função do árbitro, de natureza jurisdicional, é bastante ampla e, por isso, capaz de atender a uma gama enorme de questões conflituosas.
>
> Como assinala Bruno Oppetit, 'L'appréciation du juge, lorsqu'elle s'exerce sur les contrats ou dans le cadre du droit des affaires donne au juge un rôle d'expert'.
>
> Por seu turno, a atividade jurisdicional vem ampliando seu escopo com o crescente exercício de funções de natureza menos

> jurídicas, do ponto de vista estrito de ditar o direito posto, e mais equânimes. Como exemplos dessas atividades temos o reequilíbrio econômico financeiro do contrato, a redução de penalidades excessivas, as questões relacionadas ao direito de família, a definição de conceitos indeterminados ou de dispositivos em aberto (operabilidade do direito) e a determinação e invalidação das cláusulas abusivas.
>
> Essa tendência leva o intérprete a uma amplificação do conceito restritivo de litígio para assentá-lo em alcance mais amplo e flexível. O exercício da jurisdição deve ser ponderado sob o prisma da pacificação social. Pacificação em seu sentido lato de solução dos impasses, pendências, dúvidas, divergências, demandas, conflitos e controvérsias. A jurisdição é mero instrumento para o atendimento e solução das angústias conflituosas. Deve, como instrumento de pacificação social, atender e resolver um conflito de direito stricto sensu, mas, também, atuar na tutela de uma pretensão. Como instrumento para atingir a paz social deve se prestar a satisfazer os questionamentos ou qualquer diferença que postulem as pessoas ou grupos contrapostos. Deve, portanto, satisfazer pretensões controvertidas, seja de que natureza forem.
>
> Inclui-se, portanto, na atividade arbitral a competência para interpretar e suprir lacunas contratuais, cada vez mais presentes nos contratos de longa duração, tidos como contratos incompletos por força da escolha das próprias partes, dada a impossibilidade de previsão de todas as circunstâncias, fatos e eventos que possam ocorrer no futuro e, consequentemente, pelo custo que essa atividade de futurologia acarretaria à transação.[16]

Portanto, imperativo que o retrato não reflita o preto e branco conservador ou a cor em impressão tradicional, e, sim, que o plano da fotografia jurisdicional seja retratado em panorâmica cuja foto não abranja, única e exclusivamente, o seu viés estritamente jurídico.

Nessa toada, vale refletir sobre o que dizem Bruno Opetit, Charles Jarrosson e Olivier Caprasse, respectivamente:

> El criterio del litigio, a menudo utilizado para diferenciar el arbitraje contractual del arbitraje jurisdiccional y para negar al

---

[16] BATISTA MARTINS, Pedro A. *Arbitragem no Direito Societário*. São Paulo: Quartier Latin, 2012, p. 189-190.

primero la caificación de verdadero arbitaje, no serviría tampoco como una guía segura en la materia, ya que la noción de controversia arbitral ha sufrido evolución que le haría adquirir un contenido original: La realidad suele ser compleja y entre la disputa abierta y la misión de carácter puramente contractual, pueden hallarse toda clase de desacuerdos de mayor o menor intensidad, que justificarían la intervención de un árbitro sin que tengamos derecho de negarle a este último su verdadera calidad. Finalmente, en lo que concierne a la naturaleza del poder que implicaría la función arbitral para merecer dicha calificación, resulta interesante observar que existe en el propio juez estatal una alteración de los que sería la función jurisdicional pura. En efecto, desde hace algunos años el legislador ha multiplicado las hipótesis en las cuales le confia al juez el papel de un verdadero experto económico, ya sea que se trate de la determinación de la tasa normal de una prestación, o de la apreciación de los intereses implicados en la gestión o en la división de un patrimonio. Ahora bien, en todos estos casos el juez se esfuerza, de la misma forma, por hacer una evaluación o proponer un modus vivendi mediante un acto creador, como por resolver entre las pretensiones antagónicas (...) de forma cada vez más frecuente, el juez se halla investido de la misión, ya no de decir el derecho o de pronunciar una condena de derecho estricto que resuelva entre dos pretensiones antagónicas, sino de determinar entre las partes un modus vivendi mediante apreciaciones de oportunidad o de equidad. Es en este orden de ideas que el juez, en muchos casos deberá entrar a apreciar los intereses en juego, para matizar la aplicación de la norma jurídica y, así, solucionar la situación en cuestión: atribuición preferencial, cambio de régimen matrimonial, conflictos familiares relativos al ejercicio de prerogativas, etc.[17]

Hors du temps, c'est surtout l'objet du jugement qui caractérise le mieux l'extension des pouvoirs du juge. Le litige apprecié au sens strict n'est plus le seul objet du jugement. Le juge intervient non seulement pour résoudre un litige, il intervient aussi accessoirement ou meme indépendamment de la resolution d'un litige et se montre tour à tour expert en ecónomie, contrôleur en gestion, censeur des époux, défenseur de l'enfant, creature de dispositions contractuelles. Certes le juge appliqué la règle de droit, mais cela

---

[17] OPETIT, Bruno. *Teoría del arbitraje*. Tradução de Eduardo Silva Romero, Fabricio Mantilla Espinoza e José Joaquín Caicedo Demoulin. Bogotá: Legis, 2006, p. 175-177.

> lui demande d'apprecier tel intérêt, de dire ce qui est opportun, de relever ce qui est utile, de sanctionner ce qui est abusif, de donner un sens et un contenu aux notions de circonstances exceptionnelles, de cas graves (...).[18]
>
> Des actionnaires se disputent sur l'opportunité d'augmenter le capital, de distribuer des bénéfices, de lancer un nouveau plan d'investissement (...) Incontestablement, on ne se situe pas ici dans le cadre classique de l'intervention du juge dans la mesure où des questions d'opportunité, de choix économiques sont en cause. Y-a-t-il place pour une intervention jurisdictionnelle dans ce conteste? Aujourd'hui, la réponse à cette question est clairement affirmative tant en doctrine qu'en jurisprudence (…) Notons au passage que le législateur lui-même donne parfois au juge la mission d'intervenir dans ce type de contentieux (…) Il nous paraît très éclairant de reprendre ici quelques considerations du Professeur Jarrosson. 'Le droit des sociétés, écrit-il, offre avec la notion d'intérêt social, un exemple parfait du pouvoir d'appréciation du juge. La notion d'intérêt social est particulièrement fuyante, elle n'est pas unique (...) L'intérêt social est, comme l'écrit très justement M. Sousi, le 'vecteur de l'intervention des tribunaux dans la gestion des sociétés.[19]

Nessa toada, de forma a prevenir a paralisação da companhia por longo período de tempo e sua consequente dissolução, deve-se pensar em prover instrumentos úteis e apropriados ao tribunal arbitral e ao procedimento, de forma a mitigar as dificuldades que os árbitros possam encontrar para chegar a uma conclusão.

A título de exemplo, nomear árbitros com larga experiência no tema central da questão controvertida e/ou valer-se de assistentes e opiniões técnicas independentes, e fixar regras próprias para o procedimento. Nesses peculiares casos, criatividade é da essência e pode ajudar o tribunal arbitral a proferir uma razoável decisão, que vá ao encontro dos interesses da empresa, e, quiçá, propicie ou induza as partes a um acordo no curso do procedimento.

---

[18] JARRONSSON, Charles. *La notion d'arbitrage*. Paris: Librairie generale de droit et de jurisprudence, 1987, p. 99.

[19] CAPRASSE, Olivier. *Les sociétés et l'arbitrage*. Bruxelas: Bruylant, 2002, p. 175.

Por fim, saliente-se que o §2º, art. 129 da Lei das S.A. estabelece que, em caso de empate e ausente procedimento de arbitragem, os acionistas devem debater novamente a matéria em assembleia geral, após o decurso de 2 meses e, permanecendo o impasse e não sendo possível que a resolução do conflito seja submetida a terceiro, caberá ao Poder Judiciário decidir, no interesse social.

Por sua vez, o §2º, art. 1.010 do Código Civil determina que o empate (votação pelo número de quotas) seja decidido pelo maior número de sócios e, se ainda assim persistir, que a questão seja decidida pelo juiz.

Portanto, até mesmo pela ótica legislativa as disputas empresariais, ao fim e ao cabo, inserem-se na competência do juiz togado e, havendo cláusula arbitral, na jurisdição do árbitro.

REFERÊNCIAS

BATISTA MARTINS, Pedro A. "Arbitragem e atração de investimentos no Brasil". *In*: *II Dia Gaúcho da Arbitragem*. Porto Alegre: Lex Magister, 2017.

BATISTA MARTINS, Pedro *A. Arbitragem no Direito Societário*. São Paulo: Quartier Latin, 2012, p. 189-190.

BATISTA MARTINS, Pedro A. "Cláusula arbitral estatutária e sua aprovação por voto majoritário: por que resistir?". *In*: MIRANDA, Agostinho Pereira de *et al.* (Org.). *Estudos de direito da arbitragem em homenagem a Mário Raposo*. Lisboa: Universidade Católica Editora, 2015, p. 219-220.

CAPRASSE, Olivier. *Les sociétés et l'arbitrage*. Bruxelas: Bruylant, 2002.

FRANZONI, Diego. *Arbitragem societária*. São Paulo: Revista dos Tribunais, 2015.

JARRONSSON, Charles. *La notion d'arbitrage*. Paris: Librairie generale de droit et de jurisprudence, 1987.

MUNIZ, Petrônio R. G. *Operação Arbiter*: a história da Lei nº 9.307/96 sobre arbitragem comercial no Brasil. Recife: Instituto Tancredo Neves, 2005.

OPETIT, Bruno. *Teoría del arbitraje*. Tradução de Eduardo Silva Romero, Fabricio Mantilla Espinoza e José Joaquín Caicedo Demoulin. Bogotá: Legis, 2006.

A ARBITRAGEM NAS RELAÇÕES DE TRABALHO: INTERPRETAÇÃO ALÉM DO ART. 507-A DA CLT

Felipe Cunha Pinto Rabelo[1]
Franco Giovanni Mattedi Maziero[2]

1. INTRODUÇÃO

Através de uma simples análise do número de processos ativos perante o judiciário brasileiro, nota-se, claramente, que a adoção de outros meios eficazes de se dirimir os conflitos, sem a necessária intervenção estatal, se mostram muito importantes para uma evolução socioeconômica.

---

[1] Mestrando em Direito pela Faculdade Milton Campos. Especialista em Direito Público pela PUC Minas. Especialista em Consultoria Jurídica Empresarial pelo Centro Universitário UniSEB. Autor de artigos diversos. Advogado.

[2] Doutorando em Direito pela Pontifícia Universidade Católica de Minas Gerais. Mestre em Direito de Empresa pela Universidade Fumec/MG. Especialista em Direito de Empresa pelo IEC da PUC Minas. Especialista em Direito Societário pela Universidade Cândido Mendes/RJ. Professor de Direito de Empresa em cursos de Graduação e Pós-Graduação na PUC Minas e na FDCON. Fundador da Comissão de Tecnologia e Inovação da OAB Contagem. Presidente da Comissão de Arbitragem da OAB Contagem. Advogado.

No Brasil, segundo dados que podem ser extraídos do relatório "Justiça em números",[3] divulgado em 2018 e que tem como referência o ano de 2017, mais de oitenta milhões de demandas encontram-se em andamento, sendo que, em média, a cada grupo de 100.000 habitantes, 12.519 ingressaram com uma ação judicial no ano de 2017.

Se analisado somente o cenário que envolve o Judiciário trabalhista, também pelos dados extraídos do relatório "Justiça em números",[4] tem-se que somente no ano de 2017 foram recebidos 4.321.842 casos novos para serem examinados, tendo sido gasto por este órgão do Judiciário exatos R$ 18.283.148.816,00 em despesas, com arrecadação de R$ 3.694.460.237,00 durante o período.

O fluxo de demandas e o alto custo para o Judiciário brasileiro demonstra, nitidamente, a necessidade de se se buscar outros meios adequados à solução dos conflitos, tornando-se viável e necessária a adoção destes meios pelas partes pactuantes de um negócio jurídico.

Dentre estes meios, pode-se citar a arbitragem que, apesar de sua recente utilização no Brasil, remonta à Antiguidade.[5] Há, inclusive, registros históricos que evidenciam a adoção da arbitragem por volta de 3.000 a.C., na Babilônia, Grécia e Roma, quando as funções de magistrado e sacerdote se confundiam, e não havia ainda um sistema organizado para solução dos litígios, incumbindo à autoridade máxima decidir, julgar e punir, de acordo com suas próprias convicções[6].

---

3 Conselho Nacional de Justiça. *Relatório Justiça em Números 2018 – ano base 2017.* Disponível em: http://www.cnj.jus.br/files/conteudo/arquivo/2018/08/44b7368ec6f888b383f6c3de40c32167.pdf. Acesso em: 21 set. 2018.

4 Conselho Nacional de Justiça. *Relatório Justiça em Números 2018 – ano base 2017.* Disponível em: http://www.cnj.jus.br/files/conteudo/arquivo/2018/08/44b7368ec6f888b383f6c3de40c32167.pdf. Acesso em: 21 set. 2018.

5 "Historicamente, portanto, a presença do julgamento dos litígios por árbitros particulares foi o ponto de partida para a a institucionalização da própria idéia de jurisdição, pois foram primeiramente os árbitros, e não os magistrados, que se encarregam de 'dizer o direito', para solucionar litígios entre particulares" (THEODORO JÚNIOR, Humberto. Arbitragem e terceiros. *In*: WALD, Arnoldo (Org.). *Arbitragem e mediação*: elementos da arbitragem e medidas de urgência. São Paulo: Revista dos Tribunais, 2014. Coleção doutrinas essenciais; v. 2, p. 525).

6 FLENIK, Giordani. *Arbitragem nos litígios trabalhistas individuais.* Florianópolis: Insular, 2009, p. 55.

Após a Lei 9.307 (com recentes alterações por meio da Lei 13.129 de 2015), a arbitragem veio ganhando destaque no Brasil e pode ser conceituada[7] como:

> Meio alternativo de solução de controvérsias através da intervenção de uma ou mais pessoas que recebem seus poderes de uma convenção privada, decidindo com base nela, sem intervenção estatal, sendo a decisão destinada a assumir a mesma eficácia da sentença judicial – é colocada à disposição de quem quer que seja, para solução de conflitos relativos a direitos patrimoniais acerca dos quais os litigantes possam dispor.[8]

A aplicação deste instituto nas relações de trabalho sempre foi vista como improvável ou mesmo impossível face à suposta indisponibilidade dos direitos oriundos daquela relação. Contudo, desde o advento da Lei nº 13.467/17, que implementou mudanças profundas na Consolidação das Leis do Trabalho (CLT), o instituto pode ser aplicado para certos tipos de contrato, transmutando-se em novo paradigma sobre o tema na seara trabalhista.

A prevalência da autonomia da vontade das partes e a disponibilidade de certos direitos trabalhistas passou a ter nova significância, sendo relevante o estudo dos insertos legislativos, mas também dos reflexos destes em outros pactos laborais não abordados diretamente pelo legislador, e em um contexto social e econômico no país.

Assim, pode o empregado eleger outros meios para solucionar conflitos que não o judicial? São os direitos trabalhistas de fato indisponíveis ou esta afirmativa é genérica? A arbitragem trabalhista pode e deve ser adotada em todas as relações de trabalho?

---

7 Uma "modalidade de heterocomposição constituída 'mediante a qual os sujeitos em disputa (desde que capazes) submetem seus interesses em conflito (desde que de natureza patrimonial e caracterizados pela livre disponibilidade) a um árbitro por eles escolhido, que passa a atuar como juiz de fato e de direito para buscar a composição da lide" (FLENIK, Giordani. *Arbitragem nos litígios trabalhistas individuais*. Florianópolis: Insular, 2009, p. 55).

8 CARMONA, Carlos Alberto. *Arbitragem e processo*: um comentário à Lei n. 9.307/96. 2. ed., rev., atual. e ampl. 3. reimpr. São Paulo: Atlas, 2006.

O presente estudo busca elucidar a aplicação do instituto da arbitragem no direito do trabalho brasileiro, suas formas de aplicação e os reflexos que os insertos normativos realizados pela Lei nº 13.467/17 podem trazer para o cotidiano das relações de emprego atuais, bem como a extensão de sua aplicação e participação de auxiliares no processo arbitral.

2. ARBITRAGEM NAS RELAÇÕES TRABALHISTAS

Antes de se analisar pormenorizadamente o instituto da arbitragem e sua prática nas relações de emprego, devemos analisar uma das prerrogativas insertas na Lei nº 9.307/1996, mais especificamente os termos do seu art. 1º, que, em suma, permite às pessoas capazes de contratar o uso da arbitragem "para dirimir litígios relativos a direitos patrimoniais disponíveis".

Alguns doutrinadores defendem que do pacto laboral refletem verbas de natureza salarial, as quais, por sua origem, não poderiam ser objeto de composição por arbitragem.

Maurício Godinho Delgado é um dos defensores desta corrente, entendendo que a arbitragem "no plano das relações individuais de trabalho – em que se destacam a hipossuficiência e a vulnerabilidade de poder do trabalhador inserto em uma relação empregatícia –, exacerba essa diferença de poder entre as partes, em face das peculiaridades do instituto arbitral".[9]

Entretanto, não nos parece salutar a exclusão desta eficaz modalidade de resolução de conflitos no âmbito trabalhista sob a genérica afirmação de indisponibilidade dos direitos laborais.[10]

---

[9] DELGADO, Mauricio Godinho. *Curso de Direito do Trabalho*. 17. ed., rev., atual. e ampl. São Paulo: LTr, 2018, p. 1730.

[10] TST-RR-1650/1999-003-15-00.3, publicado em 30.09.2005: "Como se vê do trecho transcrito, o julgado, imprimindo caráter restritivo à cláusula compromissória do juízo arbitral, afastou a incidência da Lei nº 9.307/96, declarando que não se pode valer da arbitragem para dirimir litígios relativos a direitos patrimoniais indisponíveis.

A relação de trabalho se modificou sensivelmente desde a publicação da CLT (Consolidação das Leis do Trabalho) até os dias atuais. A evolução social, tecnológica e humana verificada nestas últimas décadas, reduziu a significativa disparidade entre empregado e empregador que, diante da vulnerabilidade do empregado, justificava a irrestrita proteção dos seus direitos em relação aos empregadores, taxando todos os direitos como se indisponíveis fossem.

A renúncia de direitos por parte do trabalhador não pode ser taxada, genericamente, como ilegal, sendo certo que quando da rescisão

---

Afirma a ré que tal decisão estaria a vulnerar a lei da Arbitragem, negando vigência, ainda, ao artigo 301, inciso IX, do artigo 301 do CPC.
Razão, contudo, não lhe assiste.
Cumpre salientar por primeiro, que o juízo arbitral - órgão contratual de jurisdição restrita consagrado em nossa legislação que tem por finalidade submeter as controvérsias a uma pronta solução, sem as solenidades e dispêndios do processo ordinário, guardada apenas a ordem lógica indispensável de fórmulas que conduzem a um julgamento escorreito de direito e de equidade - a meu ver, tem plena aplicabilidade na esfera trabalhista porque há direitos patrimoniais disponíveis no âmbito do direito do trabalho, data vênia de doutas opiniões em sentido contrário.
É que, ao se afirmar, genericamente, que os direitos trabalhistas constituem direitos patrimoniais indisponíveis, não se leva em conta que o princípio da irrenunciabilidade de tais direitos foi, em diversas situações, mitigado pelo legislador. Um primeiro exemplo desta circunstância está na existência de normas específicas que prevêem expressamente sua disponibilidade, como v.g. os direitos consagrados pelos incisos VI e XIV do artigo 7º da Carta Republicana. Outro, quando se identifica o momento em que os direitos são devidos.
Isso porque, apenas no ato da contratação ou na vigência de um contrato de trabalho considera-se perfeitamente válida a tese da indisponibilidade dos direitos trabalhistas, posto que é de se reconhecer que a desvantagem em que uma das partes se encontra, pode impedi-lo de manifestar livremente vontade.
Após a dissolução do pacto, no entanto, não há se falar em vulnerabilidade, hipossuficiência, irrenunciabilidade ou indisponibilidade, na medida em que empregado não mais está dependente do empregador.
Cito, a propósito, as palavras do notável doutrinador Arnaldo Lopes Sussekind, que considera que 'tais renuncias – no momento ou depois da cessação do contrato de trabalho – tem sido apreciadas pela jurisprudência brasileira com menos restrição do que as ocorridas nas demais fases da relação de emprego' *posto que, continua o douto mestre,* 'satisfeitas que sejam certas condições de liberdade de vontade, é licito ao empregado renunciar, desde que se tratem de direitos já adquiridos, isto é, já incorporados ao patrimônio em conseqüência ou por força de lei'".

contratual o crédito trabalhista assume natureza patrimonial, já que não haverá mais uma pretensa coação patronal.[11]

Neste diapasão, importante se torna a delimitação entre indisponibilidade absoluta e relativa dos direitos oriundos da relação de trabalho, sendo absoluta a indisponibilidade que versar sobre direitos que devem, necessariamente, contar com a intervenção do Estado e sua tutela, e relativa aquela que versar sobre o interesse individual ou bilateral simples, como bem elucidado por esclarecimentos prestados pelo próprio Ministério do Trabalho e Emprego:

> A legislação trabalhista inclui leis dispositivas, que estabelecem limites mínimos ou máximos, conforme o caso, dentre os quais as partes podem ajustar, por exemplo, a duração máxima de jornada de trabalho, salário-mínimo, adicional mínimo de 50% sobre a hora de trabalho extraordinário, alteração do período de descanso intrajornada dentro dos limites legais; e leis proibitivas, que não permitem composição direta entre empregados e empregadores, e, portanto, devem ser observadas tal como foram estatuídas, como, por exemplo, a anotação do contrato de trabalho na CTPS, filiação à Previdência Social, a proibição do trabalho noturno, perigoso ou insalubre aos menores de dezoito anos, etc.
>
> A regra geral adotada é a de que tudo pode ser contratado, desde que não contrarie as leis proibitivas e as de ordem pública.
>
> O campo de atuação da transação é aquele indicado pela lei, ou aquele que, mesmo não indicado expressamente pela lei, resulte de critérios determinados pelo artigo 444 da CLT.
>
> No Brasil, os direitos trabalhistas são transacionáveis, mas irrenunciáveis (art. 9º da CLT).
>
> Pode-se, tecnicamente, distinguir os direitos imantados por indisponibilidade absoluta dos direitos imantados por uma indisponibilidade relativa. Absoluta será a indisponibilidade quando o direito enfocado merecer uma tutela de nível de interesse público, por traduzir um patamar civilizatório mínimo formado pela sociedade política em um dado momento histórico. É o que ocorre com o direito ao registro do contrato de trabalho na CTPS e à incidência das normas de proteção à saúde e segurança do trabalhador.

---

[11] YOSHIDA, Marcio. *Arbitragem Trabalhista*. São Paulo: LTr, 2006, p. 87.

> Relativa será a disponibilidade quando o direito enfocado traduzir interesse individual ou bilateral simples, que não caracterize um padrão civilizatório geral mínimo firmado pela sociedade política em um dado momento histórico. É o que passa com a modalidade de salário paga ao empregado ao longo da relação de emprego, que pode se alterar, licitamente, desde que a alteração não produza prejuízo efetivo ao trabalhador.
>
> Outro exemplo que pode ser citado é a faculdade que possui o empregado em converter, em abono pecuniário, um terço do período de férias a que tiver direito. Todavia, o direito a férias após doze meses de vigência do contrato de trabalho é um direito indisponível do empregado, respeitada a proporcionalidade prevista nos incisos do artigo 130 da CLT.
>
> Os requisitos para a negociação trabalhista individual direta, inclusive a renúncia e a transação, são as figuras previstas no Direito Civil: capacidade do agente, higidez da manifestação da vontade, objeto válido e forma prescrita ou não proibida em lei.
>
> A verificação dos requisitos, para dar validade ao ato jurídico, é papel do mediador público.[12]

Não se busca, através da arbitragem, a pacificação de conflitos envolvendo direitos indisponíveis como liberdade de expressão, prática religiosa, direito às férias, salário e décimos terceiros, ou outros constitucionalmente defendidos e que não devem ser objeto de restrição ou pactuação através de um contrato de trabalho. Mas sim a transação daqueles que, por sua natureza, são de fato disponíveis, como, por exemplo, a autonomia prevista às partes para resilir o contrato de trabalho de forma consensual quanto às verbas rescisórias, ou a possibilidade de reduzir o período de gozo de férias, transmutando parte delas em abono pecuniário.[13]

---

[12] MINISTÉRIO DO TRABALHO E EMPREGO. *Mediação de conflitos individuais*: manual de orientação. 2. ed. Brasília: MTb, SRT, 1997, p. 21-22.

[13] Art. 484-A da CLT. O contrato de trabalho poderá ser extinto por acordo entre empregado e empregador, caso em que serão devidas as seguintes verbas trabalhistas:
I – por metade:
a) o aviso prévio, se indenizado; e
b) a indenização sobre o saldo do Fundo de Garantia do Tempo de Serviço, prevista no §1º do art. 18 da Lei nº 8.036, de 11 de maio de 1990;

Taxar como indisponíveis todos os direitos trabalhistas, sem nenhuma ressalva quanto aos mesmos ou análise quanto à flexibilização às partes para poderem dirimir seus conflitos, dentro dos ditames legais, sem a intervenção Estatal, seria, em última análise, a não aplicação da autonomia da vontade das partes ao pacto laboral.

Se assim o fosse, deveriam ser constituídas como ilegais as conciliações, corriqueiramente realizadas perante o Judiciário trabalhista, vez que nas mesmas, para se pacificar o conflito instaurado, o Julgador chancela acordos visando, em alguns casos, apenas a solução monetária daquele litígio sem uma análise prévia da indisponibilidade ou não desses direitos.

Apenas com o intuito de ilustrar e desmistificar a indisponibilidade absoluta dos direitos trabalhistas, o STJ já decidiu sobre a possibilidade de utilizar sentença arbitral trabalhista para percepção de valores provenientes da conta de FGTS, tendo sido inclusive fundamentado no voto do Ministro Castro Meira, que "o princípio da indisponibilidade dos direitos trabalhistas milita em favor do empregado e não pode ser interpretado de forma a prejudicá-lo".[14]

A arbitragem trabalhista é de fato meio eficaz para dirimir conflitos oriundos da relação de emprego e já é aplicada no país por alguns pactuantes do contrato de trabalho, como cita Márcio Yoshida reportando a dados relativos ao Estado de São Paulo:

II – na integralidade, as demais verbas trabalhistas.
§1º A extinção do contrato prevista no *caput* deste artigo permite a movimentação da conta vinculada do trabalhador no Fundo de Garantia do Tempo de Serviço na forma do inciso I-A do art. 20 da Lei nº 8.036, de 11 de maio de 1990, limitada até 80% (oitenta por cento) do valor dos depósitos.
§2º A extinção do contrato por acordo prevista no *caput* deste artigo não autoriza o ingresso no Programa de Seguro-Desemprego

[14] STJ, 2ª Turma, REsp 635.354/BA, rel. Min. Castro Meira, acórdão publicado em 22/08/2005.

> Em São Paulo, encontra-se em atividade o Conselho Arbitral do Estado de São Paulo, instituição sem fins lucrativos, que já realizou, na esfera dos conflitos individuais do trabalho, no período de janeiro de 1999 a dezembro de 2004, cerca de 13.770 arbitragens.
>
> Os itens mais reclamados foram horas extraordinárias (55% do total de arbitragens), intervalo para repouso e alimentação (27,2%) e verbas rescisórias (14,2%).
>
> Todas as controvérsias são revertidas de evidente natureza patrimonial, cuja disponibilidade, objeto de intermináveis debates na doutrina e jurisprudência, entendemos insofismável, não só por serem usualmente transacionadas nos processos trabalhistas, como também porque traduzem, após rescindido o contrato de trabalho, os conceitos mais banais do crédito pecuniário e da obrigação de indenizar.[15]

Necessário, pelo momento que o país enfrenta, a adoção de meios outros que não apenas o judicial para dirimir conflitos nas relações trabalhistas, sendo a arbitragem um instrumento factível e que, inclusive, já encontra previsão normativa para adoção específica em alguns casos e para alguns profissionais, conforme previsto nas mudanças normativas estabelecidas com o advento da Lei nº 13.467/17.

3. MUDANÇAS TRAZIDAS PELA LEI Nº 13.467/17

Adicionalmente ao que fora exposto até o presente momento neste trabalho, e corroborando o entendimento de que a arbitragem é de fato um meio plausível e viável para dirimir os imbróglios individuais oriundos da relação de emprego,[16] tem-se que desde novembro de 2017,

---

[15] YOSHIDA, Marcio. *Arbitragem Trabalhista*. São Paulo: LTr, 2006, p. 144.

[16] "Ultimamente, porém, tem-se notado uma aceitação mais elástica da parte de nossa jurisprudência quanto a arbitrabilidade em matéria trabalhista. Na verdade, a jurisprudência tem reconhecido a existência de direitos disponíveis em temas de direito do trabalho e a possibilidade da aplicação da arbitragem para dirimir conflitos nessa área, inclusive, quanto a questões originárias de contratos individuais de trabalho, ainda que restem objeções em casos de processos arbitrais que possam ser considerados como objetivando, simplesmente, ratificar acordos laborais por meio de sentença arbitral"

com o advento da Lei nº 13.467/17, este instituto restou instaurado normativamente no ordenamento jurídico trabalhista brasileiro para certos pactos laborais.

A partir desta novidade legislativa, mais especificamente com a inserção do art. 507-A na CLT[17], uma parcela de trabalhadores passa a ser detentora de uma prerrogativa outrora inexistente: a de poder incluir em seu contrato de trabalho cláusula compromissária de arbitragem para dirimir eventuais conflitos oriundos da relação empregatícia estabelecida com seu empregador. Esses empregados são denominados, pela doutrina, hiper-suficientes, por receberem salários superiores à media nacional.[18] Nestas relações de trabalho alguns elementos que diferenciam o empregado do seu empregador ficam mitigados, como a hipossuficiência do empregado e a subordinação clássica perante o empregador.

O legislador, então, prevê expressamente a possibilidade de se eleger a arbitragem como o método desejável às partes para solução de conflitos nestas relações de trabalho, mesmo que para um determinado nicho de profissionais, concluindo-se que de fato os direitos trabalhistas, pelo menos se analisados de forma genérica, não são indisponíveis.

Tal entendimento era inclusive defendido por alguns doutrinadores, como Márcio Yoshida, muito antes da inclusão normativa citada:

> As renúncias de direitos no curso do contrato de trabalho também não se admite como regra, mas apenas excepcionalmente. Não há falar-se que a inferioridade jurídica deixará de existir,

---

(GARCEZ, José Maria Rossani. *Arbitragem nacional e internacional*: processos recentes. Belo Horizonte: Del Rey, 2007, p. 65).

17 "Art. 507-A da CLT: Nos contratos individuais de trabalho cuja remuneração seja superior a duas vezes o limite máximo estabelecido para os benefícios do Regime Geral de Previdência Social, poderá ser pactuada cláusula compromissória de arbitragem, desde que por iniciativa do empregado ou mediante a sua concordância expressa, nos termos previstos na Lei nº 9.307, de 23 de setembro de 1996."

18 Foi adotado o valor equivalente ao dobro do limite máximo estabelecido para os benefícios do Regime de Previdência Social

> mas devem ser sopesadas situações de empregados com qualificação e especialização profissional diferenciadas, melhor discernimento intelectual, nível de escolaridade privilegiado e detentores de cargo estratégico na hierarquia da empresa. A menor sujeição dessa classe de trabalhadores às pressões econômicas e à coação do empregador pode retirar a presunção apriorística do vício da manifestação de vontade.
>
> Os altos executivos de empresas de grande porte e aqueles que detêm especial qualificação profissional e privilegiados conhecimentos técnicos possuem um poder de barganha que lhes possibilita, muitas vezes, impor condições e negociar benefícios em condições de igualdade com o empregador.[19]

Oportuno citar, apesar de não ser o objeto central deste estudo, que estes mesmos trabalhadores, denominados hiper-suficientes, poderão, a partir da inclusão normativa citada, pactuar vários direitos e deveres outrora exclusivos de previsão em norma coletiva, como preconiza o texto atual celetista,[20] o que demonstra mais uma vez a vontade do legislador em priorizar a prevalência da autonomia da vontade das partes no pacto laboral.

O avanço legislativo é inegável, mas a adoção da arbitragem para dirimir conflitos individuais nas relações de emprego certamente enfrentará dificuldades impostas principalmente por doutrinadores e demais operadores cotidianos do direito, como juízes e advogados, em face da premissa secular de que o empregado é a parte hipossuficiente e, como tal, deve ser amparada pelo Estado.

---

[19] YOSHIDA, Marcio. *Arbitragem Trabalhista*. São Paulo: LTr, 2006, p. 85.

[20] "Art. 444 da CLT – As relações contratuais de trabalho podem ser objeto de livre estipulação das partes interessadas em tudo quanto não contravenha às disposições de proteção ao trabalho, aos contratos coletivos que lhes sejam aplicáveis e às decisões das autoridades competentes.
Parágrafo único. A livre estipulação a que se refere o caput deste artigo aplica-se às hipóteses previstas no art. 611-A desta Consolidação, com a mesma eficácia legal e preponderância sobre os instrumentos coletivos, no caso de empregado portador de diploma de nível superior e que perceba salário mensal igual ou superior a duas vezes o limite máximo dos benefícios do Regime Geral de Previdência Social."

Cassar,[21] em obra publicada com comentários à nova legislação trabalhista, traz esse ponto de forma clara, relatando que até mesmo aqueles que detêm cargos de alta gestão nas empresas não poderiam dispor em arbitragem por serem indisponíveis seus direitos, encontrando, desta forma, óbice na própria lei de arbitragem.

Contudo, não se pode, no nosso sentir, generalizar a aplicação e natureza dos direitos trabalhistas, pois de fato os mesmos não são, em sua completude, indisponíveis.

Ainda, ao contrário do entendimento defendido por Cassar, o desejo do legislador não pode ser desprezado pelo intérprete, devendo minimamente ser respeitado o texto legal com consequente aplicação de seus termos, sob pena de ingressarmos em um estado de insegurança jurídica.

Outro ponto a ser examinado é que o alcance normativo concedido à arbitragem nas relações trabalhistas significa extremo avanço na sociedade brasileira, mas o instituto não pode ser aplicado de forma restritiva, devendo a sua adoção ser disseminada e até mesmo estendida aos demais trabalhadores para resolução mais rápida de seus litígios.

O judiciário, como já visto, encontra-se, na atualidade, abarrotado de processos sendo que na esfera trabalhista 11,51%[22] deles se referem a discussões relativas ao pagamento de verbas oriundas da rescisão do pacto laboral, não devendo ser o meio judicial o prioritário para a sua resolução.

> As controvérsias que hoje tomam conta dos tribunais trabalhistas não são na realidade profundas e sérias. Não precisam do Estado para serem resolvidas. São, antes de mais nada, acertos de conta de empregados dispensados sem justa causa, que buscam na Justiça o pagamento de seus Direitos.

---

[21] BORGES, Leonardo Dias; CASSAR, Vólia Bonfim. *Comentários à reforma trabalhista*. 2. ed., rev., atual. e ampl. São Paulo: Método, 2018, p. 91 e 93.

[22] CONSELHO NACIONAL DE JUSTIÇA. *Relatório Justiça em Números 2018 – ano base 2017*. Disponível em: http://www.cnj.jus.br/files/conteudo/arquivo/2018/08/44b7368ec6f888b383f6c3de40c32167.pdf. Acesso em: 21 set. 2018.

> Como, em regra, os Direitos que constituem este acerto não passam de cinco itens - aviso prévio, férias, 13º, horas extras e FGTS, não há motivo lógico para submetê-lo a uma demanda custosa e demorada no Judiciário.[23]

Não se nega o papel fundamental do Estado na normatização das condutas sociais, e, quando necessário, fiscalização e busca de equilíbrio nos conflitos judicializados. O que se discute é o uso exagerado do Judiciário e a não utilização de outros meios que podem se mostrar eficazes, céleres e, por vezes, menos onerosos pelos particulares, inclusive os pactuantes da relação de emprego.

Um processo judicial longo[24] impede um progresso material e cultural do país, transmutando em burocracias dispendiosas e demoradas, devendo ser devolvido às partes "a solução de seus problemas, com o auxílio suplementar, não exclusivo, do Estado"[25].

4. AS VANTAGENS DA ARBITRAGEM COMO FORMA DE SOLUÇÃO DE CONTROVÉRSIAS TRABALHISTAS

As tradicionais características da arbitragem atendem, em vários aspectos, às demandas que envolvem direito do trabalho. Um exemplo é a celeridade que é costumeiramente buscada para se solucionar controvérsias que envolvam a relação entre empregados e empregadores.

---

23 SILVA, Antonio Alvares da. Da legitimidade do empregado e do empregador na solução de seus conflitos. *Revista do TST*, Brasilia, v. 68, n. 3, jul./dez., 2012, p. 154.

24 "Em muitos países, as partes que buscam uma solução judicial precisam esperar dois ou três anos, ou mais, por uma decisão exequível. Os efeitos dessa delonga, especialmente se considerados os índices de inflação, podem ser devastadores. Ela aumenta os custos para as partes e pressiona os economicamente fracos a abandonar suas causas, ou aceitar acordos por valores muito inferiores àqueles a que teriam direito. A Convenção Europeia para Proteção dos Direitos Humanos e Liberdades Fundamentais reconhece explicitamente, no artigo 6º, parágrafo 1º que a Justiça que não cumpre suas funções dentro de um 'prazo razoável' é, para muitas pessoas, uma Justiça inacessível" (CAPPELLETTI, Mauro. *Acesso à justiça*. Tradução de Ellen Gracie Northfleet. Porto Alegre: Fabris, 1988, p. 20-21).

25 SILVA, Antonio Alvares da. Da legitimidade do empregado e do empregador na solução de seus conflitos. *Revista do TST*, Brasilia, v. 68, n. 3, jul./dez., 2012, p. 158.

A justiça especializada é tendentemente mais célere que a comum. Mas, ainda assim, sobretudo em alguns dos tribunais trabalhistas, a celeridade dos processos já não atende aos interesses dos jurisdicionados. Desta forma, a celeridade do procedimento arbitral poderia, sem dúvidas, apresentar, tanto a empregador como a empregado, uma solução que atendesse aos anseios relacionados ao tempo.

Na prática, os seis meses estipulados pela lei para a apresentação da sentença arbitral não costumam ser alcançados. Mas isso não impede que, mesmo superados esses seis meses, a sentença arbitral seja proferida, geralmente, de maneira mais ágil que a sentença judicial.

Também é importante mencionar que, não obstante o judiciário brasileiro seja composto, em sua maioria, por juízes brilhantes, o volume de trabalho não permite uma análise detida e minuciosa de cada caso e quanto maior o volume de processos, maior será a tendência de adoção de modelos seriados[26]. Tal ocorrência pode violar direito de qualquer das partes envolvidas no litígio.

Por isso, a especialidade e o pequeno volume que cada árbitro assume para conduzir e julgar demove essa possibilidade de trabalho seriado, permitindo que as decisões sejam mais minuciosas nos vários detalhes que podem fazer parte de um litígio. Isso pode gerar decisões mais acertadas às circunstâncias do caso concreto.

Outro aspecto a ser observado é a inexistência de recurso na arbitragem, que pode servir aos interesses do próprio empregado, uma vez que os recursos protelatórios não terão lugar e incentivarão o cumprimento mais regular dos direitos trabalhistas. Sabe-se que vários recursos decorrem da irresignação do sucumbente. Outros tantos decorrem de divergências em relação à matéria específica. Mas há aqueles que decorrem de falhas decorrentes do excesso de trabalho das partes envolvidas

---

[26] "Com o aumento no volume de processos, o trabalho de cada magistrado ficará ainda mais sobrecarregado e, para dar vazão ao volume, a tendência será a adoção de 'medidas de abstração que impulsionam a entrega de sentenças em modelo seriado' (SANTOS, 2016, p. 55). Ora, além de mais demoradas, as decisões serão ainda mais impessoais, compondo tão somente números de estatísticas que nem sempre vão servir aos jurisdicionados de forma adequada e justa" (MAZIERO, Franco Giovanni Mattedi. *Manual da Advocacia Colaborativa*. Rio de Janeiro: Lumen Juris, 2016, p. 8).

e de lapsos que não deveriam ocorrer quanto à análise dos fatos ou das provas. Na arbitragem, exatamente em razão do trabalho mais minucioso dos árbitros, espera-se não se ver diante de tais situações, consistindo em outra vantagem que pode atender tanto aos empregados quanto aos empregadores.

Também há que se lembrar da existência do sigilo na arbitragem. Apesar de não constar na lei e não ser tratado como princípio, o sigilo faz parte de praticamente todas as câmaras de arbitragem brasileiras. Isso é, a prática brasileira nas arbitragens institucionais é o sigilo. Sem dúvidas, a confidencialidade pode ser um fator de extrema vantagem da aplicabilidade arbitral, uma vez que para o empregador pode evitar a formação de jurisprudência, enquanto ao empregado, pode evitar a exposição pública de matérias que não pretendia fosse do conhecimento de todos.

A arbitragem é vista com desconfiança por grande parte dos magistrados e, também, por grande parte dos doutrinadores trabalhistas em razão do fato de se imaginar que os direitos trabalhistas seriam violados.

Ocorre que na arbitragem as partes nomeiam os árbitros e os escolhem dentre profissionais de ilibada reputação. Nesse mesmo sentido, os árbitros poderiam ser escolhidos dentre aqueles cujo raciocínio jurídico fosse mais tendente ou não à proteção dos trabalhadores. A escolha do(s) árbitro(s) tocando às partes pode e, sem dúvida, auxilia numa manutenção eficaz e séria da arbitragem. E o mesmo pode acontecer no âmbito trabalhista.

Portanto, a arbitragem apresenta razoáveis e pertinentes razões para se mostrar interessante, importante e aplicável no direito do trabalho, tanto no ponto de vista do empregador quanto do empregado.

5. A PARTICIPAÇÃO DO SINDICATO EM ARBITRAGENS TRABALHISTAS

A novidade legislativa tratada pelo art. 507-A da CLT trará divergências entre a doutrina que até o presente momento ainda são incipientes em face da sua recente normatização.

Se interpretada a lei somente de acordo com a frieza da letra reproduzida na norma citada, fatalmente se concluirá que a arbitragem somente atinge um seleto grupo de profissionais, não abrangendo a maioria dos trabalhadores em atividade no país devido aos critérios já mencionados.

Desta forma, uma interpretação extensiva deste instituto deve ser realizada à luz de todo o contexto legislativo trabalhista, principalmente aqueles igualmente trazidos pela Lei n. 13.467/17 que podem, de forma correlata, contribuir para a adoção da arbitragem em todas as relações de emprego sem as restrições expressas no art. 507-A da CLT.

Neste ponto, não se deve negar que a participação do sindicato poderia auxiliar na aceitação da arbitragem como forma de pacificação de conflitos trabalhistas. Além dos advogados, árbitro(s) e das próprias partes, contar com o sindicato dos empregados e do patronal participando da arbitragem poderia alçar uma maior credibilidade ao instituto, não só pelo caráter protetivo individual mas também o coletivo.

Neste cenário, o sindicato poderia atuar em duas vertentes: (i) auxiliando as partes, principalmente o empregado, ou (ii) auxiliando os árbitros.

A atuação de uma terceira parte no procedimento arbitral é discutida e aceita pela doutrina. Vejamos:

> Em determinadas situações extraordinárias, tem-se admitido a assistência de terceiros (não partes) no processo decisório de arbitragens. Tal assistência tem levado, em determinadas situações, à relativização de conceitos inerentes à arbitragem, tais como a confidencialidade e o interesse privado das partes. Tem-se, entretanto, questionado até que ponto se deve permitir que entes públicos ou privados venham, direta ou indiretamente, a participar do processo decisório de uma arbitragem que, a rigor, é restrita às partes signatárias da cláusula/compromisso arbitral. (MENEZES, Caio Campello de. O papel do *amicus curiae* nas arbitragens. *In*: WALD, Arnoldo (Org.). *Arbitragem e mediação*: elementos da arbitragem e medidas de urgência. São Paulo: Revista dos Tribunais, 2014. Coleção doutrinas essenciais; v. 2. p. 465-466)

A segunda possibilidade seria no auxílio por parte do sindicato não a alguma das partes, mas ao próprio árbitro ou tribunal arbitral, na figura do *amicus curiae*[27]. Sabe-se que:

> A arbitragem é polarizada (duas partes com interesses antagônicos) e uma parte neutra sem interesse no resultado da disputa, que é o tribunal arbitral. Como regra geral, apenas as partes da convenção arbitral devem fazer parte da arbitragem. Nenhum terceiro (entenda-se como aquele não vinculado à convenção de arbitragem) pode participar de uma arbitragem sem o expresso consentimento das partes.
>
> Dentro desse contexto, conclui-se que o *amicus curiae* não é parte, mas sim um terceiro que, vale ressaltar, diferencia-se daquele que intervém na arbitragem sob as formas permitidas, na medida em que seu papel se restringe unicamente a prestar assistência aos árbitros. Obviamente, não tem os mesmos direitos e obrigações das partes, tampouco está sujeito aos efeitos da sentença arbitral. (MENEZES, Caio Campello de. O papel do *amicus curiae* nas arbitragens. *In*: WALD, Arnoldo (Org.). *Arbitragem e mediação*: elementos da arbitragem e medidas de urgência. São Paulo: Revista dos Tribunais, 2014. Coleção doutrinas essenciais; v. 2. p. 467-468)

A atuação sindical, seja como auxiliar das partes ou na condição de *amicus curiae* corroboraria o objetivo central das entidades sindicais, idealmente criados para tal, que é a defesa do interesse de seus sindicalizados e da coletividade que representam, sendo um garantidor da segurança jurídica principalmente nos atos negociais praticados entre empregado e empregador.

Oportuno frisar, por ser importante sua contextualização neste item, mas também como forma de demonstrar a importância dos sindicatos nas relações de trabalho e a legalidade de sua inclusão no processo

---

[27] "*Amicus curiae* significa 'amigo da corte' e tem sua origem no direito romano. O conceito está intimamente ligado àquele que vem prestar informações, usualmente de cunho técnico-jurídico desconhecido pelo julgador, pelas partes e pelos advogados das partes. Sua função primordial é auxiliar no esclarecimento de certas matérias e na fundamentação da decisão" (MENEZES, Caio Campello de. O papel do *amicus curiae* nas arbitragens. *In*: WALD, Arnoldo (Org.). *Arbitragem e mediação*: elementos da arbitragem e medidas de urgência. São Paulo: Revista dos Tribunais, 2014. Coleção doutrinas essenciais; v. 2. p. 466).

arbitral, que a Lei nº 13.467/17 concedeu ainda mais importância aos acordos que contemplem a participação sindical ao inserir, no texto da CLT, o art. 611-A, a prevalência do que for acordado entre empresas e sindicatos, ou entre sindicatos, sobre o texto da própria legislação.

É certo que o legislador elencou quinze itens específicos no rol de disposições que podem ser previstas por este meio, o que poderia fazer com que o intérprete da lei se restringisse aos mesmos quando de sua adoção.

Contudo, no caput do art. 611-A da CLT, encontra-se a expressão "entre outros", ficando evidente a intenção do legislador em preservar os itens elencados no artigo, mas em gerar abertura à interpretação dos demais operadores do direito quanto a outros itens, direitos e deveres que pudessem ser incluídos em norma coletiva com a finalidade de se sobrepor à legislação.

Desta forma, realizando uma análise jurídica contextual do sistema jurídico trabalhista, mais precisamente as inserções legislativas inseridas pela Lei nº 13.467/17, ampliando a interpretação das normas em conjunto com outras insertas na CLT, tem-se que a arbitragem pode ser prevista em norma coletiva e, desta forma, pode contemplar a participação do sindicato como partícipe e auxiliar na condução de suas tratativas.

A prevalência da autonomia da vontade das partes mostra-se novamente privilegiada pelo legislador pátrio. Possibilita-se a inclusão de cláusula de arbitragem em normas coletivas, podendo contemplar a participação do sindicato como auxiliar das partes envolvendo direitos trabalhistas, respeitando-se, analogicamente, os dizeres expressos no art. 507-A da CLT.

Com o ente sindical presente neste procedimento, a arbitragem teria um respaldo ainda maior para sua validação, não se limitando a atender apenas aos hiper-suficientes.

No direito norte americano, esta possibilidade, inovadora para o direito brasileiro, já é comumente adotada, como leciona Brito:

> Ainda, uma última palavra sobre as restrições à arbitragem em matéria trabalhista: é a indisfarçável uma certa antipatia (política, sobretudo!) dos doutrinadores juslaboristas em relação à solução arbitral de conflitos especializados, e isto apesar da larga utilização do instituto em paragens estrangeiras. Nos Estados Unidos da América o instituto é de larguíssima utilização, sendo por todos reconhecida sua vantagem em relação à solução judicial dos conflitos. Chega-se mesmo a constatar que a arbitragem é o meio de solução de conflitos individuais de trabalho mais utilizado entre empregados sindicalizados e empregadores, tudo graças à tradição norte-americana que estimulou intervenção apenas subsidiária do governo nas relações trabalhistas. Diferentemente do que ocorreu no Brasil, os norte-americanos não receberam direitos, conquistaram-nos, de tal sorte que os sindicatos restaram historicamente fortalecidos, o que decididamente não aconteceu em nosso país. Como resultado, nos Estados Unidos os sindicatos dão suporte ao empregado no momento em que se instaura uma disputa arbitral em face do empregador, equilibrando as forças entre os litigantes; no Brasil isto não ocorre, gerando forte desconfiança em relação a qualquer forma de resolver conflitos entre partes economicamente desiguais fora do Poder Judiciário. Oxalá possam os sindicatos, patronais e dos empregados, acostumarem-se, nas convenções coletivas, a estabelecer uma forma de composição de conflitos através de órgão neutro.[28]

Mesmo sendo uma novidade a participação ativa dos sindicatos na arbitragem em relações de trabalho no Brasil, antes das novidades legislativas citadas já havia previsão legal. Era estabelecido, em lei específica e para certos tipos de profissional, para a eleição da arbitragem por meio de normas coletivas na resolução dos conflitos individuais do trabalho envolvendo atletas profissionais. Esta possibilidade demonstra a viabilidade da arbitragem e que os direitos previstos na relação trabalhista não são, como um todo, indisponíveis[29]. Ademais, caso o árbitro exceda

---

[28] BRITO, Rildo Abuquerque Mousinho de. *Mediação e arbitragem de conflitos trabalhistas no Brasil e no Canadá*. São Paulo: LTr, 2010, p. 47.

[29] "Art. 90-C da lei nº 9.615/98. As partes interessadas poderão valer-se da arbitragem para dirimir litígios relativos a direitos patrimoniais disponíveis, vedada a apreciação de matéria referente à disciplina e à competição desportiva.

poderes, julgando direito indisponível, tocará ao Judiciário corrigir tal incorreção:

> Pergunta-se: quem controla o árbitro para evitar que ele decida sobre direito indisponível? Resposta: o Poder Judiciário. A parte insatisfeita poderá propor ação judicial anulatória de sentença arbitral, conforme o art. 32 da Lei de Arbitragem, por ter sido proferida fora dos poderes do árbitro. Se a matéria não for arbitrável, o tribunal arbitral transbordaria os seus poderes, e a parte da decisão exorbitante pode ser anulada. Não cabe, por outro lado, impedir ante o prosseguimento do feito, em vista do princípio da competência-competência.[30]

A arbitragem é de fato uma excelente forma de solução de controvérsias, principalmente após a reforma trabalhista. Há, inclusive, magistrados que já se manifestaram favoravelmente à aplicação da arbitragem.[31]

A adoção da arbitragem para dirimir conflitos durante o pacto laboral ainda enfrentará dificuldades na sua prática, pois neste período há notória diferença entre empregador e empregado em face do exercício do poder potestativo e diretivo daquele sobre este. Contudo, quando do encerramento do vínculo, as partes se tornam iguais, não havendo diferença entre elas no momento da resolução de eventual imbróglio, ocasião em que a arbitragem poderá ser adotada.

> Atualmente, no entanto, o entendimento predominante – e sensato – é de que, encerrado o vínculo empregatício, com a rescisão do contrato de trabalho, os direitos do empregado convertem-se automaticamente em valores pecuniários, tornando-se então passíveis de serem arbitrados, já que integram, ou integrarão o

---

Parágrafo único. A arbitragem deverá estar prevista em acordo ou convenção coletiva de trabalho e só poderá ser instituída após a concordância expressa de ambas as partes, mediante cláusula compromissória ou compromisso arbitral."

30 MUNIZ, Joaquim de Paiva. Arbitragem no direito do trabalho. *Revista de Arbitragem e Mediação*, São Paulo, v. 15, n. 56, p. 179-187, jan./mar. 2018, p. 182.

31 Como Gilmar Mendes e Ives Gandra Filho, por exemplo.

> patrimônio pessoal do obreiro, caracterizando-se assim um bem patrimonial disponível.
>
> Em princípio, a Lei 9.307/96 tratando da matéria, não difere a arbitragem trabalhista das demais, como por exemplo, a comercial, a civil, a societária ou outra qualquer, uma vez que tal instituto se aplica em qualquer situação que envolva bem patrimonial disponível e cujas partes sejam maiores e capazes.[32]

Vê-se, portanto, a total possibilidade da aplicação da arbitragem no Direito do Trabalho, sendo um meio eficaz, ágil, menos oneroso e mais informal que o tradicional método judicial.

6. CONCLUSÃO

Não se pode negar que a inclusão do instituto da arbitragem dentre os direitos e deveres previstos na CLT propicia a abertura de um novo momento. Historicamente representa uma evolução na resolução de conflitos individuais entre empregado e empregador, oportunizando aos juristas a análise do tema para a necessária evolução das relações de emprego e dos indivíduos sem que se examine, necessariamente, a intervenção estatal para tanto.

Oportunizar e incentivar a participação sindical na condição de terceiro nas arbitragens trabalhistas poderá ter o condão de dar maior credibilidade à sua utilização e ao seu funcionamento

Adotar a arbitragem de forma irrestrita e para todas as situações oriundas de um pacto laboral não é o que se busca, mas a sua aplicação de forma correta, amparada na legislação e ampliada a conflitos de menor potencial financeiro, assegurada a judicialização do problema em situações que extrapolem a lei arbitral, é medida necessária, devendo ser priorizada pelas partes e incentivada pelos operadores do direito.

---

[32] FLENIK, Giordani. *Arbitragem nos litígios trabalhistas individuais*. Florianópolis: Insular, 2009, p. 63.

REFERÊNCIAS

BORGES, Leonardo Dias; CASSAR, Vólia Bonfim. *Comentários à reforma trabalhista*. 2. ed., rev., atual. e ampl. São Paulo: Método, 2018.

BRITO, Rildo Abuquerque Mousinho de. *Mediação e arbitragem de conflitos trabalhistas no Brasil e no Canadá*. São Paulo: LTr, 2010.

CAPPELLETTI, Mauro. *Acesso à justiça*. Tradução de Ellen Gracie Northfleet. Porto Alegre: Fabris, 1988.

CARMONA, Carlos Alberto. *Arbitragem e processo*: um comentário à Lei n. 9.307/96. 2. ed. rev., atual. e ampl. 3. reimpr. São Paulo: Atlas, 2006.

DELGADO, Mauricio Godinho. *Curso de Direito do Trabalho*. 17. ed., rev., atual. e ampl. São Paulo: LTr, 2018.

FLENIK, Giordani. *Arbitragem nos litígios trabalhistas individuais*. Florianópolis: Insular, 2009.

GARCEZ, José Maria Rossani. *Arbitragem nacional e internacional*: processos recentes. Belo Horizonte: Del Rey, 2007.

MAZIERO, Franco Giovanni Mattedi. *Manual da Advocacia Colaborativa*. Rio de Janeiro: Lumen Juris, 2016.

MENEZES, Caio Campello de. O papel do *amicus curiae* nas arbitragens. In: WALD, Arnoldo (Org.). *Arbitragem e mediação*: elementos da arbitragem e medidas de urgência. São Paulo: Revista dos Tribunais, 2014. Coleção doutrinas essenciais; v. 2.

MUNIZ, Joaquim de Paiva. Arbitragem no direito do trabalho. Revista de Arbitragem e Mediação, São Paulo, v. 15, n. 56, p. 179-187, jan./mar. 2018.

PRETTI, Gleibe. *Arbitragem no contrato de trabalho em face da reforma trabalhista*. São Paulo: LTr, 2018.

SILVA, Antonio Alvares da. Da legitimidade do empregado e do empregador na solução de seus conflitos. *Revista do TST*, Brasilia, v. 68, n. 3, jul./dez., 2012.

THEODORO JÚNIOR, Humberto. Arbitragem e terceiros. *In*: WALD, Arnoldo (Org.). *Arbitragem e mediação*: elementos da arbitragem e medidas de urgência. São Paulo: Revista dos Tribunais, 2014. Coleção doutrinas essenciais; v. 2.

YOSHIDA, Marcio. *Arbitragem Trabalhista*. São Paulo: LTr, 2006.

O CRD EM OBRAS PRIVADAS COMO FERRAMENTA PARA A SOLUÇÃO DE CONFLITOS E MANUTENÇÃO DO EQUILÍBRIO ECONÔMICO-FINANCEIRO DO CONTRATO

Bernardo Ramos Trindade[1]
Rodrigo Alves Pinto Ruggio[2]
Raphael Miguel da Costa Bernardes[3]

---

1 Advogado e Engenheiro Civil, responsável pela análise, elaboração, acompanhamento, planejamento e administração de contratos de empreitada e de grandes obras de Engenharia Civil em diversas modalidades, tais como contratos *turnkey*, contratos de aliança, contratos open-book, contratos a preço global, contratos a preço unitário, contratos e obrigações de desembaraço aduaneiro, portos, importação e exportação, CAPEX. Elaboração de cartas, pleitos, documentos de obra e montagem em geral. Analisar contratos de fornecimento de equipamentos e serviços, análise de riscos, acompanhar negociações de aditivos contratuais. Acompanhamento de processos de mediação, DRB e arbitragem. Análise e acompanhamento de editais e processos de licitação. Atuação na elaboração e análise de contratos sociais, elaboração de planos de negócio, análises financeiras, atuação nas áreas de direito cível, societário, empresarial e ambiental. Coordenador do núcleo de Dispute Boards da Comissão Arbitragem da OAB/MG, Conselheiro da Câmara de Mediação e Arbitragem do CREA/MG, Coordenador do grupo de Estudos de direito da Construção do Comitê Brasileiro de Arbitragem –CBAr.

2 Mestre em Direito Público pelo Programa de Pós-Graduação em Direito da PUC Minas. Especialista em Direito Processual pelo Instituto de Educação Continuada da PUC Minas. Bacharel em Direito pela PUC Minas em 2006. É Advogado na Sociedade Empresária EMBHEL Engenharia & Consultoria Ltda., com atuação nas áreas de Direito da Construção Civil e Infraestrutura e áreas correlatas. É Professor concursado da PUC Minas, Unidades Coração Eucarístico, Betim e Contagem, tendo sido aprovado no concurso Edital Nº 039/2013 para a cadeira de Direito Empresarial. É Professor da disciplina Direito Societário Aplicado da Pós-Graduação em Direito Tributário do IEC PUC Minas e da disciplina Constituição e Reorganização Societária da Pós-graduação em Gestão Fiscal e Tributária do IEC PUC Minas.

3 Graduado em Direito em 2002 pela Pontifícia Universidade Católica de Minas Gerais. Pós-Graduado em Administração e Marketing pela Fundação Dom Cabral. Especialista em Direitos Contratuais de Obras. Assessor Jurídico do IBAPE-MG (Instituto Brasileiro de Avaliações e Perícias de Engenharia) tendo sido o Redator Jurídico da Norma Técnica para avaliação do desequilíbrio econômico-financeiro de contratos de obras de engenharia.

1. INTRODUÇÃO

Aqueles que trabalham na assessoria jurídica em gestão de contratos de obras e elaboração de reinvindicações, também chamadas de pleitos ou na terminologia em inglês *claims* estão bem acostumados com o surgimento de disputas durante a execução de grandes projetos de engenharia. Em razão da complexidade natural que permeia a execução desses projetos, a superveniência de fatos imprevisíveis, não assumidos pelas partes quando da celebração do contrato e, portanto, não orçados na elaboração da proposta de prestação dos serviços são comuns de ocorrer e podem impactar seriamente o andamento planejado das obras, gerando o alongamento do prazo contratual e, consequentemente, custos extras que devem ser suportados por uma das partes.

A forma como os players envolvidos na execução de um grande projeto de engenharia solucionam suas disputas pode determinar o sucesso ou insucesso da atividade empresarial desenvolvida e é comum que a solução desta disputa se prolongue até as vias judiciais gerando mais custos e desgaste aos envolvidos, tendo em vista as deficiências da justiça brasileira.

Neste contexto, diversos métodos de resolução de disputas/conflitos foram criados e têm sido aplicados aos contratos de engenharia em todo o mundo, tais como a Arbitragem e suas várias modalidades, a Mediação, o Minitrial, a figura do Neutral Advisor, do Single Arbitrator, Special Master, dentre outros. Neste conjunto de alternativas uma das mais eficientes tem sido o Dispute Resolution Board (DRB), conhecido no Brasil como Comitê de Resolução de Disputas – CRD, Conselho de

Conflitos ou Comitê Revisor. Uma descrição simples desta modalidade consiste de um conselho de profissionais imparciais, formado antes do início da execução do projeto com a finalidade de acompanhar o progresso das obras e serviços, atuando na prevenção de disputas e/ou resolução dos conflitos.

Cumpre ressaltar, desde logo, que são duas as espécies de Dispute Resolution Board ou Conselho de Resolução de Disputas, o DRB – Dispute Review Board e o DAB – Dispute Adjudication Board. Enquanto o primeiro apresenta apenas recomendações, o segundo, utilizado pelos padrões de contratação FIDIC, detém a prerrogativa de decidir sobre os conflitos. Em razão da semelhança existente entre as espécies, o presente artigo abordará as duas modalidades, ora fazendo referência a comentários e procedimentos adotados pelo Dispute Review Board, ora abordando o Dispute Adjudication Board.

A utilização do Conselho de Resolução de Disputas na execução de contratos de engenharia envolvendo parceiros privados será o objeto deste artigo. Para tanto, o trabalho encontra-se estruturado da seguinte forma, no item 2 apresenta-se um breve histórico do instituto, seu surgimento, desenvolvimento e status atual de aplicação, com destaque para grandes projetos em que já foi utilizado. Ao se referir ao instituto, o artigo utiliza a expressão Dispute Resolution Board, Dispute Board ou Conselho de Resolução de Disputas. Ao abordar especificamente as espécies utiliza os termos Dispute Review Board ou sua abreviação DRB, ou então, Dispute Adjudication Board, ou sua abreviação DAB.

No item 3 trabalha-se com a estrutura básica de utilização do Dispute Resolution Board durante a execução do projeto, com destaque para a previsão de sua aplicação no contrato de engenharia, as determinações específicas que devem constar do contrato, as ações que devem ser tomadas pelas partes para facilitar sua aplicação, o comportamento que deve ser adotado pelos profissionais neutros escolhidos pelas partes para compor o comitê e a forma como as demandas devem ser submetidas e apreciadas. Além disso, é abordada também no tópico a sistemática de utilização do DAB (Dispute Adjudication Board) nos livros da FIDIC (Fédération Internationale des Ingénieurs-Conseils).

Por fim, no item 4 apresenta-se a conclusão de que a utilização do Conselho de Resolução de Disputas em obras privadas proporciona inúmeros benefícios aos players envolvidos e ao projeto em si, com destaque para a eficiência da ferramenta na resolução de disputas/conflitos e mitigação de reinvindicações/pleitos durante a execução dos serviços, a preservação de uma boa relação entre as partes, um desenvolvimento contratual mais saudável, com maior possibilidade de cumprimento do contrato dentro do prazo e do orçamento previsto, a mitigação de futuras disputas arbitrais ou judiciais, dentre outras.

A metodologia empregada se alicerçou em pesquisa das normas legais, revisão bibliográfica realizada em fontes doutrinárias e busca de jurisprudência, sem a pretensão de esgotar o assunto. Igualmente, norteou a elaboração do trabalho a experiência profissional dos Autores que já há alguns anos trabalham com administração contratual e elaboração de pleitos/reinvindicações de reequilíbrio econômico – financeiro em contratos de obras.

2. BREVE HISTÓRICO

Conforme destaca a Dispute Resolution Board Foundation – DRBF, registros da indústria da construção referentes ao século XX contêm pouca informação acerca da frequência e importância das disputas e conflitos durante a execução de um projeto de engenharia. Denota-se que até os anos 1940, as disputas e conflitos eram comumente solucionados por meio de negociações informais entre as partes ou por decisões tomadas pelos arquitetos ou engenheiros envolvidos na execução do projeto (DRBF, 2007).

Após a Segunda Guerra Mundial, no contexto do Plano Marshall, a competição por contratos de engenharia se tornou bastante intensa tendo em vista o esforço de reconstrução de uma Europa devastada economicamente, levando os contratantes a terem que aceitar baixas margens de lucro. Além disso, os contratos de engenharia se tornam mais complexos na medida em que foram introduzidas questões não técnicas, tais como a preservação do meio ambiente, demandas governamentais e socioeconômicas. A estabilidade financeira de muitos empreiteiros com apertadas margens de lucro requeria que eles perseguissem todos os meios disponíveis para proteger suas bonificações e um crescente corpo de advogados e consultores passaram a assisti-los.

Na medida em que as relações contratuais começaram a deteriorar e o mercado se tornou mais competitivo, a indústria da construção passou a procurar soluções mais sensatas para a resolução de conflitos surgidos no seio de um contrato de engenharia. A arbitragem se torna mais popular tendo em vista ser mais barata e mais rápida que uma demanda judicial. Contudo, com o passar dos anos a arbitragem foi se tornando mais cara e consumindo mais tempo com o acirramento das disputas, apresentando resultados pouco satisfatórios. Apesar da arbitragem ainda oferecer certas vantagens quando comparadas a uma demanda judicial, tais como o uso de árbitros imparciais e com experiência profissional no campo da construção, o custo e o tempo de duração de um procedimento arbitral na atualidade pode facilmente rivalizar com os de uma demanda judicial. Conforme destaca o Vice-presidente Sênior responsável pela divisão de *Claims* e Consultoria em Obras da Hill International na América Latina e no Brasil, Felipe Gutierrez:

> Ressaltam-se também algumas desvantagens relacionadas à seleção deste método para a solução de controvérsias em contratos de engenharia:
>
> - Nem sempre os motivos racionais utilizados pelos árbitros no processo de tomada de decisão ficam claros para as partes;
> - Não existem meios previstos para questionamento das decisões tomadas pelo tribunal arbitral;
> - *Os custos envolvidos são muitas vezes muito próximos dos custos incorridos num processo de decisão por meio de processo judicial (...).* (GUTIERREZ, 2015, p. 293) (grifos nossos)

Neste contexto, surge um movimento para além das demandas judiciais e da arbitragem que é marcado por uma série de eventos que culminaram no desenvolvimento do conceito do que hoje se entende como sendo o CRD.

Em 1972, o Comitê Nacional dos Estados Unidos para Tecnologia de Túneis patrocinou um estudo sobre práticas contratuais utilizadas ao redor do mundo com a finalidade de desenvolver recomendações que aprimorassem os métodos de contratação nos Estados Unidos. O estudo concluiu que as práticas de contratação utilizadas no país constituíam uma significativa barreira para se evitar a rápida escalada de custos e disputas contratuais entre as partes envolvidas na execução de um projeto de engenharia.

Os resultados foram apresentados no relatório "Better Contracting For Underground Construction", publicado em 1974. Referido relatório cita com frequência o efeito deletério de reivindicações, disputas e demandas judiciais frente à eficiência do processo de construção. Muitas recomendações foram criadas com a finalidade de mitigar este problema. Ao longo dos anos, um número crescente de engenheiros consultores e contratantes adotaram suas recomendações. Este relatório expôs muitos dos problemas enfrentados pela indústria da construção e a crescente preocupação com o alto custo de reivindicações *claims*, disputas e demandas judiciais tanto para a indústria quanto para o público em geral.

Em 1975 a indústria de construção subterrânea nos EUA usou o CRD pela primeira vez durante a execução de uma das fases do túnel Eisenhower na estrada interestadual I-70 no Colorado, obtendo excelentes resultados. O CRD criado analisou três disputas, as relações entre as partes foram cordiais ao longo da construção e todos saíram satisfeitos ao final do projeto. Outros projetos utilizando o CRD então se seguiram e a prática expandiu para outros setores da indústria de construção não só nos EUA como em todo o mundo, demonstrando o sucesso da utilização deste método na resolução de disputas em contratos de obras (DRBF, 2007).

O sucesso obtido com a aplicação do CRD na execução de projetos de engenharia pode ser visualizado também na introdução deste método nos padrões básicos de condições contratuais da Federação Internacional de Engenheiros Consultores, mais comumente conhecida pela sigla FIDIC – Fédération Internationale des Ingénieurs-Conseils. Sediada em Lausanne, na Suíça, a Federação foi fundada em 1913 na França e, paulatinamente foi se expandindo com membros do mundo todo. Trata-se de uma organização não governamental reconhecida pelas Nações Unidas, importantes bancos mundiais, pela Comissão Europeia e outras instituições internacionais.

O forte trabalho desenvolvido pela Federação na elaboração das melhores práticas contratuais para execução de projetos de engenharia é reconhecido e aplicado mundialmente. Como exemplo, citem-se as obras da Hidrelétrica Ertan na China e o projeto da Barragem de Katse na África do Sul. Estas práticas encontram-se nos denominados "livros" que são editados pela organização, cujos principais são:

a) *Conditions of Contract for Construction* (abreviação CONS, conhecido como *Red Book*): apresenta condições contratuais para obras nas quais o projeto é de responsabilidade do Dono da Obra (Employer). É recomendada para serviços que possam envolver a combinação de trabalhos civis, mecânicos, elétricos e/ou de construção.

b) *Conditions of Contract for Plant and Design-Build* (abreviação P&DB, conhecido como *Yellow Book*): apresenta condições contratuais utilizadas em projetos Design-Build, nos quais a realização do projeto e a execução do contrato são atribuídas ao empreiteiro.

c) *Conditions of Contract for EPC/Turnkey Projects* (abreviação EPC ou EPCT – *Engineer, Procure and Construct*, conhecido como *Silver Book*): apresenta condições contratuais típicas para projetos Design-Build com a transferência total dos riscos do contrato (projeto e sua execução) ao empreiteiro. São indicadas no caso de entrega de unidades globais de investimento (por exemplo, uma refinaria de petróleo).

A primeira obra contendo recomendações de práticas contratuais foi lançada pela Organização em 1957, com revisões em 1978 e 1999. Desde então foi ocorrendo a crescente utilização dos livros da FIDIC em contratos de engenharia em todo o mundo, sobretudo tendo em vista que muitos bancos mundiais, fundos de investimento e outros investidores condicionam os financiamentos de grandes projetos de engenharia à utilização destes livros.

No Brasil, a utilização dos padrões FIDIC em contratos públicos e privados ainda é modesta, mas já é possível notar sua aplicação e, em razão de sua larga aceitação ao redor do mundo, é provável que ocorra a expansão de sua adoção no país, conforme destacam Lukás Klee e Rafael Marinangelo:

> No Brasil, a importância de se conhecer a sistemática e o funcionamento dos padrões FIDIC reside na crescente participação de fundos privados e internacionais no financiamento de projetos e obras de infraestrutura, os quais, como visto, condicionam a aprovação dos investimentos ao uso dos livros FIDIC.
>
> Os investimentos de infraestrutura necessários para viabilizar a logística brasileira aos padrões mínimos de mobilidade e eficiência exigidos pela economia mundial alcançam a cifra de bilhões de reais. Só na malha rodoviária são precisos R$ 250 bilhões em investimentos para aumentar a integração nacional, garantir a segurança das pessoas e do transporte e até mesmo para efeitos de segurança nacional.
>
> No setor portuário, a previsão de investimento é de R$ 5 bilhões e há que se considerar, ainda, as áreas de saneamento básico, telecomunicações, petróleo e gás e energia elétrica, todos a exigirem maciços investimentos.
>
> Os padrões FIDIC, portanto, aparecem como importante instrumento regulatório das relações contratuais entre os participantes (players) do mercado de infraestrutura. (KLEE; MARINANGELO, 2014, p. 17)

O CRD apareceu pela primeira vez nos padrões FIDIC no Orange Book, em 1995, no art. 20 e atualmente faz parte da maioria dos padrões. O conselho de conflitos, conforme disposições dos arts. 20.2 e 20.6 do Red Book, é formado para solucionar as contendas entre as partes antes do início do processo de arbitragem. O detalhamento da aplicação deste método alternativo de resolução de disputas nos livros da FIDIC será abordado no tópico seguinte.

Neste contexto, verifica-se na atualidade a larga utilização deste método alternativo de resolução de conflitos em contratos de obras ao redor do mundo, apesar de ser ainda pouco adotado no Brasil. Desde 1975, milhares de projetos usaram o CRD nos Estados Unidos. Conforme destaca a advogada estadunidense especialista em projetos de construção Deborah Bovarnick Mastin, a Universidade de Washington, uma das primeiras a adotar o CRD em seus projetos de construções verticais, relata que durante os últimos vinte anos a instituição completou cerca de 60 projetos com um valor total de seis bilhões de dólares nos EUA que utilizaram o CRD. Durante todo esse tempo, ela vivenciou apenas duas audiências de disputas formais e quatro audiências de disputas informais, nenhuma arbitragem e nenhuma demanda judicial. Este exemplo representa um forte motivador para a adoção pelos contratantes dos mecanismos de CRD na execução de seus projetos de obras (MASTIN, 2013).

No Brasil, alguns exemplos de utilização deste método são o empreendimento da linha amarela do Metrô da cidade de São Paulo e as obras para os Jogos Olímpicos e Paraolímpicos Rio 2016, ambas constituindo obras públicas. Neste ponto, cumpre destacar a Lei nº 16.873/2018, que reconhece e regulamenta a instalação de Comitês de Prevenção e Solução de Disputas em contratos administrativos continuados celebrados pela Prefeitura de São Paulo. E ainda, o Projeto de Lei 206/2018, de autoria do Senador Antônio Anastasia, que prevê a adoção do CRD em contratos com a Administração Pública direta e indireta da União.

Ao redor do mundo, destacam-se o projeto de construção do Túnel do Canal da Mancha (Euro Túnel), um dos maiores projetos de infraestrutura desenvolvido na Europa, o projeto do Aeroporto Internacional de Hong Kong, um dos maiores projetos da indústria da construção, a Hidrelétrica Ertan na China, que foi o primeiro contrato de engenharia neste país a utilizar o CRD, as obras de expansão do Canal do Panamá, o projeto da Barragem de Katse na África do Sul, também pioneiro na utilização do CRD neste país, a reconstrução da estrada interestadual I-15 no Estado de Utah, nos Estados Unidos, dentre outros (CHERN, 2015).

3. A UTILIZAÇÃO DO CRD EM OBRAS PRIVADAS

No campo das relações privadas apresentam-se como características essenciais os princípios jurídicos da liberdade de contratar e da liberdade contratual, ambos derivados do princípio da autonomia privada. Segundo Fiuza (2002), "o princípio da autonomia privada consiste na liberdade de as pessoas regularem, através de contratos, seus interesses, respeitados os limites legais". A liberdade de contratar informa acerca da faculdade que as pessoas têm de celebrar ou não um contrato enquanto a liberdade contratual consiste na possibilidade destas mesmas pessoas, sejam físicas ou jurídicas, de estabelecer o conteúdo deste contrato. A positivação destes princípios encontra-se insculpida no art. 421 do Código Civil brasileiro, ao dispor que "a liberdade de contratar será exercida em razão e nos limites da função social do contrato" (BRASIL, 2002).

É neste contexto que se insere o CRD em obras privadas, ou seja, a adoção deste instituto em contratos de construção envolvendo particulares depende da inserção de cláusula contratual específica delimitando o âmbito de sua aplicação, a chamada cláusula compromissória escalonada. As partes passariam então a dispor de um mecanismo para evitar e resolver disputas surgidas durante a execução do contrato. As principais características deste mecanismo serão apresentadas a seguir.

O CRD pode ser formado por um ou mais profissionais selecionados pelas partes (contratante e contratado) de acordo com o que acordaram no contrato. Quando composto por três membros, cada parte escolherá um membro representante, os quais escolherão o terceiro, sendo este nomeado presidente do conselho de resolução de disputas. O Banco Mundial, por exemplo, exige que para projetos com valor acima de 50 milhões de dólares seja usado um CRD formado por três membros e um ou três membros para projetos de valor menor (THE WORLD BANK, 2003). Em geral, os membros são selecionados em razão de sua experiência, imparcialidade e comprometimento com o projeto (e não com qualquer parte do contrato).

Cumpre destacar que nas condições contratuais FIDIC, precisamente no art. 20.2 dos Red Book, Yellow Book e Silver Book, existe a previsão das partes escolherem os membros do conselho dentre vários profissionais constantes de uma lista incluída previamente no contrato. É comum os membros serem escolhidos por sua qualificação como mediadores, árbitros e membros de conselhos de conflitos. Como exemplo, citem-se as obras de preparação para os jogos olímpicos e paraolímpicos Rio 2016 na qual os diversos contratos firmados pelo Comitê Olímpico contém a cláusula de CRD, sendo que a Dispute Resolution Board Foundation – DRBF ficou responsável por selecionar e aplicar um treinamento para profissionais habilitados e de alta experiência nas áreas de engenharia, logística, construções, serviços técnicos, assessoria jurídica no setor de construção e suprimentos. Após completarem de forma satisfatória o treinamento os profissionais passaram então a fazer parte de uma lista de profissionais habilitados para atuar como membros de conselhos, lista esta utilizada como referência para as indicações.

O conselho deve ser constituído logo após a celebração do contrato e de preferência antes do início das obras e serviços. A utilização do CRD desde o início do projeto maximiza os benefícios e vantagens da utilização do mesmo. Conforme destaca Deborah Bovarnick Mastin:

> The best use of a Dispute Review Board is as an enhancement and support to your project management team; it facilitates communications among the owner, designer and contractor which allow them to address unplanned events before someone makes an expensive move. In fact, there is a growing trend in Australia, New Zealand and the USA to call Dispute Review Boards 'Dispute Avoidance Boards' or 'Dispute Avoidance Panels'. Dispute Board input is best introduced before a dispute arises, before any money has been spent to address unplanned events; otherwise, it´s just an expedited arbitration process. (MASTIN, 2013)

Os membros do CRD devem ter à sua disposição todos os documentos contratuais, tais como editais de concorrência e seus anexos, o contrato celebrado e eventuais alterações, diários de obras, correspondências trocadas entre as partes, relatórios, atas de reuniões, enfim toda a documentação relativa à execução do projeto. Desse modo, o CRD poderá acompanhar o progresso dos trabalhos e antecipar a ocorrência de qualquer disputa. A atuação do CRD seria como a de uma administração contratual, porém, atuando em prol de ambas as partes.

No apêndice do Red Book da FIDIC intitulado General Conditions of Dispute Adjudication Agreement em seu item 04 encontram-se as obrigações dos membros do CRD, que conforme dito, adota a forma de Comitê de Adjudicação, conhecido pela expressão inglesa Dispute Adjudication Board – DAB, das quais cumpre destacar a alínea "i", que dispõe acerca da necessidade de familiarização dos membros com o contrato e com o progresso das obras por meio do estudo de todos os documentos recebidos que devem ser mantidos em um arquivo de trabalho constantemente atualizado (KLEE; MARINANGELO, 2014).

Aqueles que trabalham com assessoria jurídica em contratos de engenharia reconhecem bem o valor de uma documentação bem construída e organizada ao longo da execução do contrato. Ao lado dos documentos contratuais, tais como o contrato e seus aditivos, os diários de obra, correspondências, e-mails e atas de reuniões, traduzem a realidade vivenciada durante os trabalhos e constituem a base sobre a qual se constrói um pleito/reinvindicação. Para um CRD a dinâmica é a mesma, os documentos disponibilizados pelas partes para análise dos membros serão fundamentais para instruir os trabalhos do Conselho, traduzindo a realidade encontrada nas obras e possibilitando o melhor atendimento da disputa submetida, daí a importância das partes produzirem e manterem de forma sistematizada um arquivo composto por toda a documentação referente às obras.

Outro ponto que reforça a eficiência de um CRD em solucionar os conflitos que surgem no seio de um contrato de engenharia são as visitas e reuniões periódicas realizadas pelos membros ao local de execução das obras e serviços. Ao realizarem visitas periódicas ao canteiro de obras e reuniões com as pessoas envolvidas na execução do projeto, os membros de um Conselho de Conflito têm a possibilidade de verificar in loco a familiaridade dos representantes das partes, engenheiros, arquitetos, fiscais de obra e equipes em geral com as nuances do projeto, além de poderem checar o progresso dos trabalhos e identificar potenciais disputas.

Esta dinâmica do CRD difere totalmente da análise de uma disputa por meio de demanda judicial ou até mesmo pela arbitragem. Nestas, o juiz ou árbitro se esforça para conhecer fatos já ocorridos, às vezes anos atrás, com base em relatos, fotografias e documentos contratuais e de registro do desenvolvimento das obras, uma tarefa árdua e que na maioria dos casos não possibilita a visão completa da realidade fática encontrada na execução do projeto.

Por exemplo, em uma demanda judicial cujo objeto é o pagamento de indenização em razão de desequilíbrio econômico-financeiro de um contrato de obra em razão da ocorrência de fatos imprevisíveis que deram causa ao alongamento do prazo contratual e consequente impacto sobre os custos diretos e indiretos do contratado, o juiz estará diante de registros, diários de obras, fotografias e outros documentos de registro, que podem muito bem demonstrar a ocorrência de tais fatos e o alongamento do prazo. No entanto, a contratante alega em sua defesa que o alongamento do prazo contratual teve como causa não a ocorrência dos fatos imprevisíveis, mas a incompetência técnica da contratada que não foi capaz de gerir e executar de forma eficaz o objeto contratual. Para o juiz da causa e eventual perito judicial nomeado, a apuração destes fatos com base tão somente em testemunhos e documentos contratuais e de registro das obras é uma tarefa difícil e que na maioria das vezes não traduz perfeitamente a realidade fática ocorrida, o que pode levar a uma decisão contrária ao interesse da parte lesada durante a execução do contrato.

Daí a importância destas visitas e reuniões, pois colocam os membros de um CRD em contato direto e em tempo real com a execução do projeto, permitindo uma visão antecipada de eventuais conflitos e contribuindo para a prevenção de disputas ou para uma atuação mais eficaz em sua resolução.

No que tange à frequência das visitas ao canteiro de obras, destaca Chern (2015) que vai depender da natureza dos trabalhos, do processo de desenvolvimento das atividades de construção e do número de potenciais ou atuais disputas, sendo que em projetos muito complexos as visitas devem ser mais frequentes, talvez a cada três meses. Informa ainda o autor que, sempre que necessário, as visitas ao local devem ser combinadas com audiências para solução de atuais disputas. Como exemplo, cite-se o projeto de execução da Usina de turbina a gás Saltend no nordeste da Inglaterra, um projeto de valor aproximado em US$200 milhões e período de duração de 1997-2000, cuja cláusula de CRD prevista no contrato dispunha sobre a realização de visitas semestrais ao local das obras, sendo que no total foram realizadas seis visitas pelos membros do Conselho.

Neste particular, é importante frisar que o Apêndice do Red Book da FIDIC em seu item 04, que dispõe sobre as obrigações gerais dos membros de um CRD, tem-se a previsão na alínea "h" de que o membro deve assegurar total disponibilidade para todas as visitas ao local das obras, bem como para as audiências necessárias (KLEE; MARINANGELO, 2014).

Outra questão importante relacionada às visitas realizadas ao local das obras é sobre a emissão de relatórios por parte de um CRD logo após a realização das mesmas. Neste relatório, o Conselho vai apresentar conclusões sobre a visita, apontando potenciais disputas e indicando a necessidade de encaminhá-las para resolução. Esta prática agrega maior controle sobre o desenvolvimento das obras objeto do contrato, na medida em que tais relatórios ao apontarem potenciais disputas alertam todos os envolvidos na execução do projeto sobre a possibilidade do surgimento das mesmas e, portanto, sobre a necessidade de sua mitigação ou resolução.

Caso eventual disputa não seja solucionada pelas próprias partes, então a questão deverá ser submetida à apreciação do CRD. O procedimento a ser seguido pode variar conforme as regras estabelecidas pelas partes no contrato, como por exemplo, a adoção das normas da FIDIC ou dos procedimentos adotados pela DRBF, no entanto, em geral as disputas têm início com a apresentação, por escrito, de cada parte, de suas razões ao Conselho e com cópia à outra parte, antes da realização da audiência. No Red Book da FIDIC, em sua cláusula 20.4, as razões apresentadas pela parte devem ser encaminhadas também para o engenheiro responsável pela execução da obra e o DAB tem um prazo de 84 dias (ou outro prazo acordado pelas partes) contado do recebimento das razões escritas para emitir sua decisão (KLEE; MARINANGELO, 2014).

Cumpre frisar que estas razões escritas não devem ser elaboradas como petições judiciais, em uma sistemática de ataque-defesa, pois uma das finalidades de um CRD é servir como alternativa aos procedimentos arbitrais ou judiciais e, portanto, o clima de confronto deve ser evitado a todo custo sob pena de desvirtuar e prejudicar a aplicação do instituto. Esta questão deve ficar clara para os advogados da empresa que é parte no contrato, já que normalmente são eles os profissionais responsáveis pela redação de pleitos, ações judiciais, notificações, etc.

Neste particular, cumpre destacar que a depender do procedimento de CRD adotado, a figura do advogado da parte, que representa a mesma nas reuniões e audiências pode ter sua atuação bastante restringida. Deborah Bovarnick Mastin, ao relatar sua experiência no Dispute Review Board constituído na execução do projeto de expansão do Aeroporto Internacional de Miami Terminal Norte, com valor próximo a US$2 bilhões, destaca que em razão de especificações do próprio Aeroporto, advogados não eram autorizados a participar das reuniões do Conselho e que desde o início até a finalização do contrato, nenhum advogado representando qualquer das partes participou de qualquer reunião do CRD instalado. Interessante registrar ainda que, conforme informa a autora, a execução deste projeto terminou sem a apresentação de *claims*, sem a necessidade de mediação, arbitragem, e sem demandas judiciais, sendo que em 2011, o projeto ganhou o prêmio de Ouro da Construction Owners Association of America por administração contratual exemplar (MASTIN, 2013).

As razões escritas apresentadas pelas partes podem abordar disposições contratuais e fazer referência a documentos relevantes sobre o desenvolvimento das obras. Chern (2015) destaca que as submissões não devem ser muito extensas, como se fossem reinvindicações, o que no entendimento dos Autores do presente artigo é algo bem difícil de controlar, já que em última instância, as partes objetivam obter um provimento favorável do Conselho, razão pela qual vão querer apresentar o máximo de argumentos e provas possíveis, apesar do ideal por trás de um CRD não ser o mesmo de uma demanda judicial.

Um conjunto de documentos, de preferência já conhecidos e acordados pelas partes podem ser apresentados. Caso necessário, informações adicionais podem ser solicitadas pelo Conselho. Ambas as partes devem estar presentes ao longo da audiência designada e o CRD constituído não deve nunca receber informação confidencial sobre a disputa de qualquer das partes. Na audiência o Conselho ouve todas as razões e argumentos das partes e pode fazer perguntas para esclarecer algum ponto e delimitar ainda mais a disputa. Testemunhas sobre fatos envolvendo a disputa podem ser utilizadas. Chern (2015) informa que o uso de peritos é incomum, já que os membros de um CRD são eles próprios profissionais da construção civil que trazem para o projeto toda sua experiência. No entanto, ressalva que a presença de peritos não é de todo rejeitada e os mesmos podem agregar valor.

Encerradas as visitas, audiências e reuniões, os membros do CRD, com base em sua expertise e em tudo que viram, ouviram e leram, irão deliberar sobre o caso e emitir um relatório escrito apresentando sua decisão. Acerca deste ponto cumpre citar a explicação de Cyril Chern sobre a necessidade do CRD emitir uma decisão por unanimidade de seus membros, apesar de decisões por maioria serem permitidas:

> It is clearly preferable for the dispute board to act as a single entity and give unanimous decisions. While provisions may allow the dispute board to give majority decisions (with minority opinions), this would be unusual and unsatisfactory. If the members hold differing views, these can often be incorporated within the decision without adversely affecting the final outcome. Unanimous decisions engender confidence in the dispute

> board process and more likely to result in a settlement. Under some dispute board provisions, arbitration is only permitted in the event of a non-unanimous dispute board decision. (CHERN, 2015, p. 24)

Como se vê, é importante que o CRD emita uma decisão por unanimidade por razões de credibilidade e confiança das partes no trabalho que foi desenvolvido, aumentando as chances de resolução da disputa. Daí ser de extrema relevância a previsão no contrato da aplicação de procedimento arbitral apenas se não houver unanimidade na decisão do Conselho.

O Red Book da FIDIC dispõe em sua cláusula 20.4 que no caso das partes não concordarem com a decisão do DAB constituído, elas têm o prazo de 28 dias após o recebimento da decisão para comunicar a outra parte de sua insatisfação com o provimento. Pelo procedimento da FIDIC, nenhuma das partes pode dar início ao procedimento arbitral sem que antes tenha formalmente comunicado a outra parte de sua insatisfação nos termos da cláusula 20.4. E ainda assim, antes de dar início à arbitragem, dispõe a cláusula 20.5 que as partes devem tentar resolver a disputa de forma amigável (KLEE; MARINANGELO, 2014).

Por fim, cumpre destacar que o produto de um CRD é sua decisão por escrito acerca da disputa surgida no seio da execução do contrato. Uma decisão emitida por profissionais escolhidos pelas partes com comprovada experiência profissional acerca do objeto contratual. Neste contexto, a decisão expedida pelo órgão representa uma opinião técnica com significativo peso e pode influenciar sobremaneira a resolução de futuras disputas acerca das mesmas questões ou de questões semelhantes, seja na arbitragem ou em demanda judicial. Sobre este ponto, frise-se que a cláusula 20.6 do Red Book da FIDIC dispõe que qualquer decisão do DAB é admissível como prova no procedimento arbitral.

Assim, verifica-se que as partes ao longo da execução do contrato dispõem de uma ferramenta que possibilita o pronto atendimento de disputas por meio de decisões abalizadas, sendo que estas decisões podem ainda serem utilizadas para instruir qualquer demanda futura, seja a favor ou contra as partes envolvidas na contenda. Isto por si só representa um elemento de dissuasão para a parte que tendo sido vencida pela decisão do Conselho queira prolongar a disputa para a via arbitral ou judicial.

Cumpre analisar ainda o custo de implantação desta ferramenta no contrato de engenharia. Quando comparado com os custos de uma arbitragem ou de uma demanda judicial, os Conselhos de Resolução de Disputas podem ser uma alternativa bem mais econômica, sobretudo levando em consideração o tempo dispendido para alcançar uma solução para o conflito. Chern (2015) explica que o custo estimado pode variar entre 0.015% e 0.045% dos custos totais do projeto. Por óbvio, quanto maior e mais complexo o projeto mais fácil se torna justificar as despesas de um CRD, no entanto, em projetos menores existe a possibilidade de se utilizar a modalidade com apenas um membro, diminuindo significativamente os custos envolvidos.

Deborah Bovarnick Mastin (2013) destaca que o Departamento de Transporte da Flórida nos Estados Unidos calcula que gasta menos de 0,1% do custo do projeto com seus Dispute Review Boards e com isso evita gastar milhões de dólares com honorários advocatícios, honorários de consultores e perda de produtividade de seu pessoal. A autora explica também que o custo de um CRD é fixo e depende da frequência das reuniões e do tamanho do projeto, sendo que honorários em torno de US$ 2.000 por dia e por membro não são incomuns. É comum que os custos sejam compartilhados entre as partes, porém, alguns contratantes preferem pagar o custo total das reuniões regulares de um Dispute Board e apenas compartilhar com o contratado os custos de audiências para solução de disputas.

Cyril Chern aborda de igual modo o compartilhamento dos custos e acrescenta que alguns usuários visualizam a despesa de um DRB como um prêmio de seguro contra procedimentos mais caros, tais como os custos com litígios judiciais e atrasos na obra:

> It is usual that the cost of a dispute board is shared equally by the contracting parties – some users viewing the expense of a dispute board as an insurance premium against more costly procedures. Indeed, it should be noted that many contractors and

> employers look at the cost of a dispute board as just another form of insurance on the project – insurance in this case against the uncapped costs of litigation and the delays that arise when parties are forced to resolve their disputes through typical forms of litigation. (CHERN, 2015)

Despesas com demandas judiciais decorrentes de contratos de engenharia podem ser bastante onerosas, tendo em vista que os valores envolvidos costumam ser bem altos, acrescentam-se ainda juros e correção monetária, é necessário contratar advogados especializados, assim como, na grande maioria das vezes, peritos assistentes. Some-se a tudo isso o tempo de duração de um procedimento judicial e de fato verifica-se que a adoção de um Comitê de Resolução de Disputas no contrato se apresenta como ferramenta essencial para se evitar essa onerosidade advinda de futuro litígio judicial.

Por fim, cumpre destacar que a adoção do CRD em obras privadas contribui para a manutenção do equilíbrio econômico-financeiro do contrato, na medida em que tem o escopo de prevenir o surgimento de conflitos e atuar de forma sistemática em sua solução, caso venham a se materializar. Neste contexto, importante contextualizar os leitores acerca deste instituto e como ele se relaciona com a utilização dos CRDs.

4. O CRD COMO MECANISMO DE MANUTENÇÃO DO EQUILÍBRIO ECONÔMICO-FINANCEIRO CONTRATUAL

Como se sabe, o equilíbrio econômico-financeiro é a garantia contratual aplicada na esfera pública e privada que assegura a manutenção das condições iniciais em que o contrato foi celebrado, assegurando a efetivação de sua função social de forma que a realização do objeto contratado não seja fonte de enriquecimento de uma das partes às custas da ruína da outra (RUGGIO, 2015).

Fortini e Pires (2015) explicam que a ideia do equilíbrio econômico-financeiro surge no âmbito privado com a acolhida, desde o início do século XIX, da cláusula rebus sic standibus, segundo a qual circunstâncias excepcionais, que afetassem as prestações e contraprestações, ensejariam a recomposição das condições inicialmente estipuladas. Esta cláusula, na ótica do direito privado, flexibilizou a aplicação da força obrigatória dos contratos representada pelo brocardo jurídico pacta sunt servanda, com a finalidade de proteção das garantias fundamentais, tais como igualdade e vedação de enriquecimento ilícito.

No âmbito público, é largamente aceito que a noção de equilíbrio econômico-financeiro surge na França, precisamente com a jurisprudência do Conselho de Estado francês, órgão de cúpula da jurisdição administrativa francesa. Maria Sylvia Zanella Di Pietro, em sua obra "Parcerias na Administração Pública", após citar trecho de decisão proferida por referido Conselho no arresto de interesse da Cie. Française des Trammways, de 11-3-1910, apresenta esclarecimentos acerca do desenvolvimento do instituto:

> A partir daí foi-se desenvolvendo, na jurisprudência do mesmo Tribunal uma série de teorias, encampadas por vários outros países, inclusive o nosso, e que permitem hoje falar na mutabilidade do contrato administrativo, como uma de suas características essenciais, e à qual corresponde o direito do contratado à manutenção do equilíbrio econômico-financeiro do contrato. Nesse sentido, as teorias do fato do príncipe e do fato da administração, a teoria da imprevisão, a que reconhece o poder de alteração unilateral do contrato pela administração. Os princípios tradicionais do contrato, entre os quais o pacta sunt servanda, foram sendo superados pela ideia de que o serviço público não pode parar e, em consequência, a de que podem ser feitas alterações, em especial nas cláusulas financeiras, necessárias para permitir a continuidade do contrato. (DI PIETRO, 2009, p. 98)

Na atualidade, a doutrina e a jurisprudência pátria reconhecem que a ideia de equilíbrio econômico-financeiro constitui um direito constitucional, previsto expressamente na Constituição Federal em seu art. 37, XXI:

> Art. 37. A administração pública direta e indireta de qualquer dos Poderes da União, dos Estados, do Distrito Federal e dos Municípios obedecerá aos princípios de legalidade, impessoalidade, moralidade, publicidade e eficiência e, também, ao seguinte:

> XXI – ressalvados os casos especificados na legislação, as obras, serviços, compras e alienações serão contratados mediante processo de licitação pública que assegure igualdade de condições a todos os concorrentes, com cláusulas que estabeleçam obrigações de pagamento, *mantidas as condições efetivas da proposta,* nos termos da lei, o qual somente permitirá as exigências de qualificação técnica e econômica indispensáveis à garantia do cumprimento das obrigações. (BRASIL, 1988) (grifo nosso)

Marçal Justen Filho (2014) afirma que "o princípio da tutela à equação econômico-financeira do contrato administrativo tem sede constitucional. Relaciona-se a certos postulados assegurados pela CF/1998". Dentre estes postulados, o autor cita o art. 37, XXI como regra constitucional específica.

Fortini e Pires, após apresentarem os argumentos de doutrinadores contrários ao posicionamento supra, também se posicionam favoráveis ao reconhecimento de um direito constitucional expresso no art. 37, XXI, nos seguintes termos:

> A despeito dos relevantes argumentos suscitados pelos autores, parece-nos que a menção constitucional à manutenção das condições efetivas da proposta, traduz, no ordenamento jurídico pátrio, o princípio do equilíbrio econômico-financeiro aplicável aos contratos administrativos. Tal orientação não importa, contudo, na concepção de que a equação econômico-financeira será estática, e que qualquer alteração quantitativa ou qualitativa será necessariamente recondutível à revisão. (FORTINI; PIRES, 2015, p. 290)

No mesmo sentido encontra-se a jurisprudência pátria:

> *Tribunal de Contas da União*
>
> ACÓRDÃO 2933/2011 ATA 49 – PLENÁRIO
>
> Relator: VALMIR CAMPELO – PEDIDO DE REEXAME. CONSTRUÇÃO DA FERROVIA NORTE-SUL, TRECHO ANÁPOLIS-URUAÇU, EM GOIÁS. ACÓRDÃO 2.500/2010-P. DETERMINAÇÃO PARA EXPURGO DA CPMF DOS CONTRATOS DE CONSTRUÇÃO DA FERROVIA EM FACE DA EXTINÇÃO DO TRIBUTO. PEDIDO DE REEXAME. CONHECIMENTO. NÃO PROVIMENTO. ALTERAÇÃO DA REDAÇÃO DO ACÓRDÃO RECORRIDO. COMUNICAÇÕES.

A formalização de aditivos 'por acordo entre as partes', com base no art. 65, inciso II, da Lei 8.666/93, não se confunde com alterações contratuais 'optativas', sendo obrigatórias quando subverterem o equilíbrio econômico-financeiro dos contratos, de raiz constitucional. Havendo alteração da carga tributária após a data da apresentação da proposta, com comprovada repercussão nos preços contratados, decorre a necessária revisão da avença. Diário Oficial da União: vide data do *DOU* na ATA 49 – Plenário, de 09/11/2011.

Superior Tribunal de Justiça

ROMS 200200898074

ROMS – RECURSO ORDINARIO EM MANDADO DE SEGURANÇA – 15154

Relator(a): LUIZ FUX

Sigla do órgão: STJ

Órgão julgador: PRIMEIRA TURMA

Fonte: *DJ* DATA:02/12/2002 PG:00222 RSTJ VOL.:00174 PG:00133

CONTRATO ADMINISTRATIVO. EQUAÇÃO ECONÔMICO-FINANCEIRA DO VÍNCULO. DESVALORIZAÇÃO DO REAL. JANEIRO DE 1999. ALTERAÇÃO DE CLÁUSULA REFERENTE AO PREÇO. APLICAÇÃO DA TEORIA DA IMPREVISÃO E FATO DO PRÍNCIPE. 1. A novel cultura acerca do contrato administrativo encarta, como nuclear no regime do vínculo, a proteção do equilíbrio econômico-financeiro do negócio jurídico de direito público, assertiva que se infere do disposto na legislação infralegal específica (arts. 57, §1º, 58, §§1º e 2º, 65, II, d, 88, §5º e 6º, da Lei 8.666/93. Deveras, a Constituição Federal ao insculpir os princípios intransponíveis do art. 37 que iluminam a atividade da administração à luz da cláusula mater da moralidade, torna clara a necessidade de manter-se esse equilíbrio, ao realçar as 'condições efetivas da proposta'. 2. O episódio ocorrido em janeiro de 1999, consubstanciado na súbita desvalorização da moeda nacional (real) frente ao dólar norte-americano, configurou causa excepcional de mutabilidade dos contratos administrativos, com vistas à manutenção do equilíbrio econômico-financeiro das partes. 3. Rompimento abrupto da equação econômico-financeira do contrato. Impossibilidade de início da execução com a prevenção de danos maiores. *(ad impossiblia*

> *memo tenetur)*. 4. Prevendo a lei a possibilidade de suspensão do cumprimento do contrato pela verificação da exceptio non adimplet contractus imputável à administração, a fortiori, implica admitir sustar-se o 'início da execução', quando desde logo verificável a incidência da 'imprevisão' ocorrente no interregno em que a administração postergou os trabalhos. Sanção injustamente aplicável ao contratado, removida pelo provimento do recurso. 5. Recurso Ordinário provido.

Importante destacar o posicionamento de Maria Sylvia Zanella Di Pietro (2009) que afirma na atualidade ser pacificamente aceita a ideia de que o equilíbrio econômico-financeiro constitui-se em direito do particular e que esta ideia está tão consolidada na doutrina e jurisprudência, que tal direito seria reconhecido ainda que não previsto em lei ou no contrato. Isto porque a teoria do equilíbrio econômico baseia-se em princípios maiores, que independem de previsão no direito positivo, sendo eles:

a) O princípio da equidade, que impede que uma das partes experimente locupletamento ilícito em detrimento da outra;

b) O princípio da razoabilidade, que exige proporção entre o custo e o benefício;

c) O princípio da continuidade do contrato administrativo, que determina a manutenção do equilíbrio econômico-financeiro indispensável para assegurar a continuidade do contrato;

d) O princípio da indisponibilidade do interesse público, pois, se o contrato é necessário para atender a alguma necessidade imperiosa da Administração, a esta incumbe assegurar sua continuidade, recompondo o equilíbrio econômico-financeiro do contrato.

No plano infraconstitucional, o instituto do equilíbrio econômico-financeiro encontra previsão na Lei 8.666/93 (Lei de Licitações e Contratos Administrativos), assim como no Código Civil brasileiro.

Os artigos 57, §1º e 65, II, "d" da Lei 8.666/93 mencionam expressamente o instituto, sendo que este último apresenta uma série de hipóteses, tais como, fato do príncipe, fatos supervenientes imprevistos, caso fortuito, força maior, dentre outros, que uma vez verificadas ao longo da execução do contrato autorizam a recomposição da equação econômico-financeira, entendida esta como "a relação entre encargos e vantagens assumidas pelas partes do contrato administrativo, estabelecida por ocasião da contratação, e que deverá ser preservada ao longo da execução do contrato" (JUSTEN FILHO, 2014, p. 543).

Assim determina o art. 65, II, "d" da Lei 8.666/1993:

> Lei 8.666/1993
>
> Art. 65. Os contratos regidos por esta Lei poderão ser alterados, com as devidas justificativas, nos seguintes casos:
>
> (...);
>
> II – por acordo das partes:
>
> (...);
>
> d) para restabelecer a relação que as partes pactuaram inicialmente entre os encargos do contratado e a retribuição da administração para a justa remuneração da obra, serviço ou fornecimento, objetivando a manutenção do equilíbrio econômico-financeiro inicial do contrato, na hipótese de sobrevirem fatos imprevisíveis, ou previsíveis porém de consequências incalculáveis, retardadores ou impeditivos da execução do ajustado, ou, ainda, em caso de força maior, caso fortuito ou fato do príncipe, configurando álea econômica extraordinária e extracontratual. (BRASIL, 1993)

É aceito pela doutrina e jurisprudência pátria que o rompimento do equilíbrio econômico-financeiro e o reconhecimento do direito ao seu restabelecimento depende da presença de dois pressupostos básicos:

- Ocorrência superveniente de eventos extraordinários, de cunho imprevisível ou de efeitos incalculáveis; e
- Ampliação dos encargos e (ou) a redução das vantagens originalmente previstas (JUSTEN FILHO, 2014, p. 547).

Constatada a presença destes dois pressupostos na análise do caso concreto, independente de qual das hipóteses arroladas no art. 65, II, "d" foi a causa do rompimento da equação econômico-financeira do contrato, a Lei 8.666/1993 apresenta solução jurídica uniforme ao determinar, como regra geral, que caberá promover o restabelecimento do equilíbrio econômico-financeiro da avença celebrada.

Nesse sentido segue a jurisprudência pátria:

> *Superior Tribunal de Justiça*
>
> 2. Persiste o dever de indenizar os prejuízos causados em decorrência de interrupção temporária de obra pública, por iniciativa da Administração. 3. Embora legítima a interrupção contratual, impõe-se o dever de indenizar os prejuízos suportados pelo particular em decorrência da paralisação, para resguardar a manutenção do equilíbrio econômico – financeiro do contrato. (STJ – REsp 734.696/SP, 2ª T., rel. Min. Eliana Calmon, J. 16.10.2007, *DJe* 07.04.2009).
>
> *Superior Tribunal de Justiça*
>
> 1. É assente nos contratos administrativos a possibilidade de sua revisão à luz da cláusula rebus sic standibus, hoje consagrada na Lei das Licitações, verbis: Art. 65. (...). (STJ – REsp 612.123/SP, 1ª T., rel. Min. Luiz Fux, j. 08.03.2005, *DJ* 29.08.2005).
>
> *Tribunal de Contas da União*
>
> (...) alinho-me ao entendimento da Secob-2 no sentido de que o aumento de preço causado por fato novo – mesmo que de terceiro – que resulte em insuportável esforço para a contratada, justifica a aplicação da teoria da imprevisão adotada pela legislação pátria, em especial, pela Lei 8.666/1993 (...) não se mostrando razoável, sob pena de enriquecimento sem causa do Estado, compelir a contratada a arcar com tais riscos. (TCU – Acordão 30/2012, Plenário, rel. Min. Aroldo Cedraz, j. 18.01.2012, *DOU* 18.01.2012).

Ainda no plano infraconstitucional e consentâneo com o objeto deste artigo que é a utilização do CRD em obras privadas, destaca-se também a previsão do instituto no Código Civil brasileiro, em especial nos artigos 478 a 479:

> Seção IV
>
> Da Resolução por Onerosidade Excessiva
>
> Art. 478. Nos contratos de execução continuada ou diferida, se a prestação de uma das partes se tornar excessivamente onerosa,

> com extrema vantagem para a outra, em virtude de acontecimentos extraordinários e imprevisíveis, poderá o devedor pedir a resolução do contrato. Os efeitos da sentença que a decretar retroagirão à data da citação.
>
> Art. 479. A resolução poderá ser evitada, oferecendo-se o réu a modificar equitativamente as condições do contrato.
>
> Art. 480. Se no contrato as obrigações couberem a apenas uma das partes, poderá ela pleitear que a sua prestação seja reduzida, ou alterado o modo de executá-la, a fim de evitar a onerosidade excessiva. (BRASIL, 2002)

Jones Figueiredo Alves (2012) explica que o artigo 478 introduz no Código Civil brasileiro a fórmula rebus sic standibus ("enquanto as coisas estão assim"), sob inspiração do art. 1.467 do Código Civil italiano, referindo-se aos contratos de execução continuada ou diferida (de trato sucessivo ou a termo) em que é possível aplicar-se a teoria da imprevisão, limitadora do pacta sunt servanda, princípio que rege a força obrigatória dos contratos.

A jurisprudência pátria se posiciona no mesmo sentido:

> Superior Tribunal de Justiça
>
> (...) 1. A revisão dos contratos é possível em razão da relativização do princípio pacta sunt servanda, para afastar eventuais ilegalidades, ainda que tenha havido quitação ou novação. 2. A compensação de valores e a repetição de indébito são cabíveis sempre que verificado o pagamento indevido, em repúdio ao enriquecimento ilícito de quem o receber, independentemente da comprovação do erro. Precedentes. (...) 4. Agravo regimental improvido (STJ, 4ª T., Rel. Min. Hélio Quaglia Barbosa; AgRg no REsp 879.268/RS, *DJU*, 12-3-2007).

Cumpre ainda destacar os Enunciados do Conselho da Justiça Federal sobre o tema, aprovados nas Jornadas de Direito Civil, que auxiliam na interpretação dos dispositivos em comento e do instituto como um todo[4]:

---

[4] CJF – *Enunciados*. Disponível em: http://www.cjf.jus.br/enunciados/. Acesso em: 23 jun. 2015.

- *Enunciado n. 175: A menção à imprevisibilidade e à extraordinariedade, insertas no art. 478 do Código Civil, deve ser interpretada não somente em relação ao fato que gere o desequilíbrio, mas também em relação às consequências que ele produz.* (Enunciado aprovado na III Jornada de Direito Civil, de 2004).

- *Enunciado n. 176: Em atenção ao princípio da conservação dos negócios jurídicos, o art. 478 do Código Civil de 2002 deverá conduzir, sempre que possível, à revisão judicial dos contratos e não à resolução contratual.* (Enunciado aprovado III Jornada de Direito Civil, de 2004).

- *Enunciado n. 365: A extrema vantagem do art. 478 deve ser interpretada como elemento acidental da alteração das circunstâncias, que comporta a incidência da resolução ou revisão do negócio por onerosidade excessiva, independentemente de sua demonstração plena.* (Enunciado aprovado na IV Jornada de Direito Civil, de 2006).

- *Enunciado n. 366: O fato extraordinário e imprevisível causador de onerosidade excessiva é aquele que não está coberto objetivamente pelos riscos próprios da contratação.* (Enunciado aprovado na IV Jornada de Direito Civil, de 2006).

- *Enunciado n. 367: Em observância ao princípio da conservação do contrato, nas ações que tenham por objeto a resolução do pacto por excessiva onerosidade, pode o juiz modificá-lo equitativamente, desde que ouvida a parte autora, respeitada sua vontade e observado o contraditório.* (Enunciado aprovado na IV Jornada de Direito Civil, de 2006).

Assente, portanto, na premissa de que o equilíbrio econômico-financeiro é um direito constitucional assegurado ao particular que contrata com a Administração Pública e previsto também no âmbito privado, é forçoso reconhecer que o CRD constituído no seio de um contrato público ou privado[5], atua também como mecanismo de preservação deste equilíbrio, na medida em que este comitê de profissionais especializados no objeto do contrato e constituído desde o início de execução dos serviços, tem a capacidade de antecipar eventuais disputas e solucioná-las de modo a atender de forma satisfatória os interesses das partes envolvidas.

Aqueles que trabalham na assessoria jurídica em gestão de contratos de obra sabem que a quase totalidade dos contratos de engenharia, seja no âmbito público ou privado, não se encerram sem que sejam apresentados pleitos/*claims* pelas partes envolvidas, tendo em vista a própria natureza deste tipo de contrato, sujeito que está a variados riscos, como ocorrência de fatos imprevisíveis, falhas de projetos, demora na liberação de áreas, chuvas extraordinárias, atraso na obtenção de licenças ambientais, etc. As disputas que embasam a elaboração destas reinvindicações na grande maioria das vezes têm como fundamento tais fatos que ocasionam o rompimento do equilíbrio econômico-financeiro contratual. Em obras privadas a superveniência destes fatos extraordinários pode ocasionar o que o Código Civil Brasileiro denomina em seu art. 478 de excessiva onerosidade para uma das partes com extrema vantagem para a outra, o que permitiria a resolução do contrato ou sua composição, como forma de preservar sua função social, insculpida no art. 421 do mesmo diploma legal:

> *Código Civil*
>
> Art. 421. A liberdade de contratar será exercida em razão e nos limites da função social do contrato. (BRASIL, 2002)

---

[5] Para uma abordagem acerca do equilíbrio econômico-financeiro em contratos de parcerias público-privadas, vide: RUGGIO, Rodrigo Alves Pinto. O Equilíbrio Econômico-Financeiro em Parcerias Público-Privadas e a Importância da Administração Contratual. *In*: BERNARDES, Edson Garcia (Org.). *Administração Contratual e Claim*: Coexistência Pacífica dos Aspectos Jurídicos e de Engenharia em Obras. São Paulo: PINI, 2015.

A constituição de um Comitê de Resolução de Disputas no contrato de engenharia, criado para atuar desde o início da execução do objeto, tem a capacidade de evitar e/ou mitigar a ocorrência desta onerosidade excessiva, na medida em que composto por profissionais com comprovada experiência no ramo da construção civil, aptos a alertar e aconselhar as partes sobre o surgimento de eventuais disputas, bem como provê-las de uma decisão acertada e condizente com a realidade fática encontrada durante os trabalhos, já que seus membros acompanham todo o desenvolvimento contratual.

Esta dinâmica de operação do CRD, com visitas dos experts ao canteiro de obras, reuniões regulares com os engenheiros e demais envolvidos, emissão periódica de relatórios, estudo e análise dos documentos contratuais, enfim, uma atuação proativa voltada para a resolução de disputas, funciona como um mecanismo de manutenção do equilíbrio econômico-financeiro do contrato, gerando benefícios tanto para o contratante, que poderá contar com a eliminação ou mitigação de pleitos, procedimentos arbitrais e/ou demandas judiciais, assim como para o contratado, que poderá contar com um desenvolvimento contratual saudável, célere e dentro do que foi orçado quando da celebração do negócio jurídico.

Neste prisma, é fácil notar como o CRD difere de outras modalidades de resolução de conflitos aplicadas aos contratos de engenharia, como a mediação e arbitragem, modalidades estas normalmente adotadas após a ocorrência de um conflito e, não raras vezes, do rompimento do equilíbrio econômico-financeiro do negócio celebrado. O CRD tem a capacidade de atuar na prevenção do conflito, sendo esta sua principal característica de mecanismo de manutenção do equilíbrio econômico-financeiro do contrato.

5. CONCLUSÃO

Contratos de engenharia são complexos por natureza, expostos que estão a variados riscos como a superveniência de fatos extraordinários e imprevisíveis ou previsíveis, porém de consequências incalculáveis, falhas de projetos, falta de liberação de áreas, eventos da natureza, atrasos na outorga de licenças ambientais, dentre outras. A ocorrência destes fatos em contratos de engenharia no Brasil na maioria das vezes conduz ao surgimento de disputas que são formalizadas por meio de pleitos/reinvindicações/*claims* ou são submetidas à mediação, arbitragem ou ao Poder Judiciário.

O surgimento já há algum tempo nos EUA de uma nova modalidade de resolução de disputas em contratos de engenharia e ainda de tímida aplicação no Brasil, o denominado Dispute Board ou Comitê de Resolução de Disputas – CRD, representa a possibilidade de romper com esta sistemática e modificar a forma como são executados os contratos e solucionadas as disputas.

O instituto é estruturado de maneira a possibilitar o acompanhamento das obras por um comitê formado por profissionais qualificados e com experiência no objeto do contrato, aptos a orientar, recomendar e assessorar as partes, seja na prevenção das disputas ou em sua resolução.

Ao atuar de forma proativa, constituído no início das obras e serviços, o CRD passa a estar totalmente integrado com a execução do contrato por meio de visitas periódicas ao canteiro de obras, reuniões com os engenheiros, fiscais e representantes das partes, emissão de relatórios sobre o desenvolvimentos dos trabalhos e apreciação de eventuais disputas que lhe sejam submetidas, ocasião em que tem a capacidade de emitir uma decisão abalizada e condizente com a realidade fática encontrada durante a execução do contrato.

Toda esta dinâmica do CRD atua em prol da prevenção e/ou mitigação dos conflitos surgidos no seio de um contrato de engenharia, razão pela qual referida modalidade de solução de controvérsias pode ser visualizada como um mecanismo de manutenção do equilíbrio econômico-financeiro contratual, evitando a onerosidade excessiva a que alude o Código Civil brasileiro. Tal fato pode ser corroborado pela crescente aplicação e sucessos obtidos em contratos de construção civil e infraestrutura ao redor do mundo, bem como pela adoção do instituto nos padrões de contratação da FIDIC e sua exigência por instituições financeiras internacionais como o Banco Mundial e o Banco Interamericano de Desenvolvimento – BID.

Desse modo, a promoção do Comitê de Resolução de Disputas – CRD como modalidade alternativa de solução de controvérsias em contratos de engenharia no Brasil é medida que se impõe como forma de atribuir maior eficácia no tratamento dos conflitos e efetivação do princípio da função social do contrato.

REFERÊNCIAS

ALVES, Jones Figueiredo. *Código Civil Comentado*. Coordenadora Regina Beatriz Tavares da Silva. 8. ed. de acordo com a Emenda Constitucional n. 66/2010 e as Leis n. 12.344/2010, n. 12.424/2011, n. 12.441/2011 e n. 12.470/2011. São Paulo: Saraiva, 2012.

BRASIL. *Constituição da República Federativa do Brasil de 1988*. Disponível em: http://www.planalto.gov.br/ccivil_03/constituicao/constituicaocompilado.htm. Acesso em: 10 maio 2015.

BRASIL. *Lei nº 8.666, de 21 de junho de 1993*. Disponível em: http://www.planalto.gov.br/ccivil_03/leis/l8666cons.htm. Acesso em: 10 maio 2015.

BRASIL. *Lei nº 10.406, de 10 de janeiro de 2002*. Institui o Código Civil. Disponível em: http://www.planalto.gov.br/ccivil_03/leis/2002/L10406.htm. Acesso em: 10 fev. 2016.

BRASIL. *Lei nº 16.873, de 22 de fevereiro de 2018*. Disponível em: https://leismunicipais.com.br/a/sp/s/sao-paulo/lei-ordinaria/2018/1688/16873/lei-ordinaria-n-16873-2018-reconhece-e-regulamenta-a-instalacao-de-comites-de-prevencao-e-solucao-de-disputas-em-contratos-

-administrativos-continuados-celebrados-pela-prefeitura-de-sao-paulo. Acesso em: 15 maio 2018.

BRASIL. *PL nº 206, de 2018*. Disponível em: https://www25.senado.leg.br/web/atividade/materias/-/materia/133057. Acesso em: 15 maio 2018.

CHERN, Cyril. *Chern on Dispute Boards*: Practice and Procedure. Third Edition. New York: Informa Law From Routledge, 2015.

CJF. Conselho da Justiça Federal. *Enunciados*. Disponível em: http://www.cjf.jus.br/enunciados/. Acesso em: 23 jun. 2015.

DI PIETRO, Maria Sylvia Zanella. *Parcerias na Administração Pública*. 7. ed. São Paulo: Atlas, 2009.

DRBF. *DRBF Practices and Procedures Manual*. 2007. Disponível em: http://www.drb.org/manual.htm. Acesso em: 10 fev. 2016.

FIUZA, César. *Direito Civil*: curso completo. 5. ed. Belo Horizonte: Del Rey, 2002.

FORTINI, Cristiana; PIRES, Priscila Giannetti Campos. Equilíbrio Econômico-Financeiro nas Parcerias Público-Privadas. *In*: JUSTEN FILHO, Marçal; SCHWIND, Rafael Wallbach (Coord.). *Parcerias Público-Privadas*: Reflexões Sobre os 10 anos da Lei 11.079/04. São Paulo: Revista dos Tribunais, 2015.

GUTIERREZ, Felipe A. Isore. Modalidades para Solução de Controvérsias em Contratos de Engenharia – Práticas de Mercado. *In*: BERNARDES, Edson Garcia (Org.). *Administração Contratual e Claim*: Coexistência Pacífica dos Aspectos Jurídicos e de Engenharia em Obras. São Paulo: PINI, 2015.

JUSTEN FILHO, Marçal. *Curso de Direito Administrativo*. 10. ed. rev., atual. e ampl. São Paulo: Revista dos Tribunais, 2014.

KLEE, Lukás; MARINANGELO, Rafael. *Recomendações FIDIC para orientação de contratos de projetos e obras*: International Federation of Consulting Engineers. São Paulo: Pini, 2014.

MASTIN, Deborah Bovarnick. *Dispute Review Boards to the Rescue.* 2013. Disponível em: http://www.americanbar.org/publications/under_construction/2013/november_2013/dispute_boards_to_the_rescue.html. Acesso em: 23 fev. 2016.

RUGGIO, Rodrigo Alves Pinto. O Equilíbrio Econômico-Financeiro em Parcerias Público-Privadas e a Importância da Administração Contratual. *In*: BERNARDES, Edson Garcia (Org.). *Administração Contratual e Claim*: Coexistência Pacífica dos Aspectos Jurídicos e de Engenharia em Obras. São Paulo: PINI, 2015.

STJ. SUPERIOR TRIBUNAL DE JUSTIÇA. REsp 734.696/SP, 2ª T., rel. Min. Eliana Calmon. Disponível em: http://www.stj.jus.br/portal/site/STJ. Acesso em: 08 maio 2015.

STJ. SUPERIOR TRIBUNAL DE JUSTIÇA. ROMS 200200898074. ROMS – Recurso Ordinário em Mandado de Segurança – 15154. Disponível em: http://www.stj.jus.br/portal/site/STJ. Acesso em: 08 maio 2015.

STJ. SUPERIOR TRIBUNAL DE JUSTIÇA. REsp 612.123/SP, 1ª T., rel. Min. Luiz Fux. Disponível em: http://www.stj.jus.br/portal/site/STJ. Acesso em: 08 maio 2015.

STJ. SUPERIOR TRIBUNAL DE JUSTIÇA. 4ª T., Rel. Min. Hélio Quaglia Barbosa; AgRg no REsp 879.268/RS, *DJU*, 12-3-2007. Disponível em: http://www.stj.jus.br/portal/site/STJ. Acesso em: 08 maio 2015.

TCU. TRIBUNAL DE CONTAS DA UNIÃO. Acórdão 2933/2011. Ata 49 – Plenário. Disponível em: http://portal3.tcu.gov.br/portal/page/portal/TCU. Acesso em: 08 maio 2015.

TCU. TRIBUNAL DE CONTAS DA UNIÃO. Acordão 30/2012, Plenário. Disponível em: http://portal3.tcu.gov.br/portal/page/portal/TCU. Acesso em: 08 maio 2015.

THE WORLD BANK. *Standard Bidding Documents.* Procurement of Works. 2003. Disponível em: http://web.worldbank.org/WBSITE/EXTERNAL/PROJECTS/./0,,contentMDK:20063085~menuPK:84284~pagePK:84269~piPK:60001558~theSitePK:84266~isCURL:Y~isCURL:Y,00.html. Acesso em: 14 fev. 2016.

A ARBITRAGEM EXPEDITA: SOLUÇÃO DE CONTROVÉRSIAS PARA LITÍGIOS DE MENOR EXPRESSÃO ECONÔMICA E COMPLEXIDADE

Alexandre Figueiredo de Andrade Urbano[1]
Pedro Franco Mourão[2]

1. Introdução – 2. Breve histórico da arbitragem no sistema jurídico brasileiro – 3. A arbitragem expedita – 3.1. Forma de iniciar um procedimento arbitral – Convenção de arbitragem – Manifestação de vontade das partes – 3.2. Conceito de arbitragem expedita – 3.3. Vantagens e pontos de atenção na arbitragem expedita – 4. Conclusão – Referências

---

[1] Pós-Graduado em Direito Civil pelo Instituto de Educação Continuada da Pontifícia Universidade Católica de Minas Gerais. Professor de Graduação e Pós-Graduação na Pontifícia Universidade Católica de Minas Gerais e no CEAJUFE. Auditor do Tribunal de Justiça Desportiva de Minas Gerais. Presidente da Comissão de Ética e Disciplina da Ordem dos Advogados do Brasil, Seção Minas Gerais, 2007/2009. Diretor (1º Secretário) do Instituto dos Advogados de Minas Gerais. Diretor Tesoureiro da Ordem dos Advogados do Brasil, Seção Minas Gerais. Advogado.

[2] Mestre em Direito Privado, com ênfase em Direito Empresarial, pela Universidade FUMEC. Possui MBA em Direito Civil e Processo Civil pela FGV – Fundação Getulio Vargas. Pós-Graduando em Gestão Fiscal e Tributária pela Pontifícia Universidade Católica de Minas Gerais – PUC Minas. Autor de artigos e livros publicados. Advogado.

1. INTRODUÇÃO

De forma bastante diferente do que muitos pensam, a arbitragem no sistema jurídico brasileiro não é questão recente, existindo previsões constitucionais e infraconstitucionais há mais de 100 (cem) anos.[3]

Contudo, a arbitragem tomou nova feição somente com a Lei nº 9.307, instituída em 23 de setembro de 1996, cuja redação da legislação previu de forma mais completa este método de solução extrajudicial de conflito.

Com a promulgação da referida lei, todavia, a arbitragem começou a ser vista com um pouco de desconfiança no mundo jurídico. Iniciou-se uma discussão entre diversos doutrinadores e estudiosos do Direito[4] sobre a constitucionalidade da arbitragem, até que, em 12 de dezembro de 2001, o Supremo Tribunal Federal, em julgamento do Pleno, por maioria de votos, declarou constitucional a Lei nº 9.307/96[5].

O reconhecimento – acertado – do Supremo Tribunal Federal acarretou maior segurança jurídica para as partes que pretendiam e pretendem litigar por meio de procedimento arbitral. Diversos foram os

---

3 O presente artigo irá abordar de forma resumida o histórico da arbitragem no sistema jurídico brasileiro.

4 Os que defendiam a inconstitucionalidade da Lei da Arbitragem alegavam violação direta ao princípio da inafastabilidade do controle judisdicional. Entretanto, não havia razão de tal alegação, na medida em que a opção pela arbitragem é mera faculdade que em nada prejudica o acesso ao Poder Judiciário. José Carlos Barbosa Moreira é enfático ao desmistificar que, ao se optar pelo processo arbitral, não se afronta o princípio do monopólio da jurisdição estatal: o sistema não vulnera a garantia da inafastabilidade do controle judicial, contemplado no artigo 5º, inciso XXXV, da Constituição Federal (1997, p. 10).

5 Acórdão nos autos da SE nº 5.206: "Vistos, relatados e discutidos estes autos, acordam os Ministros do Supremo Tribunal Federal, em sessão plenária, na conformidade da ata do julgamento e das notas taquigráficas, por unanimidade de votos, em prover o agravo para homologar a sentença arbitral, e por maioria, declarar constitucional a Lei nº. 9307, de 23.09.1996, vencidos, em parte, os Senhores Ministros Sepúlveda Pertence, Sydney Sanches, Néri da Silveira e Moreira Alves, que declaravam a inconstitucionalidade do parágrafo único do artigo 6º; do artigo 7º e seus parágrafos; no artigo 41, das novas redações atribuídas ao artigo 267, inc. VII, e ao artigo 301, inciso IX, do Código de Processo Civil; e do artigo 42, todos do referido diploma legal".

avanços trazidos pela Lei, dentre eles e um dos mais relevantes a desnecessidade de homologação judicial da sentença arbitral[6].

Recentemente, mais especificamente em 2015, a Lei nº 13.129 alterou e revogou alguns dispositivos da Lei nº 9.307/96, bem como inovou em algumas matérias. Destaque-se, inclusive, como uma das principais mudanças, (i) a previsão de utilização do instituto da arbitragem pela administração pública direta e indireta[7]; (ii) a modificação da Lei que dispõe sobre as sociedades por ações, inscrindo o artigo 136-A, regulando a inserção de convenção de arbitragem no estatuto social[8]; (iii) a faculdade das partes afastar o regulamento do órgão arbitral e escolher outros árbitros que não os credenciados pela entidade especializada, privilegiando, portanto, a autonomia das partes; (iv) a possibilidade de extensão de determinados prazos, os quais podem ser acordados entre as partes; dentre diversas outras inovações.

A despeito disso, a verdade é que a arbitragem pode ser mais utilizada, existindo ainda alguns fatores que fazem com que os advogados e até mesmo as partes optem pelo método tradicional (estatal) de solução de conflitos, o Judiciário. Sem dúvidas, além do caráter cultural, outro grande empecilho para a escolha da arbitragem é o preço, tendo em vista que os custos com a câmara arbitral e até mesmo com árbitros, tratando-se de conflitos de pequeno e médio porte, acabam dificultando a sua opção.

Apenas a título de exemplo, na Câmara de Mediação e Arbitragem Empresarial – CAMARB – diga-se de passagem, uma excepcional câmara para se litigar em conflitos empresariais – o total de despesas para

---

6 Antes do advento da Lei nº 9.307/96 era necessário que a sentença arbitral fosse homologada judicialmente, o que, por óbvio, trazia enorme insegurança jurídica ao procedimento arbitral, além de não privilegiar a celeridade e confidencialidade.

7 Na prática, a arbitragem pela administração pública indireta já era aceita pela maioria da doutrina e pela jurisprudência: REsp 606.345/RS, Rel. Ministro JOÃO OTÁVIO DE NORONHA, SEGUNDA TURMA, julgado em 17/05/2007, *DJ* 08/06/2007, p. 240.

8 O §3º do art. 109 da Lei nº 6.404/76 já permitia a inclusão da convenção arbitral no estatuto social. Contudo, a ausência de previsão sobre a vinculação dos acionistas era utilizada como argumento aos que eram contrários à utilização da arbitragem nos casos em que o acionista não tivesse aprovado a cláusula compromissória.

um litígio no valor de R$ 10.000.000,00 (dez milhões de reais), seria de R$ 346.380,00 (trezentos e quarenta e seis mil trezentos e oitenta reais). Por outro lado, num litígio no valor de R$ 100.000,00 (cem mil reais), o total de despesas seria de R$ 20.250,00 (vinte mil duzentos e cinquenta reais). Vale lembrar, contudo, que além das despesas com a câmara, a parte teria algumas outras despesas, tais como honorários do advogado, o que em causas de pequeno/médio valor, o uso da arbitragem seria praticamente inviável.

Mesmo com o dificultador do preço, a arbitragem vem crescendo bastante na última década, resultado dos benefícios deste meio de solução de conflitos, tais como celeridade, autonomia das partes, confidencialidade, segurança jurídica e a especialidade de árbitros para julgarem determinadas matérias. Não se pode esquecer outrossim que os aspectos negativos do abarrotado Poder Judiciário, principalmente a morosidade, o excesso de recursos e trâmites burocráticos e até mesmo a falta de qualidade das decisões, também ajudam no crescimento da arbitragem.

Por isso mesmo, Sergio Pinto Martins (2005, p. 98) explanou:

> Uma das grandes vantagens da escolha da arbitragem seria a possibilidade de o litígio ser resolvido mais rapidamente e também aliviar a sobrecarga de processos existentes no Poder Judiciário. A experiência revela que, ao se proferir uma sentença, que julga procedente ou improcedente em parte a pretensão do autor, nunca contenta o vencido, inclusive o autor no segundo caso, o que implica a apresentação dos mais variados recursos, até mesmo na execução - Na arbitragem não há recurso.

Segundo pesquisa realizada pela advogada Selma Lemes, de 2010 a 2016 o número de procedimentos arbitrais no Brasil cresceu 73% (setenta e três por cento). A pesquisa denominada "Arbitragem em Números e Valores"[9] apontou a evolução nas principais câmaras do Brasil: Centro de Arbitragem da AMCHAM – Brasil, Centro de Arbitragem da Câmara de Comércio Brasil-Canadá (CAM-CCBC), Câmara de Mediação, Conciliação e Arbitragem de São Paulo – CIESP/FIESP (CAM CIESP/

---

[9] Disponível em: http://selmalemes.adv.br/artigos/An%C3%A1lise%20Pesquisa%20Arbitragens%20Ns%20%20e%20Valores%20_2010%20a%202016_.pdf.

FIESP), Câmara de Arbitragem do Mercado (CAM-BOVESPA), Câmara de Arbitragem da Fundação Getulio Vargas (CAM-FGV) e Câmara de Arbitragem Empresarial – Brasil (CAMARB).

Diante deste cenário, uma pergunta é sempre tema nos debates entre os advogados, árbitros, doutrinadores e demais estudiosos do direito: o que poderia ser feito para aumentar ainda mais a utilização da arbitragem, reduzindo-se os custos com o procedimento mas sem perder a qualidade das câmaras e dos árbitros?

Nos últimos anos vem surgindo algumas câmaras com custos menores, especializadas em locação, relação de consumo e outras matérias um pouco menos complexas do que as relacionadas com conflitos empresariais.

Nesse sentido, merece ser dada ênfase à arbitragem expedita, também conhecida como sumária, a qual pode ser uma boa forma de solução de controvérsias para litígios de menor expressão econômica e complexidade. Recentemente (1º de março de 2017), inclusive, a Câmara de Comércio Internacional (CCI) alterou o seu Estatuto Social para incluir a possibilidade de as demandas empresariais serem submetidas à arbitragem expedita.

Tratando-se, portanto, de um procedimento mais simples e menos custoso do que a arbitragem ordinária, o presente artigo abordará os principais pontos da arbitragem expedita ou sumária.

2. BREVE HISTÓRICO DA ARBITRAGEM NO SISTEMA JURÍDICO BRASILEIRO

A arbitragem no Brasil, como já dito anteriormente, a despeito do que muitos pensam, é fruto de uma longa tradição. Pedro A. Batista Martins ensina, no artigo "Arbitragem através dos Tempos: Obstáculos e Preconceitos à sua Implementação no Brasil"[10], que no âmbito de

[10] Disponível em: http://batistamartins.com/arbitragem-atraves-dos-tempos-obstaculos-e-preconceitos-sua-implementacao-no-brasil-2/.

Estados soberanos, o Brasil já enfrentou, por diversas vezes e há muito tempo, soluções de controvérsias que foram submetidas ao crivo da arbitragem:

> 1. Controvérsias Territoriais:
>
> i. resolvida com a Argentina, em 1900, com laudo favorável ao Brasil;
>
> ii. solucionada com a Guiana Britânica, em 1904, sendo o laudo proferido pelo rei da Itália, Victor Emanuel III, de tão injusto, foi reexaminado e modificado, posteriormente, para se alcançar a equidade;
>
> iii. resolvida com a Bolívia, em 1909, com relação ao, hoje, Estado do Acre.
>
> 2. Questões Patrimoniais:
>
> i. pleito formalizado pelo do Almirante Cochrane para recebimento de quantia que seria devida a seu pai em função dos serviços prestados à causa da independência do Brasil – o laudo desfavorável ao Brasil foi emitido em 1873;
>
> ii. pendência com os Estados Unidos em consequência do naufrágio da galera norte-americana Canadá, nas costas do Rio Grande do Norte – o laudo, de 1870, foi desfavorável aos interesses brasileiros;
>
> iii. reclamação da Suécia e da Noruega em virtude do abalroamento, no porto de Assunção, da barca norueguesa *Queen*, pelo monitor brasileiro Pará – o laudo, de 1872, declarou improcedente a reclamação.
>
> 3. Questões Outras:
>
> i. Divergência com a Grã-Bretanha, resultante da prisão, no Rio de Janeiro, de oficiais da fragata inglesa Fort – o laudo foi emitido no ano de 1863, em favor do Brasil;
>
> ii. Reclamações mútuas com o Peru, em virtude de problemas ocorridos no Algo Juruá e Alto Purus, resolvidas em 1910.

Em relação à legislação constitucional e infraconstitucional, a arbitragem surgiu, pela primeira vez, em 1824, na Constituição do Império, a qual previa em seu artigo 160: "Nas civeis, e nas penaes civilmente intentadas, poderão as Partes nomear Juizes Arbitros. Suas Sentenças serão executadas sem recurso, se assim o convencionarem as mesmas Partes".

O advogado Petrônio G. Muniz narra fato relevante, ocorrido durante o Império, acerca do litígio em que eram partes o Almirante Lord Cochrane e o Brasil. A arbitragem, por equidade, para deslinde do caso referente às presas de guerra, realizou-se em sete meses, enquanto que a Corte de Presas, absurdamente, levou meio século para tentar a solução do conflito, sem êxito (CONSULEX, nº 26, maio/2004).

Posteriormente, após a primeira Constituição da República de 1895 não tratar da arbitragem, a Constituição de 1934 assegurou à União a competência para legislar sobre as regras deste instituto no âmbito do direito comercial. Entretanto, apenas 3 (três) anos após ascendeu a nova Constituição Federal de 1937, a qual não valorizou o instituto da arbitragem.

E, somente com a promulgação da Constituição Federal de 1988 o instituto voltou a ser valorizado no âmbito constitucional[11]. Isso porque houve previsão expressa de que nas relações internacionais o Brasil deveria reger-se pela solução pacífica dos conflitos (art. 4º, inc. VII), bem como houve disposição no sentido de permitir a utilizaçao da arbitragem na hipótese de impasse gerado nas negociações coletivas entre trabalhadores e empregadores (art. 114, §1º).

Por outro lado, no âmbito infraconstitucional, a arbitragem também é prevista desde o século XIX. Pedro A. Batista Martins, no artigo já mencionado anteriormente, releva que em 1831 a arbitragem já tinha sido introduzida no sistema positivo como meio de solução das pendências referentes a seguro e, posteriormente, em 1837, em matérias relacionadas à locação de serviços. Inclusive, como destacado no artigo, a arbitragem tinha caráter impositivo e obrigatório, não podendo as partes se desvincularem para litigar pelo meio estatal.

---

[11] Nota-se que o constituinte, no próprio Preâmbulo da Constituição, valorizou a solução pacífica das controvérsias: "Nós, representantes do povo brasileiro, reunidos em Assembléia Nacional Constituinte para instituir um Estado Democrático, destinado a assegurar o exercício dos direitos sociais e individuais, a liberdade, a segurança, o bem-estar, o desenvolvimento, a igualdade e a justiça como valores supremos de uma sociedade fraterna, pluralista e sem preconceitos, fundada na harmonia social e comprometida, na ordem interna e internacional, com a solução pacífica das controvérsias, promulgamos, sob a proteção de Deus, a seguinte Constituição da República Federativa do Brasil".

> No que tange às legislações extravagantes, a arbitragem foi introduzida no nosso sistema positivo como meio de solução das pendências referentes a seguro, no ano de 1831 e, em seguida, em 1837, nas matérias relativas à locação de serviços.
>
> Nesse particular, contudo, é de ressaltar que o sistema arbitral proposto por estas normas legais, tinha caráter impositivo ou obrigatório, não podendo os interessados dele afastar-se para dirimir a controvérsia pela via estatal.

Ainda no âmbito infraconstitucional, conforme explanado por José Augusto Delgado, no artigo intitulado "A Arbitragem no Brasil – Evolução Histórica e Conceitual"[12], a arbitragem foi regulada, em 1850, pelo Decreto nº 737, de 25 de novembro, para dirimir conflitos existentes entre comerciantes.

Ademais, no mesmo ano (1850), foi consagrada no Código Comercial, o qual previa de forma obrigatória o instituto para: (i) contratos de locação mercantil; (ii) suscitadas pelos sócios, entre si, ou com relação à sociedade, inclusive quanto à liquidação ou partilha; (iii) direito marítimo, no tocante ao pagamento de salvados e sobre avarias, repartição ou rateio das avarias grossas; e (iv) relacionadas à quebra.

O Regulamento 737 de 1850, conhecido como o primeiro diploma processual brasileiro codificado, regulamentava que as divergências surgidas nas relações comerciais seriam dirimidas pelo instituto da arbitragem, que poderia ser voluntária ou obrigatória. Na primeira, as partes escolhiam por decidir suas lides perante o juízo arbitral, enquanto a segunda advinha de contrato pré-estabelecido. Entretanto, tal situação era considerada contrária à natureza do instituto, por divergir da vontade das partes, revogado pela Lei nº 1.350, de 14.09.1866, sem contestação à época (SILVA, 2004, p. 38).

O Código Civil de 1916, especificamente nos artigos 1.037 e 1.048, previu a arbitragem voluntária, e o Código de Processo Civil, tanto de 1939 quanto de 1973, também trouxe a arbitragem em sua modalidade facultativa.

---

[12] Disponível em: http://www.egov.ufsc.br/portal/sites/default/files/anexos/29798-29814-1-PB.pdf.

> O Código de 1916, em seu artigo 1037, e, o Código de Processo Civil, em seu artigo 1072, tratavam do compromisso escrito da arbitragem. No Código de Processo Civil, acrescentou-se que as pendências poderiam ser de qualquer valor, concernentes a direitos patrimoniais, sobre os quais a lei admita transação. (AZEVEDO, 2001, p. 202)

A arbitragem, contudo, tomou nova feição somente com a Lei nº 9.307/96, que sistematizou e trouxe maior segurança jurídica para o método de solução de conflitos. Desde o começo da década de 1980 diversos foram os projetos apresentados, até que em 1991 o Instituto Liberal de Pernambuco iniciou uma verdadeira operação (denominada operação arbiter). O objetivo era rediscutir os anteprojetos engavetados, bem como procurar uma solução para um novo anteprojeto de lei.

Conforme explana Elaine Cristina Gomes Condado, dois eram os obstáculos para o desenvolvimento da arbitragem no Brasil e, consequentemente, a aprovação de uma lei regulando a matéria:

> O primeiro residia em que a cláusula compromissória, dispositivo contratual, onde as partes pactuam a solução de eventuais litígios por arbitragem, era totalmente ignorada na legislação brasileira. O desrespeito a essa cláusula não permitia execução específica de obrigação de fazer, resolvendo-se em perdas e danos. Assim, se alguém desrespeitava cláusula compromissória que havia assinado, poderia responder por perdas e danos decorrente de tal descumprimento. Porém, não poderia ser compelido a solucionar o conflito por meio da arbitragem. O segundo obstáculo era o de que o legislador brasileiro, seguindo tradição do direito brasileiro, exigia que o laudo arbitral fosse homologado por sentença, a ser proferida pelo Poder Judiciário, passível, ainda, esta última, dos recursos inerentes. Com tal exigência, desapareciam praticamente todas as vantagens que o instituto da arbitragem apresentava, tais como o sigilo, o baixo custo, a celeridade. Portanto, o juízo arbitral, a não ser no período logo posterior à Constituição de 1824, dependia de confirmação, ao passo que a arbitragem, a partir da Lei nº 9.307/97, passou a não exigir sua homologação. (CONDADO, 2008, p. 102)

A Lei da Arbitragem, segundo Uadi Lammêgo Bulos, é fruto do "estudo e empenho dos setores mais interessados da própria sociedade em levar adiante as novas idéias para a implantação de uma justiça, em sentido amplo, ágil, segura e técnica, além de pouco onerosa e informal" (1997, p. 5).

As últimas alterações e previsões sobre arbitragem, como já destacado na introdução do presente estudo, datam de 2015, cuja Lei nº 13.129 alterou e revogou alguns dispositivos da Lei nº 9.307/96, bem como inovou em algumas matérias. Além disso, com a entrada em vigor do Novo Código de Processo Civil, o instituto da arbitragem foi ainda mais valorizado, tendo havido previsão expressa de sua permissão no §1º do art. 3º, bem como sido destacado que os juízes, advogados, defensores públicos e membros do Ministério Público devem estimular os métodos de solução consensual dos conflitos (§3º, art. 3º).

3. ARBITRAGEM EXPEDITA

3.1. Forma de iniciar um procedimento arbitral – Convenção de arbitragem – Manifestação de vontade das partes

A arbitragem decorre da manifestação de vontade das partes em litigar por um procedimento extrajudicial, ou seja, sem a necessidade de se recorrer ao Poder Judiciário. Trata-se, dessa forma, considerando a valorização da autonomia das partes, de uma vontade bilateral – e não obrigação – para se submeter ao procedimento arbitral, o que ocorre mediante uma convenção.

Assim, o art. 3º da Lei nº 9.307/96 dispõe que: "As partes interessadas podem submeter a solução de seus litígios ao juízo arbitral mediante convenção de arbitragem, assim entendida a cláusula compromissória e o compromisso arbitral".

Portanto, da redação do referido dispositivo legal, a convenção de arbitragem é gênero, da qual são espécies (i) a cláusula compromissória e (ii) o compromisso arbitral. Segundo Carmona (98, p. 73):

> (...) a convenção de arbitragem tem dois aspectos, primeiramente, trata-se de um acordo de vontade entre as parles, que tem efeito vinculante entre elas quanto a litígios futuros ou atuais,

> obrigando-as à submissão do juízo arbitral. E, em segundo lugar, pode ser considerada um pacto processual, que visa derrogar a jurisdição estatal, submetendo-se as partes a decisão dos árbitros.

Nesse rumo, a cláusula compromissória, conforme redação do art. 4º da Lei nº 9.307/96, ocorre quando as partes estipulam em determinado contrato, ou em documento apartado que a ele se refira, que eventuais controvérsias futuras deverão ser solucionadas pela via arbitral, em detrimento do Judiciário.

Tarcísio Araújo Kroetz (97, p. 130) elucida que a cláusula compromissória se trata de um:

> negócio jurídico que determina a subtração da jurisdição estatal das controvérsias que possam originar entre os contratantes, estabelecendo competência da solução de eventuais litígios para instância arbitral. A celebração desse contrato há que ser realizada em momento anterior ao surgimento da lide.

Por outro lado, nos termos do art. 9º da Lei nº 9.307/96, o compromisso arbitral ocorre quando as partes decidem submeter um litígio à arbitragem, quando poderiam optar pela via judicial. A principal diferença do compromisso arbitral para a cláusula compromissória, portanto, é que no primeiro a controvérsia surge antes das partes submeterem o litígio à arbitragem.

Ademais, existindo processo judicial em curso, a adoção do compromisso arbitral conduzirá à sua extinção, submetendo-se o litígio à decisão arbitral, ficando a critério do árbitro (ou do tribunal arbitral) o aproveitamento dos atos instrutórios praticados (CARMONA, 1998, p. 131).

Outrossim, um dos pontos mais críticos na prática é a elaboração da cláusula compromissória, sendo bastante comum advogados que não detêm intimidade com a matéria elaborarem documento confuso e sem qualquer previsão sobre as regras que serão adotadas, fatores que além de atrasar o procedimento, podem trazer prejuízos aos clientes.

E a cláusula compromissória que não institui certos regramentos para iniciar a arbitragem é denominada de "vazia", justamente por não possuir em seu conteúdo as formas para se instituir a arbitragem.

Assim, não é pouco comum se deparar com a seguinte cláusula: "As controvérsias decorrentes do contrato serão resolvidas por arbitragem".

Nesse caso, é inegável que quando surgir a controvérsia, a parte somente conseguirá iniciar a arbitragem se contar com a boa vontade da outra, no sentido de obter o consenso acerca dos elementos omissos da arbitragem. Aliás, boa vontade que provavelmente a outra parte não terá, tendo em vista que estarão iniciando uma disputa.

E, considerando que o consenso pode não acontecer de imediato, exigindo até se for o caso, a intervenção do Poder Judiciário,[13] todo o procedimento poderá atrasar. Dessa forma, enquanto não se solucionarem as dúvidas a ponto de habilitar a instauração da arbitragem, a opção será momentaneamente inútil.

Noutro giro, a cláusula compromissória "cheia", a que de rigor e com a cautela necessária deve ser utilizada, é a que institui todas as condições necessárias para se iniciar um procedimento arbitral, prevendo a câmara arbitral responsável pelo litígio o número de árbitros, as normas a serem aplicadas, local da arbitragem, o idioma, se será de direito ou de equidade, se será aplicada a arbitragem expedita, dentre outras questões.

Ademais, importante destacar que não se deve imprimir um único modelo de cláusula compromissória para todos os tipos de contrato, devendo-se analisar caso a caso, as necessidades e possibilidades do cliente. De toda maneira, o importante é atentar aos elementos essenciais que a cláusula deve conter para ser considerada "*cheia*", permitindo o início de arbitragem sem qualquer contratempo quando surgir a controvérsia.

---

[13] Art. 6º Não havendo acordo prévio sobre a forma de instituir a arbitragem, a parte interessada manifestará à outra parte sua intenção de dar início à arbitragem, por via postal ou por outro meio qualquer de comunicação, mediante comprovação de recebimento, convocando-a para, em dia, hora e local certos, firmar o compromisso arbitral.

3.2. Conceito de arbitragem expedita

Ainda não muito conhecida no Brasil e pouco utilizada tanto pelas câmaras arbitrais e advogados, a arbitragem expedita ou sumária consiste em um procedimento arbitral mais simples e menos oneroso, cujo intuito é atender às demandas menos complexas.

Conforme prefácio do Regulamento de Arbitragem da Câmara de Comércio Internacional (CCI)[14], em vigor a partir de 1º de março de 2017:

> A mais significativa das alterações de 2017 é a introdução de um procedimento expedito que prevê uma arbitragem simplificada, com uma tabela de honorários reduzidos. Este procedimento é automaticamente aplicável aos casos em que o valor em disputa não exceda US$ 2 milhões, salvo se as partes optarem por excluir o mesmo. O procedimento expedito será aplicável apenas a convenções de arbitragem celebradas após 1° de março de 2017.
>
> Um dos elementos importantes das Regras da Arbitragem Expedita é a Corte da CCI poder nomear um árbitro único, ainda que a convenção de arbitragem preveja o contrário.
>
> O procedimento expedito pode aplicar-se a título facultativo em casos de valor superior, respondendo assim de maneira atrativa às preocupações dos utilizadores relativas ao tempo e aos custos.

Portanto, a arbitragem expedita difere-se da arbitragem ordinária nos seguintes e principais pontos: (i) os prazos são reduzidos; (ii) o litígio será dirimido por árbitro único; (iii) as provas devem ser todas produzidas na primeira oportunidade ou ficam a critério do árbitro único o deferimento; considerando os pontos anteriores, (iv) as taxas da câmara arbitral e os honorários dos árbitros são potencialmente reduzidos.

A despeito da ausência de previsão expressa na Lei nº 9.307/96, não se verifica qualquer impedimento para utilização desse meio de

---

Parágrafo único. Não comparecendo a parte convocada ou, comparecendo, recusar-se a firmar o compromisso arbitral, poderá a outra parte propor a demanda de que trata o art. 7º desta Lei, perante o órgão do Poder Judiciário a que, originariamente, tocaria o julgamento da causa. (Lei 9.307/96).

[14] Disponível em: https://cdn.iccwbo.org/content/uploads/sites/3/2017/02/ICC-2017-Arbitration-and-2014-Mediation-Rules-portuguese-version.pdf.

solução de controvérsias. Tanto é assim que algumas câmaras do Brasil já preveem em seu regulamento a possibilidade de aplicação do instituto, em consonância com o que vem sendo aplicado por diversas câmaras internacionais.[15]

A propósito, seguem trechos dos Regulamentos de algumas câmaras selecionadas que preveem expressamente a possibilidade:

> *CMA/CREA/MG*
>
> PREÂMBULO
>
> Este Regulamento consiste em uma versão específica das normas de Arbitragem da Câmara de Mediação e Arbitragem do CREA-Minas, doravante denominada CMA/CREA-MG, e tem por escopo oferecer às partes um procedimento arbitral mais célere. Assim, qualquer alteração que porventura as partes venham a embutir nas normas constantes do presente Regulamento terá aplicação somente ao caso específico.
>
> Opta-se, neste procedimento expedito, pelo uso de Árbitro Único, com apresentação prévia de todas as alegações e provas no momento de inicial do procedimento; bem como limitação do valor máximo da demanda, expresso no ANEXO I, que poderá ser atualizado a critério da Diretoria da CMA/CREA-MG.[16]
>
> *CBAR*
>
> Art. 1º As partes ao contratarem, por meio de convenção de arbitragem, submeter qualquer litígio para ser resolvido por Arbitragem Expedita perante a CÂMARA DE MEDIAÇÃO E ARBITRAGEM DA ASSOCIAÇÃO COMERCIAL DO PARANÁ, doravante denominada ARBITAC, concordam e ficam vinculadas ao presente Regulamento de Arbitragem

---

[15] Destacando a importância da alteração da versão do Regulamento da Câmara de Comércio Internacional (CCI), o Escritório norte-americano WilmerHale publicou artigo pontuando que a CCI seguiu modelos já utilizados por outras instituições arbitrais internacionais, tais como: *The Stockholm Chamber of Commerce* ("*SCC*"), *International Centre for Dispute Resolution* ("*ICDR*"), *London Court of International Arbitration* ("*LCIA*"), *Singapore International Arbitration Centre* ("*SIAC*"), *Hong Kong International Arbitration Centre* ("*HKIAC*"), *Swiss Chamber's Arbitration Institution* ("*SCAI*"), *China International Economic and Trade Arbitration Comission* ("*CIETAC*") e *Vienna International Arbitral Centre* ("*VIAC*").

[16] Disponível em: http://cma.crea-mg.org.br/wp-content/uploads/2015/11/CMA-Regulamento-de-Arbitragem-Expedita.pdf.

Expedita, bem como à Tabela de Custos e Honorários específicos para tal procedimento arbitral, além das normas gerais de funcionamento da ARBITAC.

§1º. Aplicar-se-á automaticamente este Regulamento aos litígios oriundos de contratos que prevejam a cláusula compromissória ARBITAC ou compromissos arbitrais, desde que o valor em discussão não ultrapasse a quantia equivalente a R$ 500.000,00 (quinhentos mil reais) por ocasião do protocolo da Solicitação de Arbitragem.

§2º. As partes poderão optar pela aplicação deste regulamento para litígios envolvendo valores superiores a R$ 500.000,00 (quinhentos mil reais), desde que o façam expressamente.

§3º. Na hipótese do §2º, ou, se a qualquer tempo o valor do litígio ultrapassar o limite máximo de R$ 500.000,00 (quinhentos mil reais), ao invés de se aplicar a Tabela de Custos e Honorários de Arbitragem Expedita, a ARBITAC aplicará o presente Regulamento acompanhado da Tabela de Custos e Honorários de Arbitragem Ordinária.

Art. 2º Este Regulamento consiste em versão modificada do Regulamento de Arbitragem da ARBITAC e objetiva oferecer procedimento mais célere de solução de controvérsias.[17]

CBMA

Preâmbulo

O procedimento de arbitragem expedita poderá ser utilizado para causas de menor complexidade e de valores limitados e terá como características a celeridade, a simplicidade e a redução de custos para as partes envolvidas. O litígio na via expedita será sempre dirimido por árbitro único. Qualquer alteração a este Procedimento que venha a ser acordada pelas partes será aplicada somente ao caso específico.

1. Disposições Preliminares

1.1. Para que um conflito seja submetido ao presente Procedimento, devem ser observados, concomitantemente, os seguintes requisitos:

a. Valor da causa inferior a R$ 6 milhões;

b. Consentimento expresso das partes;

[17] Disponível em: http://cbar.org.br/site/wp-content/uploads/2018/04/arbitrac-expedita.pdf.

> c. Todas as provas deverão ser produzidas até a data da audiência, ou, ainda, na própria audiência. Nos casos em que for necessária a produção de prova pericial, o perito poderá apresentar laudo, ou poderá ser exclusivamente convocado para prestar esclarecimentos em audiência.
>
> 1.1.1. O consentimento de que trata a alínea "b" do item 1.1. poderá dar-se pela celebração de convenção arbitral prévia ou pela apresentação de requerimento de arbitragem expedita pela Requerente, com a posterior e expressa concordância da Requerida em sua resposta.
>
> 1.1.2. A audiência mencionada na alínea "c" acima não poderá ser adiada, salvo mediante justo motivo previamente aprovado pelo árbitro, ou, ainda, caso as partes requeiram expressamente o adiamento, em conjunto. Nesse caso, o árbitro designará nova data para a audiência.
>
> 1.2. Caso qualquer um dos requisitos acima não seja observado, a arbitragem deverá ser processada de acordo com o procedimento ordinário.
>
> 1.3. O Centro poderá, a seu exclusivo critério, decidir pelo processamento da arbitragem de acordo com o procedimento ordinário previsto em seu Regulamento de Arbitragem, considerando a complexidade da matéria, o período de tempo necessário para resolver a controvérsia e demais circunstâncias pertinentes.[18]

O importante, como não poderia deixar de ser, é a Câmara prever uma série de dispositivos no regulamento que vá ao encontro das normas legais da arbitragem, principalmente para não se correr o risco de eventual nulidade do procedimento arbitral.

Por isso mesmo, a vinculação à arbitragem expedita deve ser uma faculdade das partes, conforme bem previsto no Regulamento da Câmara de Comércio Internacional (CCI), permitindo, inclusive, às partes optarem pelo procedimento ordinário: "Este procedimento é automaticamente aplicável aos casos em que o valor em disputa não exceda US$ 2 milhões, salvo se as partes optarem por excluir o mesmo".

---

[18] Disponível em: http://www.cbma.com.br/procedimento_arbitragem_expedita.

Qualquer vinculação obrigatória afrontaria o princípio da autonomia da vontade das partes, motivo pelo qual o art. 5º e o §4º do art. 13 da Lei nº 9.307/96 preveem total abertura às partes quanto às regras aplicáveis e nomeação dos árbitros. O §4º antes mencionado e incluído pela Lei nº 13.129/2015 é até mesmo enfático ao dispor que as partes, de comum acordo, poderão afastar o regulamento do órgão arbitral institucional que limite a escolha em árbitro único, como é o caso da arbitragem expedita.

> Art. 5º. Reportando-se as partes, na cláusula compromissória, às regras de algum órgão arbitral institucional ou entidade especializada, a arbitragem será instituída e processada de acordo com tais regras, podendo, igualmente, as partes estabelecer na própria cláusula, ou em outro documento, a forma convencionada para a instituição da arbitragem.
>
> §4º As partes, de comum acordo, poderão afastar a aplicação de dispositivo do regulamento do órgão arbitral institucional ou entidade especializada que limite a escolha do árbitro único, coárbitro ou presidente do tribunal à respectiva lista de árbitros, autorizado o controle da escolha pelos órgãos competentes da instituição, sendo que, nos casos de impasse e arbitragem multiparte, deverá ser observado o que dispuser o regulamento aplicável.

Da mesma forma, as partes, de comum acordo, podem alterar os prazos reduzidos, como também bem previsto no art. 30º do Regulamento da CBAR em caso de sentença arbitral:

> Art. 30º. Salvo se as partes convencionarem de modo diverso, o Árbitro Único proferirá a sentença final em até 30 (trinta) dias, contados do término do prazo para as alegações finais das partes, podendo tal prazo ser prorrogado uma única vez, por igual período, ante comunicação protocolada junto à Secretaria da ARBITAC.

Entende-se, portanto, que a arbitragem expedita vai ao encontro de um dos princípios e até mesmo um dos principais atrativos da via arbitral, qual seja, a celeridade, além de mitigar, de certa forma, o alto custo de algumas arbitragens.

Todavia, conforme regra dos regulamentos acima expostos e que será analisado adiante, importante verificar diversos pontos antes de iniciar um litígio por meio da arbitragem expedita, principalmente pelo rito diferenciado e as regras de produção de provas a serem reduzidas.

Ademais, verifica-se que, dependendo da câmara arbitral escolhida, a arbitragem expedita somente não será realizada se as partes preverem na convenção de arbitragem o desinteresse, o que apresenta mais uma atenção necessária na elaboração de cláusula compromissória.

Dessa maneira, para se litigar pelo procedimento da arbitragem expedita, sugere-se a análise de diversos requisitos e cuidados a serem tomados pelas partes, os quais serão tratados no tópico seguinte.

3.3. Vantagens e pontos de atenção na arbitragem expedita

Conforme destacado anteriormente, as principais diferenças do procedimento arbitral ordinário e do procedimento arbitral expedito, são que, no segundo: (i) os prazos são reduzidos; (ii) o litígio será dirimido por árbitro único; (iii) as provas devem ser todas produzidas na primeira oportunidade ou ficam a critério do árbitro único o deferimento; (iv) as taxas da câmara arbitral e os honorários dos árbitros são potencialmente reduzidos.

Ora, um procedimento mais célere e com menos custos para qualquer parte é o caminho ideal; disso não se tem dúvidas.

Contudo, como será demonstrado, os pontos levantados não necessariamente constituem uma vantagem para a parte que pretende litigar pela via arbitral, devendo-se analisar a situação de cada caso concreto e de cada cliente para a escolha de qual rito é mais benéfico seguir.

A falta de cuidado na prática pode transformar o benefício do custo menor da arbitragem expedita em prejuízos muito mais elevados ao cliente, como, por exemplo, a perda do litígio.

Para litígios de menor expressão econômica e complexidade, a arbitragem expedita, em regra, pelo rito célere e menos oneroso, é o melhor caminho, mas em alguns casos específicos, o rito ordinário ainda pode ser melhor.

Conforme já analisado no presente artigo, para se iniciar um procedimento arbitral as partes devem demonstrar o interesse por uma convenção de arbitragem, podendo ser mediante cláusula compromissória ou compromisso arbitral. E, como também demonstrado, tratando-se de cláusula compromissória, o ideal é a elaboração de uma cláusula "cheia", contendo todas as regras que serão usadas em caso de litígio.

Assim, o primeiro momento para se analisar a viabilidade de litigar pelo rito da arbitragem expedita é justamente na convenção da arbitragem. Se tratarmos de cláusula compromissória, envolvendo um contrato com matéria um pouco complexa, a escolha da arbitragem expedita pode não ser o melhor caminho, na medida em que 3 (três) árbitros julgando uma matéria complexa pode ser mais benéfico do que apenas 1 (um) árbitro. Da mesma forma, se tratarmos de um contrato envolvendo matéria que, em caso de conflito, seria necessária uma perícia, sem dúvidas a escolha pela arbitragem expedita não seria o melhor caminho, tendo em vista a necessidade de produzir provas logo no início do procedimento arbitral[19] ou até mesmo ficar a critério do árbitro único o deferimento ou não de produção de provas.

Outro ponto de atenção ao se elaborar a cláusula compromissória é não se ter a certeza de qual das partes atuará como Requerente em eventual conflito arbitral. Ora, certamente a parte que atuar como Requerente teria maior interesse na celeridade do procedimento arbitral, enquanto a outra, para eventualmente protelar, teria interesse na morosidade. Dessa maneira, ao se verificar a viabilidade de incluir o rito da arbitragem expedita em uma cláusula compromissória, sugere-se uma análise de qual o risco de o cliente ser Requerente ou Requerido em eventual litígio arbitral.

---

[19] Veja-se trecho da cláusula 8.3.1 do Regulamento do CMA/CREA/MG: 8.3.1: "As alegações iniciais deverão conter os pedidos e suas especificações, bem como todas as provas necessárias à fundamentação de seus pedidos. Após a apresentação das alegações iniciais, nenhuma das partes poderá formular novos pedidos, aditar ou modificar os pedidos existentes ou desistir de qualquer dos pedidos sem anuência da(s) outra(s) parte(s) e do Árbitro Único, estabilizando-se a demanda".

Da mesma forma, se tratarmos de compromisso arbitral, certamente a parte Requerida colocará objeções para litigar por meio de um procedimento mais célere, gerando um impasse.

Por isso mesmo, nos termos demonstrados no tópico 2.1, a elaboração da cláusula compromissória deve ser analisada caso a caso, bem como com muita cautela, sob pena de trazer prejuízos ao cliente. Inclusive, é importantíssimo analisar também qual câmara/órgão arbitral será o responsável por dirimir o conflito, na medida em que algumas preveem no regulamento que a arbitragem expedita seria aplicada automaticamente para causas de valores menos elevados. Destaque-se, novamente, trecho do Regulamento da CBAR:

> *CBAR*
>
> Art. 1º As partes ao contratarem, por meio de convenção de arbitragem, submeter qualquer litígio para ser resolvido por Arbitragem Expedita perante a CÂMARA DE MEDIAÇÃO E ARBITRAGEM DA ASSOCIAÇÃO COMERCIAL DO PARANÁ, doravante denominada ARBITAC, concordam e ficam vinculadas ao presente Regulamento de Arbitragem Expedita, bem como à Tabela de Custos e Honorários específicos para tal procedimento arbitral, além das normas gerais de funcionamento da ARBITAC.
>
> §1º. Aplicar-se-á automaticamente este Regulamento aos litígios oriundos de contratos que prevejam a cláusula compromissória ARBITAC ou compromissos arbitrais, desde que o valor em discussão não ultrapasse a quantia equivalente a R$ 500.000,00 (quinhentos mil reais) por ocasião do protocolo da Solicitação de Arbitragem.

Nesse caso específico, a arbitragem expedita somente seria excluída se expressamente previsto pelas partes, demonstrando-se, mais uma vez, a importância de elaboração com cautela da cláusula compromissória.

Vale destacar, ainda, que nada impede de as partes consensualmente optarem pela realização de arbitragem expedita sem vincular as regras do procedimento a qualquer regulamento de instituição arbitral. Entretanto, sem dúvidas, até para trazer maior segurança jurídica, torna-se prudente optar pelas regras de um regulamento específico, que adote esse tipo de procedimento sumário, cuja instituição arbitral seja especializada e tenha, de preferência, experiência anterior com arbitragens expeditas.

4. CONCLUSÃO

Não é desconhecido que o Judiciário brasileiro é visto como lento, abarrotado e sem qualquer efetividade, seja pela população em geral e até mesmo pelos militantes da área do Direito.

Não se pode tirar a razão de tais irresignações, uma vez que a administração da Justiça não ajuda, o número de juízes é bastante restrito considerando o grande volume de litígios e os recursos protelatórios são inúmeros.

Justamente por isso, conforme demonstrado no presente artigo, o número de litígios arbitrais cresce a cada ano, considerando a mudança de cultura que vem ocorrendo mesmo que de forma lenta e pela credibilidade/confiança que vem sendo dada ao procedimento arbitral, principalmente se levar em consideração as principais câmaras arbitrais do País.

Entretanto, o procedimento arbitral ainda é um meio de solução de controvérsias considerado bastante oneroso para as partes, principalmente se comparado ao Judiciário, o que impede o crescimento ainda maior do número de litígios arbitrais. Assim, uma pergunta bastante frequente consiste em: o que poderia ser feito para aumentar ainda mais a utilização da arbitragem, reduzindo-se os custos com o procedimento, mas sem perder a qualidade das câmaras e dos árbitros?

Portanto, elaborou-se o presente estudo demonstrando a existência de um meio de soluções de controvérsias menos oneroso, qual seja, o procedimento arbitral denominado expedito.

As principais diferenças do procedimento arbitral ordinário e do procedimento arbitral expedito, são que, no segundo: (i) os prazos são reduzidos; (ii) o litígio será dirimido por árbitro único; (iii) as provas devem ser todas produzidas na primeira oportunidade ou fica a critério do árbitro único o deferimento; (iv) as taxas da câmara arbitral e os honorários dos árbitros são potencialmente reduzidos.

Concluiu-se, dessa forma, que, para litígios de menor expressão econômica e complexidade, a arbitragem expedita pode ser uma excelente alternativa. Contudo, deve ser destacado que, ao se escolher esse rito diferenciado de litígio arbitral, o advogado e até mesmo a parte que for elaborar a cláusula compromissória ou firmar um compromisso arbitral deve ter bastante cautela, pois nem sempre um meio mais célere e menos oneroso pode ser mais benéfico.

REFERÊNCIAS

AZEVEDO, Álvaro Vilaça. *Curso de direito civil*: teoria geral das obrigações. 9. ed., rev. e atual. São Paulo: Revista dos Tribunais, 2001.

BRASIL. *Constituição Política do Império do Brazil*, de 25 de março de 1824. Disponível em: http://www.planalto.gov.br/ccivil_03/Constituicao/Constituicao24.htm. Acesso em: 9 set. 2018.

BRASIL. *Lei nº 6.404, de 15 de dezembro de 1976*. Dispõe sobre as Sociedades por Ações. Diário Oficial da União, 15 dez. 1976b. Disponível em: http://www.planalto.gov.br/ccivil_03/leis/L6404compilada.htm. Acesso em: 6 set. 2018.

BRASIL. *Constituição da República Federativa do Brasil de 1988*. Diário Oficial da União, Brasília-DF, 5 out. 1988. Disponível em: http://www.planalto.gov.br/ccivil_03/constituicao/constituicaocompilado.htm. Acesso em: 6 set. 2018.

BRASIL. *Lei nº 9.307, de 23 de setembro de 1996*. Dispõe sobre a arbitragem. Diário Oficial da União, 24 nov. 1996. Disponível em: http://www.planalto.gov.br/ccivil_03/leis/L9307.htm. Acesso em: 6 set. 2018.

BRASIL. *Lei nº 13.105, de 16 de março de 2015*. Código de Processo Civil. Diário Oficial da União, Brasília-DF, 16 março 2015. Disponível em: http://www.planalto.gov.br/ccivil_03/_ato2015-2018/2015/lei/l13105.htm. Acesso em: 8 jun. 2016.

BRASIL. *Lei nº 13.129, de 26 de maio de 2015*. Altera a Lei nº 9.307, de 23 de setembro de 1996, e a Lei nº 6.404, de 15 de dezembro de 1976, para ampliar o âmbito de aplicação da arbitragem e dispor sobre a escolha dos árbitros quando as partes recorrem a órgão arbitral, a interrupção da prescrição pela instituição da arbitragem, a concessão de tutelas cautelares e de urgência nos casos de arbitragem, a carta arbitral e a sentença arbitral, e revoga dispositivos da Lei nº 9.307, de 23 de setembro de 1996. Diário Oficial da União, 27 maio. 2015. Disponível em: http://www.planalto.gov.br/ccivil_03/leis/L9307.htm. Acesso em: 6 set. 2018.

BULOS, Uadi Lammêgo; FURTADO, Paulo. *Lei da Arbitragem comentada*: breves comentários à Lei nº 9.307, de 23.09.1996. São Paulo: Saraiva, 1997.

CÂMARA DE COMERCIO INTERNACIONAL. *Regulamento de Arvbitragem*. Disponível em: https://cdn.iccwbo.org/content/uploads/sites/3/2017/02/ICC-2017-Arbitration-and-2014-Mediation-Rules-portuguese-version.pdf. Acesso em: 11 set. 2018.

CÂMARA DE MEDIAÇÃO E ARBITRAGEM CMA/CREA/MG. *Regulamentos*. Disponível em: http://cma.crea-mg.org.br/wp-content/uploads/2015/11/CMA-Regulamento-de-Arbitragem-Expedita.pdf. Acesso em: 11 set. 2018.

CÂMARA DE MEDIAÇÃO E ARBITRAGEM – ARBITAC. *Regulamento de Arbitragem Expedita*. Disponível em: http://cbar.org.br/site/wp-content/uploads/2018/04/arbitrac-expedita.pdf. Acesso em: 11 set. 2018.

CENTRO BRASILEIRO DE MEDIAÇÃO E ARBITRAGEM. *Procedimento para Arbitragem Expedita*. Disponível em: http://www.cbma.com.br/procedimento_arbitragem_expedita. Acesso em: 11 set. 2018.

CARMONA, Carlos Alberto. *A Arbitragem e Processo:* um comentário à Lei nº 9.307/96. São Paulo: Malheiros, 1998.

CONDADO, Elaine Christina Gomes. *A arbitragem como instrumento eficaz de acesso à Justiça*. 2008. 253 p. Dissertação apresentada ao Curso de Pós-Graduação Stricto Sensu em Direito Negocial da Universidade Estadual de Londrina.

DELGADO, José Augusto. *A Arbitragem no Brasil* – Evolução Histórica e Conceitual. 2007. Disponível em: http://www.escolamp.org.br/arquivos/22_05.pdf.

FINIZIO, Steven P.; DAI, Wen-Chuan; SAKHNO, Daria; LEE, Michael. *International Arbitration Alert.* WILMERHALE – LawFirm Disponível em: https://www.wilmerhale.com/en/insights/client-alerts/2017-02-28-2017-revisions-to-the-icc-rules-of-arbitration-and-comparison-of-expedited-procedures-under-other-institutional-rules. Acesso em: 9 set. 2018.

KROETZ, Tarcísio Araújo. *Arbitragem – conceito e pressupostos de validade.* São Paulo: RT, 1997.

LEMES, Selma Ferreira. *Pesquisa: Arbitragem em Números e Valores.* Disponível em: http://selmalemes.adv.br/artigos/An%C3%A1lise%20Pesquisa%20Arbitragens%20Ns%20%20e%20Valores%20_2010%20a%202016_.pdf. Acesso em: 8 set. 2018.

MARTINS, Pedro A. Batista. *Arbitragem através dos Tempos*: Obstáculos e Preconceitos à sua Implementação no Brasil. Disponível em: http://batistamartins.com/arbitragem-atraves-dos-tempos-obstaculos-e-preconceitos-sua-implementacao-no-brasil-2/. Acesso em: 7 set. 2018.

MARTINS, Sérgio Pinto. *Curso de Direito Processual do Trabalho.* 3. ed. São Paulo: LTr, 2005.

MOREIRA, José Carlos Barbosa. A efetividade do processo de conhecimento. *Revista dos Tribunais 74/128.*

MUNIZ, Petrônio G. A arbitragem e a história naval brasileira. *Prática Jurídica*, nº 26, Brasília, Editora Consulex, maio/2004.

SILVA, João Roberto da. *Arbitragem: aspectos gerais da Lei nº 9.307/96.* São Paulo: J.H. Mizuno, 2004.

SUPERIOR TRIBUNAL DE JUSTIÇA. *Recurso Especial 606.345/RS*, Rel. Ministro JOÃO OTÁVIO DE NORONHA, SEGUNDA TURMA,

Julg. em 17/05/2007, Publ. no DJ 08/06/2007. Disponível em: http://www.stj.jus.br/SCON/jurisprudencia/toc.jsp?processo=606345&&tipo_visualizacao=RESUMO&b=ACOR&thesaurus=JURIDICO&p=-true. Acesso em: 9 set. 2018.

SUPREMO TRIBUNAL FEDERAL. *Sentença Estrangeira 5.206-7*, Reino da Espanha. Ministro Relator Sepúlveda Pertence, Tribunal Pleno, Julg. em 12/12/2001, Publicado no DJ em 30.04.2004. Disponível em: http://redir.stf.jus.br/paginadorpub/paginador.jsp?docTP=AC&-docID=345889. Acesso em: 9 set. 2018.

A ARBITRAGEM NA ERA DIGITAL

Rodrigo de Almeida Magalhães[1]
Mariana de Souza Saraiva[2]

1. Introdução – 2. Quarta Revolução Industrial – 3. *Online Dispute Resolution* – ODR – 4. Arbitragem *online* – 4.1. Conceito e características relevantes da arbitragem – 4.2. Peculiaridades da arbitragem *online* – 5. Conclusão – Referências

1. INTRODUÇÃO

O desenvolvimento tecnológico ao longo da história da humanidade culminou diversas vezes em mudanças paradigmáticas na forma como a sociedade se desenvolve. O direito, nesse contexto, é afetado e modifica-se atendendo à nova realidade estabelecida.

A denominada quarta Revolução Industrial, trouxe mudanças impactantes que continuam em curso, atualizando e alterando constantemente a forma como os seres humanos estabelecem suas relações em sociedade.

---

[1] Doutor e mestre em Direito pela PUC Minas. Professor da PUC Minas no programa de Pós-Graduação. Professor do Mestrado.

[2] Mestre e Doutoranda em Direito pela PUC Minas. Advogada.

O presente trabalho, compreendendo esse panorama, tem como objetivo observar, especialmente do ponto de vista jurídico, o impacto da mencionada revolução no surgimento de conflitos e na forma como esses são resolvidos.

Em especial, o estudo pretende analisar os métodos adequados de solução de controvérsias na era digital, com foco na observação do desenvolvimento da arbitragem.

Como se verá, o tema envolve múltiplas questões complexas. Nesse sentido, não se pretende esgotar a análise da problemática concernente ao tema, mas indicar um panorama global da situação estabelecida, fomentando a disseminação de informações e reflexões, com a finalidade de contribuir para o desenvolvimento de ideias que possam amenizar ou pôr termo nos obstáculos encontrados para o uso dos mencionados métodos, especialmente tratando-se da arbitragem, técnica reconhecidamente relevante para o desenvolvimento do comércio interno e internacional.

2. A QUARTA REVOLUÇÃO INDUSTRIAL

A expressão revolução pode ser compreendida como o ato de revolver. É caracterizada por uma mudança na estrutura organizacional de uma sociedade ou por uma modificação fundamental no poder político de uma sociedade, configurado em um curto intervalo de tempo. É um termo que também pode ser adotado para designar mudanças céleres nos campos econômico, científico, comportamental e tecnológico (CONTREIRAS, 2015).

Schwab (2016) publicou, em razão dos assuntos abordados no Fórum Econômico Mundial, a obra intitulada a "4ª Revolução Industrial"[3], realizando análise das implicações e características do momento tecnológico que a humanidade vivencia.

---

[3] A referida obra foi utilizada como base para elaboração desta seção.

O autor menciona que a humanidade passou por diversas mudanças na forma de viver. A primeira delas ocorreu há cerca de 10.000 anos, com o surgimento da agricultura, que só foi possível a partir da domesticação dos animais. O homem, nesse contexto, passou a unir a sua força à dos animais para produção, não sendo mais necessária a busca por alimentos. Essa situação possibilitou que os seres humanos se assentassem, levando ao surgimento de aldeias e, posteriormente, de cidades. Tal cenário criou um ambiente favorável também para o desenvolvimento do transporte, da produção e da comunicação.

A revolução agrícola foi então seguida por diversas revoluções industriais que tiveram início no século XVIII, culminando na substituição da força muscular pela mecânica.

A primeira Revolução Industrial sucedeu entre os anos 1760 e 1840 e ocorreu principalmente em razão da construçao de ferrovias e da criação das máquinas a vapor. A segunda, teve início no fim do século XIX e teve como elementos principais a invenção da eletricidade e da linha de montagem, permitindo a produção em massa. A terceira Revolução iniciou-se na década de 1960 e é comumente denominada revolução digital, considerando principalmente as mudanças trazidas pelo desenvolvimento e uso dos computadores, dos semicondutores e da Internet.

A quarta Revolução Industrial, atualmente em curso, teve início na virada deste século e tem como base a revolução digital, possuindo como elementos de destaque a Internet onipresente e móvel, os sensores poderosos e menores, que se tornam cada vez mais baratos, bem como a inteligência artificial. Destaca-se, contudo, que o aspecto mais relevante do atual momento diz respeito à integração e sofisticação de todas as tecnologias que se desenvolvem e se comunicam concomitantemente. De maneira geral, a diferença fundamental da quarta Revolução Industrial em relação às demais diz respeito a atual fusão e interação das tecnologias no que tange aos domínios digitais, biológicos e físicos[4].

---

[4] É importante ressaltar que as revoluções mencionadas não são vivenciadas no globo de forma homogênea. Sabe-se que boa parte da população mundial ainda não possui, sequer, acesso à Internet e, em muitos casos, até à eletricidade. Conforme ensina Natalino

Sobre a complexidade do panorama atual, Schwab (2016, p. 11) ensina que:

> Ainda precisamos compreender de forma mais abrangente a velocidade e a amplitude dessa nova revolução. Imagine as possibilidades ilimitadas de bilhões de pessoas conectadas por dispositivos móveis, dando origem a um poder de processamento, recursos de armazenamento e acesso ao conhecimento sem precedentes. Ou imagine a assombrosa profusão de novidades tecnológicas que abrangem numerosas áreas: inteligência artificial (AI), robótica, a internet das coisas (IoT, na sigla em inglês), veículos autônomos, impressão em 3D, nanotecnologia, biotecnologia, ciência dos materiais, armazenamento de energia e computação quântica, para citar apenas algumas. Muitas dessas inovações estão apenas no início, mas já estão chegando a um ponto de inflexão de seu desenvolvimento, pois elas constroem e amplificam umas às outras, fundindo as tecnologias dos mundos físico, digital e biológico.

Assim, a revolução que se vivencia, por sua complexidade, acarreta também em uma multiplicidade de desafios que devem ser encarados para que seja possível obter o melhor proveito dessa conjuntura. As possíveis rupturas engendradas por essa quarta fase, tão dinâmica, veloz e fascinante, devem ser bem analisadas e compreendidas para que seja dado o tratamento adequado à situação. Esta "Revolução Industrial, e a consequente revolução eletrônica, além de um sistema produtivo e socioeconômico, deve ser olhada, desde o presente, e pensada, como o começo de uma nova fase da civilização humana" (DI FELICE, 2007, p. 3).

É dentro desse contexto que o presente trabalho pretende abordar os impactos de tantas mudanças no surgimento e na resolução de conflitos, considerando o entendimento de que é necessário ter, dentro de todo esse cenário estabelecido, "uma visão compartilhada abrangente e global sobre como a tecnologia tem mudado nossas vidas e mudará

"Em países em desenvolvimento, cerca de 1,6 bilhão de pessoas não tem acesso à eletricidade e 2,4 bilhões de indivíduos ainda utilizam combustíveis tradicionais (lenha e carvão, principalmente) para aquecimento e preparo de alimentos" (NATALINO, 2017, p. 175-176). Essa situação indica uma profunda desigualdade de acesso às tecnologias, configurando-se um obstáculo adicional para o enfrentamento dessa mudança paradigmática.

a das gerações futuras, e sobre como ela está remodelando o contexto econômico, social, cultural e humano em que vivemos" (SHWAB, 2016, p. 12), para que possamos contornar eventuais problemas e utilizar todo o potencial tecnológico atual e futuro em benefício da sociedade.

3. *ONLINE DISPUTE RESOLUTION* - ODR

Como mencionado, a tecnologia promovida no contexto da quarta Revolução Industrial alterou de forma impactante a maneira como as pessoas interagem. Observa-se, assim, uma mudança paradigmática em curso no modo como as pessoas trabalham, se comunicam, bem como nas formas que se expressam, se informam e se divertem (SCHWAB, 2016).

Sabe-se que o conflito é algo inerente à vida em sociedade, vez que "desacordos e problemas podem surgir em quase todos os relacionamentos" (MOORE, 1998, p. 22). Pode-se considerá-lo inevitável quando se trata de relações ou relacionamentos humanos, tanto entre pessoas físicas quanto entre pessoas jurídicas.

O termo pode ser compreendido como "uma divergência de perspectivas, percebida como geradora de tensão por, pelo menos, uma das partes envolvidas numa determinada interação, e que pode ou não se traduzir numa incompatibilidade de objetivos" (DIMAS; LOURENÇO; MIGUEZ, 2007, p. 38).

Dessa forma, não é difícil imaginar que todo ser humano inserido na sociedade, ao longo de sua existência, depara-se com situações conflituosas, considerando ser algo que faz parte da convivência em grupo, fruto de interesses, opiniões, pontos de vista e necessidades que divergem de um indivíduo para o outro. A forma como o conflito é tratado é que determinará o alcance e as consequências da divergência (MORAIS, 2015, p. 71).

Considerando ser o conflito inerente às relações sociais, a alterações na forma de interação entre as pessoas influencia diretamente a formação de divergências. Amorim (2017) argumenta que o desenvolvimento tecnológico relativo à transmissão de dados e de informação alterou definitivamente a forma como os indivíduos se relacionam, repercutindo, ainda, nas relações jurídicas que passam a ser estabelecidas também no ciberespaço. O autor indica que "as relações jurídicas firmadas no ciberespaço instauram uma nova forma de relacionamento com o real, criando outras fontes de normatividade, exigindo do Direito uma revisão de seus paradigmas" (AMORIM, 2017, p. 516).

No mesmo sentido, Eckschmidt, Magalhães e Muhr ensinam que:

> Cada nova tecnologia tem o potencial de criar novos problemas e novas formas de solucionar os conflitos. A tecnologia tem transformado a forma como as pessoas se comunicam. Há 30 anos, 50% da população nunca havia feito uma ligação telefônica.
>
> [...]
>
> A invenção do carro criou disputas de seguro de acidentes, os telefones criaram novos conflitos relacionados a ligações indesejadas. As inovações mudam aspectos sociais das pessoas, assim como as maneiras como alguns conflitos são abordados. (ECKSCHMIDT; MAGALHÃES; MUHR, 2016, p. 63-64)

Dessa maneira, quando se trata da quarta Revolução Industrial, pode-se concluir que o objeto dos conflitos e a forma de sua ocorrência sofreram mudanças, assim como os modos de solução das demandas.

Os denominados *Online* Dispute Resolutions – ODR ou Métodos Eletrônicos de Solução de Controvérsias – MESC vêm sendo cada vez mais utilizados e discutidos, em razão da conveniência, adequação e, em determinados casos, por sua imprescindibilidade para a resolução de determinados tipos de litígios.

Os MESC têm origem a partir do desenvolvimento dos Alternative Dispute Resolutions – ADR ou, como também são chamados na língua portuguesa, Métodos Adequados de Solução de controvérsias – MASC.

Os ADR ou MASC floresceram nas últimas décadas, passando a ser cada vez mais utilizados, a partir da atual abordagem sobre o acesso à justiça, que será posteriormente detalhada neste estudo. Dentro desse panorama, os MASC são observados atualmente como meios capazes de, assim como o Poder Judiciário, solucionar controvérsias de forma justa e adequada. São frequentemente citadas, como exemplo de métodos adequados, a negociação, a mediação, a conciliação e arbitragem.

Os MESC ou ODR são, portanto, uma variação dos ADR ou MASC, a partir do uso de tecnologia que propicia a resolução de disputas no ambiente eletrônico.

Sobre os ODR, Amorim ensina que:

> Os modos de Resolução *Online* de Litígios (*Online* Dispute Resolution – ODR) consistem, portanto, na utilização dos recursos da tecnologia para a Resolução Alternativa de Litígios – ADR, quer sejam estes decorrentes exclusivamente das relações jurídicas firmadas no ciberespaço, quer sejam originários de relações jurídicas constituídas no mundo dito 'físico'. Nesse sentido, ODR pode ser considerado espécie do gênero ADR. Mas seria demasiado simplista imaginar que os meios de Resolução *Online* de Litígios sejam reduzidos a uma simples expressão dos meios de Resolução Alternativa de Controvérsias. As possibilidades de utilização da tecnologia para a resolução de litígios são imensas e envolvem questões complexas, tanto do ponto de vista teórico quanto sob o prisma tecnológico, como, por exemplo, a utilização de inteligência artificial para fornecer uma solução para o conflito. [...] Sob uma perspectiva mais pragmática, os sistemas informatizados e as plataformas de transmissão e recepção de dados constituem um terceiro interveniente no processo de conciliação, ou até mesmo podem constituir um quarto sujeito, nos casos da mediação e da arbitragem *online*. (AMORIM, 2017, p. 515)

Do ponto de vista histórico, Katsh e Rifikin (2001) ensinam que o uso dos ODR pode ser dividido em três fases. O primeiro estágio perdurou até aproximadamente o ano de 1995, quando os métodos se mantinham adstritos praticamente à resolução de controvérsias ligadas a usuários e provedores de e-mail, permanecendo a sua utilização em contextos específicos. A segunda fase ocorreu entre os anos de 1995 e 1998, quando foi percebida a necessidade do uso de meios eletrônicos para solução de controvérsias que surgiam no ciberespaço de forma geral. Na terceira fase, que teve início em 1998 estendendo-se até os dias atuais, passa-se a compreender os MESC como capazes de resolver conflitos surgidos tanto fora como dentro do ambiente eletrônico.

Amorim (2017) menciona quatro experiências percursoras dos ODR. São elas: o Virtual Magistrate Program, criado nos EUA em 1995 com o objetivo de fornecer soluções rápidas para controvérsias que envolvessem usuários e operadores de rede ou provedores de acesso à Internet; o *Online* Ombus Office, criado em 1996 também nos EUA, com a finalidade de solucionar litígios referentes a nomes de domínios, usuários e provedores de acesso à Internet, grupos de discussão e propriedade intelectual; o Cyber Tribunal, implantado no Canadá em 1996, com o objetivo de prevenir e resolver litígios *online* surgidos exclusivamente na Internet, fazendo uso de procedimentos de mediação e de arbitragem para tanto; e, por fim, o Sistema de Resolução de Controvérsias sobre Nomes de Domínio na Internet (Uniform Dispute Resolution Policy – URDP) da ICCAN (Internet Corporation for Assigned Names and Numbers), criado em 1999 com a finalidade de regular conflitos referentes à atribuição de nomes de domínio na Internet, sendo a primeira experiência transnacional de resolução *online* de conflitos.

Atualmente, o uso dos MESC é realizado em maior escala, especialmente quando se trata de resolução de disputas de origem virtual. Como exemplo, os empresários do comércio eletrônico, como o eBay e o Mercado Livre, podem ser mencionadas. A partir da percepção da necessidade de lidar com as expectativas não satisfeitas de seus clientes, esses empresários passaram a desenvolver plataformas próprias para solução de controvérsias entre consumidores e vendedores.

O desenvolvimento dos ODR foi em grande parte impulsionado pela globalização e difusão do uso da Internet, que aumentaram a interação e os negócios entre pessoas situadas fisicamente muito distantes uma das outras. Essencialmente, no caso dos consumidores e fornecedores, a resolução de disputas nessas circunstâncias de distanciamento tornou-se especialmente comprometida, vez que praticamente inviável o uso de métodos físicos de solução de disputas.

Neste sentido, Amorim ensina que:

> No momento em que a transmissão e difusão de dados numéricos ultrapassa as fronteiras físicas entre os países, encurtando distâncias e aproximando os indivíduos, resta evidente que os

> processos tradicionais de que fazem uso os meios de Resolução Alternativa de Conflitos tornam-se cada vez mais irrelevantes, quiçá obsoletos. Assim ocorre porque os ADR fundam-se basicamente na resolução de conflitos face-a-face, ou F2F (face-to-face), tornando o acesso a esses meios de resolução de litígios por vezes inacessível do ponto de vista econômico. As longas distâncias que podem separar os litigantes inviabilizam o recurso aos meios tradicionais de resolução de controvérsias, sejam tais meios jurisdicionais ou não. (AMORIM, 2017, p. 530)

Assim, percebe-se que o uso e desenvolvimento dos MESC é de suma importância quando se trata de acesso à justiça, considerando que os meios físicos de solução de controvérsias se tornam quase impraticáveis dentro do contexto do comércio virtual, principalmente naqueles casos que envolvem baixo valor pecuniário, em que os gastos apenas de deslocamento, por exemplo, superariam a quantia envolvida na demanda.

Não obstante se saiba que o uso em larga escala dos meios eletrônicos de solução de controvérsias se dá, atualmente, em relações estabelecidas no ambiente *online*, é importante ressaltar que os MESC também são utilizados para resolver contendas surgidas em interações físicas. Aliás, o uso da tecnologia na conjuntura dos ADR é quase uma regra atualmente. Pode-se mencionar, por exemplo, que nos procedimentos arbitrais tornou-se comum a troca de e-mails, as conferências telefônicas e as videoconferências. Todos esses e outros recursos tecnológicos passaram a ser adotados no contexto dos ADR em razão da conveniência, agilidade e economia que conferem.

Eckschmidt, Magalhães e Muhr (2016) também indicam como fatores que impulsionaram o uso e desenvolvimento dos MESC: o crescimento do comércio eletrônico; o aumento do tempo que as pessoas gastam com deslocamento físico, principalmente em razão dos congestionamentos cada vez maiores; o aumento do custo do transporte; o aumento do volume de trabalho desenvolvido pelas pessoas no dia a dia; e a crescente morosidade dos meios tradicionais de resolução de conflitos (Poder Judiciário).

Dessa maneira, percebe-se que os MESC aferem conveniência e podem ser considerados eficazes e benéficos para a solução de litígios.

Vislumbra-se necessário, portanto, a divulgação e o estudo desses métodos, atribuindo a eles maior divulgação e confiança, elementos essenciais para o fomento das mencionadas formas de resolução de litígios.

4. ARBITRAGEM *ONLINE*

4.1. Conceito e características relevantes da arbitragem

A arbitragem é um meio de solução de controvérsias escolhido por pessoas físicas ou jurídicas, e capazes de contratar, que, fazendo uso da autonomia privada, convencionam não submeter ao Poder Judiciário eventuais litígios surgidos em dada relação jurídica, referentes a direitos patrimoniais disponíveis.[5] É um método que possui características próprias, que se adequam à solução de demandas específicas e geralmente complexas, como é o caso das controvérsias que envolvem sociedades empresárias e demandas de cunho internacional.

No Brasil, o instituto é regulado pela Lei n. 9.307, de 23 de setembro de 1996, alterada pela Lei n. 13.129, de 26 de maio de 2015, comumente denominada Lei de Arbitragem.

A sentença arbitral possui força de título executivo judicial, nos termos do artigo 515, inciso VII[6], do Código de Processo Civil Brasileiro (CPC), restando, assim, juridicamente equiparada à sentença emanada do Poder Judiciário, conforme também é estabelecido na Lei de Arbitragem.

> Art. 31. A sentença arbitral produz, entre as partes e seus sucessores, os mesmos efeitos da sentença proferida pelos órgãos do Poder Judiciário e, sendo condenatória, constitui título executivo. (BRASIL, 1996)

---

[5] "Art. 1º As pessoas capazes de contratar poderão valer-se da arbitragem para dirimir litígios relativos a direitos patrimoniais disponíveis" (BRASIL, 1996).

[6] "Art. 515. São títulos executivos judiciais, cujo cumprimento dar-se-á de acordo com os artigos previstos neste Título: [...] VII – a sentença arbitral; [...]" (BRASIL, 2015).

Dentre as características que se destacam, e que geralmente levam à escolha do método, pode-se mencionar a celeridade, a especialidade do julgador, a confidencialidade e a flexibilidade.

O método é considerado célere quando é comparado ao Poder Judiciário e alguns fatores contribuem para que o procedimento arbitral transcorra com rapidez, dentre os quais pode-se indicar a especialidade do julgador, sua dedicação à solução do litígio e a ausência de recursos.

Ressalte-se que a formação da decisão dentro de um prazo razoável é de grande importância e, talvez, um dos aspectos mais perseguidos quando se fala de resolução de litígios. Nesse sentido, vê-se necessário que a resposta ao litígio se dê em tempo hábil "e capaz de realizar os objetivos da jurisdição" (CORTÊS; MAGALHÃES, 2006, p. 85).

Sobre o tema, Rodovalho ensina que:

> A arbitragem, por sua vez, é célere. A própria Lei de Arbitragem fixa-lhe prazo de seis meses para terminar, ainda que não seja incomum sua prorrogação. Mas, mesmo com a prorrogação, a média das principais câmaras arbitrais é de pouco mais de um ano de duração, com realização de provas e audiências. Isso sem se falar nas chamadas arbitragens expeditas, mais céleres ainda.
>
> Sendo a arbitragem resolvida em sentença final, não cabe recurso para impugná-la, cabe apenas Pedido de Esclarecimento (assemelhado aos embargos de declaração, no CPC). Assim, uma vez proferida a sentença arbitral, pode-se tão somente tentar-lhe a anulação por vício procedimental, mas não de mérito. (RODOVALHO, 2015, p. 16)

Quanto à especialidade do julgador, considerando que as partes escolhem o profissional que irá resolver a demanda, este, em regra, possui conhecimento técnico correlatos à matéria objeto da controvérsia. Dessa maneira, essa característica permite a adequada compreensão do conflito, possibilitando que o convencimento daquele que julga se dê de maneira apropriada, gerando, a partir disso, melhores condições para que a decisão do caso seja justa.

Em relação à confidencialidade, embora ela não seja indicada como obrigatória na Lei Brasileira de Arbitragem, é, quase sempre, estabelecida nas arbitragens nacionais e internacionais, dado um costume de contratualmente empregar o sigilo aos procedimentos arbitrais. Geralmente a confidencialidade é estabelecida na convenção de arbitragem e, quando aplicável, no regulamento de arbitragem eleito pelas partes para resolução da controvérsia. Essa característica possibilita a preservação da reputação, no mercado, dos envolvidos, conferindo, por isso, vantagens econômicas[7].

A flexibilidade também é considerada como um benefício quanto ao uso da arbitragem e que enseja a opção pelo método. Por meio dela, as partes, fazendo uso da autonomia da vontade, têm a possibilidade de, juntamente com os árbitros, determinar a forma de condução do procedimento, estabelecendo os prazos e a forma de cumprimento destes, a maneira como se dará a produção de provas, a lei aplicável que será aplicada para solução da demanda, dentre outras especificidades que permitem que cada procedimento seja moldado para a solução de cada divergência em específico. Tal característica permite que as partes exponham seus argumentos da maneira mais adequada, conferindo aos árbitros boas condições para formulação de uma boa decisão.

Todas essas características tornam a arbitragem atrativa, essencialmente quando se trata de demandas de alta complexidade que não poderiam ser discutidas e analisadas adequadamente sem o uso do método, levando em conta suas especificidades.

Neste sentido, é também relevante explanar sobre a compreensão atual sobre o que se entende por acesso à justiça.[8]

Hodiernamente, compreende-se que ter acesso à justiça[9] não significa tão somente ter acesso a um meio de se processar uma demanda.

---

[7] Para maior aprofundamento sobre os impactos econômicos financeiros quanto ao uso da arbitragem, consultar LEMES, Selma M. Ferreira. *Arbitragem na Administração Pública*: fundamentos jurídicos e eficiência econômica. São Paulo: Quartier Latin do Brasil, 2007.

[8] Esse entendimento, como se verá, também será relevante para a observação da conveniência do uso dos métodos eletrônicos de solução de controvérsias.

[9] Para melhor compreensão do tema e sobre as ondas que transformaram a compreensão sobre acesso à Justiça, consultar CAPPELLETTI, Mauro; GARTH, Bryant. *Acesso à Justiça*. Porto Alegre: Fabris, 1998.

Verifica-se ser necessário que a decisão, como resultado, seja justa, e que a forma como isso se dará tenha efetividade, incluindo-se, aqui, a necessidade de que o processo não seja moroso.

Neste sentido, Cavani ensina:

> Em sendo assim, o processo, pelo menos na sua dimensão particular deve trazer um resultado. Mas não qualquer resultado. Tem de ser um que se espelhe na máxima medida do possível as exigências do direito material. Daí que se entenda que a tutela oferecida aos direitos (ou melhor: às situações jurídicas que são levadas ao processo) deve ser efetiva, adequada e tempestiva. Uma decisão produto de uma estrutura adequada que traga, no plano físico, efetividade em tempo proporcional (ou seja, sem dilações indevidas), pode ser chamada de justa. Essa justiça, refletida na tutela dos direitos, é o rasgo característico do processo do Estado Constitucional. (CAVANI, 2014, p. 121-122)

Dentro desse contexto é que os MESC ganham relevo, a partir do entendimento de que cada conflito, de acordo com suas peculiaridades, será melhor resolvido por determinado método, não restando mais o entendimento de que o Poder Judiciário é o único capaz de conferir o acesso à justiça aos cidadãos. Assim, o processo judicial passa a ser observado apenas como mais uma maneira, juntamente com tantas outras, de efetivar a mencionada garantia constitucionalmente estabelecida[10].

Compreendidos os aspectos relevantes quando à arbitragem e a atual abordagem sobre acesso à justiça, passa-se a observar as peculiaridades da arbitragem *online*.

---

[10] Na Constituição da República de 1988 (CR/88), o acesso à justiça é considerado fundamental e constitui um princípio, estabelecido no art. 5º, inciso XXXV que dispõe: "a lei não excluirá da apreciação do Poder Judiciário lesão ou ameaça a direito" (BRASIL, 1998). Sobre o assunto, Casado Filho menciona que essa garantia também está presente nas principais Convenções Internacionais de Direitos Humanos e é reconhecida como princípio da inafastabilidade da jurisdição. De acordo com a CR88, todos devem ter garantido o acesso à justiça, "para postular tutela jurisdicional preventiva ou reparatória relativa a um direito. O direito contempla não só direitos individuais, como também os difusos e coletivos" (CASADO FILHO, 2014, p. 63).

4.2. Peculiaridades da arbitragem *online*

A arbitragem é considerada *online* quando parte ou todo o procedimento se desenvolve em um ambiente tecnológico relacionado ao uso da Internet. Assim, "não é a origem da disputa que determina se um procedimento arbitral é *online*, mas sim a maneira com que é conduzido" (MUHR, 2013, l. 837-839).

Não é raro, como dito, o uso da tecnologia ligada ao ciberespaço para desenvolvimento do procedimento arbitral, sendo comum as trocas de e-mails, as conferências telefônicas e videoconferências.

Nesse tipo de procedimento, todas, ou quase todas as características do instituto são preservadas, contudo, com alguns aspectos diferentes da arbitragem realizada totalmente em ambiente físico, sendo alguns mais relevantes.

No que tange à celeridade, esta característica se potencializa, considerando que, com o uso dos meios eletrônicos, a troca de informações se dá de forma mais rápida, permitindo, inclusive, que se economize o tempo que seria necessário para deslocamento para reuniões ou audiências. Um exemplo que demonstra o aspecto obstaculizador que advém do tempo despendido para tanto, diz respeito ao profissional escolhido para julgar a demanda. É possível imaginar casos em que aquele que possui a competência técnica necessária para atuar como árbitro reside em localidade afastada da sede da arbitragem, exigindo deste o dispêndio de diversas horas com a locomoção, além daquelas necessárias para a reunião ou audiência em si. Tal situação pode fazer com que o expert deixe de ser indicado pelas partes ou que, sendo ele convidado, não aceite o encargo, impedindo que o profissional com o conhecimento técnico adequado, e de confiança das partes, atue no procedimento.

A distância pode ser também considerada um obstáculo naquelas demandas que envolvem partes, advogados e assistentes técnicos que residem longe do local onde ocorreriam os encontros referentes ao procedimento arbitral, dificultando e encarecendo a participação desses.

Tomando a situação do expert acima indicada, pode-se extrair que a especialidade técnica do julgador pode ser beneficiada pelo uso de recursos tecnológicos que retirem ou reduzam a necessidade de deslocamento. O que se quer dizer com isso é que com a facilidade de realização dos atos procedimentais à distância, é possível que se indique profissionais residentes em qualquer localidade do mundo, desde que possuam acesso aos recursos tecnológicos necessários.

Dessa maneira, o leque de profissionais disponíveis para o encargo aumenta sobremaneira, beneficiando o procedimento arbitral.

Quanto à flexibilidade, esta se mostra um elemento importante quando se trata de um procedimento arbitral *online*. Por meio dela, que é originada na autonomia privada das partes, torna-se viável que os envolvidos convencionem a forma como a arbitragem se desenvolverá, permitindo que recursos tecnológicos como e-mail e videoconferência sejam empregados no desenrolar da arbitragem.

No que tange à confidencialidade, esta é corroborada na arbitragem *online*, considerando o sigilo inerente às trocas de informações pela Internet, comumente estabelecido nas legislações que tratam sobre o tema. Dessa maneira, além da confidencialidade contratualmente estabelecida entre os envolvidos, em geral, as normas que regem o uso da internet preveem também o sigilo do conteúdo trocado. A título de exemplo, no Brasil, a Lei n. 12.965/2014, conhecida como Marco Civil da Internet, determina a inviolabilidade das informações transmitidas *online*.

> Art. 7º O acesso à internet é essencial ao exercício da cidadania, e ao usuário são assegurados os seguintes direitos: I – inviolabilidade da intimidade e da vida privada, sua proteção e indenização pelo dano material ou moral decorrente de sua violação; II – inviolabilidade e sigilo do fluxo de suas comunicações pela internet, salvo por ordem judicial, na forma da lei; III – inviolabilidade e sigilo de suas comunicações privadas armazenadas, salvo por ordem judicial; IV – não suspensão da conexão à internet, salvo por débito diretamente decorrente de sua utilização; V – manutenção da qualidade contratada da conexão à internet; VI – informações claras e completas constantes dos contratos de prestação de serviços, com detalhamento sobre o regime de proteção aos registros de conexão e aos registros de acesso a aplicações de internet, bem como sobre práticas de gerenciamento da

> rede que possam afetar sua qualidade; VII – não fornecimento a terceiros de seus dados pessoais, inclusive registros de conexão, e de acesso a aplicações de internet, salvo mediante consentimento livre, expresso e informado ou nas hipóteses previstas em lei; VIII – informações claras e completas sobre coleta, uso, armazenamento, tratamento e proteção de seus dados pessoais, que somente poderão ser utilizados para finalidades que: a) justifiquem sua coleta; b) não sejam vedadas pela legislação; e c) estejam especificadas nos contratos de prestação de serviços ou em termos de uso de aplicações de internet; IX – consentimento expresso sobre coleta, uso, armazenamento e tratamento de dados pessoais, que deverá ocorrer de forma destacada das demais cláusulas contratuais; X – exclusão definitiva dos dados pessoais que tiver fornecido a determinada aplicação de internet, a seu requerimento, ao término da relação entre as partes, ressalvadas as hipóteses de guarda obrigatória de registros previstas nesta Lei; XI – publicidade e clareza de eventuais políticas de uso dos provedores de conexão à internet e de aplicações de internet; XII – acessibilidade, consideradas as características físico-motoras, perceptivas, sensoriais, intelectuais e mentais do usuário, nos termos da lei; e XIII – aplicação das normas de proteção e defesa do consumidor nas relações de consumo realizadas na internet. (BRASIL, 2014)

Algumas vantagens também podem ser indicadas pelo uso da tecnologia *online*. É possível citar o conforto que as partes e os árbitros possuem em realizar os atos à distância, tornando possível, inclusive, que a troca de informação seja feita de forma assíncrona. Nessa situação, a manifestação ocorrerá no momento em que cada envolvido entender oportuno, ainda que os outros não estejam *online* naquele instante. Exemplo disso é o diálogo que pode se estabelecer por *e-mail*. Nessa situação, o envolvido no procedimento se comunica no horário que possui ocioso. Destarte, não há necessidade de correspondência de agenda entre os participantes do procedimento (MUHR, 2013).

Outra conveniência atrelada à arbitragem *online* diz respeito à redução de gastos.[11]

---

[11] De acordo com pesquisa realizada pelo Comitê Brasileiro de Arbitragem – CBAr, o custo da arbitragem é visto como a maior desvantagem da utilização do método quando comparado a processos judiciais. Não obstante um primeiro grupo, cerca de 60%

Sendo possível a realização de atos à distância e no ambiente virtual, economiza-se o que seria despendido com aluguel de salas de reunião, com transporte e hospedagem e até mesmo com os honorários de profissionais (como dos árbitros, advogados e assistentes técnicos) que podem ser estabelecidos em montante reduzido dado o menor tempo que será utilizado para participação da demanda.

Não obstante tenham sido verificados tantos aspectos positivos, há que se ressaltar que existem desvantagens que envolvem o procedimento arbitral *online* e que devem ser objeto de cuidado quando do seu uso.

Algumas inconveniências relevantes podem ser destacadas.

Inicialmente pode-se mencionar o menor contato pessoal entre os participantes. Sabe-se que a oralidade é uma característica comum do método em questão, que permite a melhor exposição dos fatos. Apesar da possibilidade do uso de videoconferência, este recurso nao consegue reproduzir totalmente a experiência de uma reunião presencial, além de poder contar com dificuldades que envolvem o uso de tecnologias como, por exemplo, a perda de conexão com a Internet por qualquer dos participantes em meio a uma reunião *online*, prejudicando o seu desenvolvimento.

Outro ponto que pode se mostrar um fator de preocupação, diz respeito ao maior risco de quebra de sigilo. A possibilidade de vazamento de informações ou invasão de sistemas no ambiente *online* é real nesse contexto, tornando-se necessários maiores investimentos no sentido de garantir a segurança e a inviolabilidade das informações envolvidas no procedimento.

A autenticidade das informações disponíveis no ambiente *online* também se torna uma questão importante no que tange à arbitragem *online*.

Conforme ensina Muhr:

---

dos entrevistados, tenha informado não encontrar nenhuma desvantagem no uso da arbitragem, um "segundo grupo foi então questionado sobre qual seria a principal desvantagem e o 'custo da arbitragem' aparece com larga margem em primeiro lugar (60%)" (COMITÊ BRASILEIRO DE ARBITRAGEM, 2012, p. 14).

> A segurança é outro fator fundamental nos processos de MESC por estar relacionada, não só à autenticidade da identidade das partes, mas também à integridade e confidencialidade das informações fornecidas e armazenadas. Com a finalidade de preservar esses dados, usam-se mecanismos de proteção, que incluem assinatura digital e certificação digital, para garantir que estejam presentes os atributos de autenticidade, integridade e não-repúdio. A transmissão de dados também deve utilizar o mecanismo de segurança SSL (Secure Socket Layer), além de trafegarem somente criptografados. (MUHR, 2013, l. 588-594)

Um empecilho relevante que se observa no que tange ao uso dos ODR e que também afeta o uso da arbitragem *online*, diz respeito à ausência de regras específicas sobre o uso dos métodos em ambiente *online*, conferindo uma insegurança jurídica aos usuários ou potenciais usuários dos MESC.

Conforme ensina Amorim (2017), a United Nation on International Law – UNCITRAL que já produziu regras (*soft-law*[12]) referentes ao uso da arbitragem e ao comércio eletrônico, possui desde 2010 projeto que propõe a criação de regulamento sobre a resolução *online* de litígios. A entidade vislumbrou a necessidade de regulação do assunto, essencialmente pela sua importância no que se refere ao acesso à justiça sobre os conflitos relativos ao comércio eletrônico internacional. O grupo de trabalho responsável pelos estudos que concernem à elaboração do regulamento vem enfrentando diversas dificuldades no encaminhamento do tema desde o início. Dentre as dificuldades existentes, observa-se a divergência de entendimento sobre a lei aplicável ao caso e a fixação de uma jurisdição competente; as discrepâncias entre as leis internas de cada país sobre a permissão do uso dos MESC; bem como a dúvida sobre a aplicação da Convenção de Nova York sobre o Reconhecimento e a Execução de Sentenças Arbitrais Estrangeiras às decisões emanadas dos ODR (AMORIM, 2017).

---

[12] Normas que não são juridicamente obrigatórias, possuindo limitação em seu valor normativo. Como exemplo, podem-se mencionar as diretrizes elaboradas pela *International Bar Association* (IBA).

Considerando a ausência de uma regra internacional que torne mais segura e homogênia o uso dos MESC, é importante, no contexto da arbitragem, considerando a sua flexibilidade, que essas questões correlacionadas sejam bem definidas e reguladas pelas próprias partes e árbitros, evitando-se problemas no desenrolar do procedimento arbitral, inclusive no que tange à validade da convenção de arbitragem. Nesse contexto, como observado por Muhr (2013), poder-se-ia tomar como base para normatização do método as regras estabelecidas no Novo Código de Processo Civil no contexto do processo judicial eletrônico, as regras da UNCITRAL sobre comércio eletrônico e sobre arbitragem internacional, bem como a mencionada Convenção de Nova York.

Assim, não obstante, de fato, seja perceptível o benefício do estabelecimento de uma soft-law que regule os MESC para que seu uso se torne mais seguro, é possível que, até que isso ocorra, se faça o uso de todas as regras acima mencionadas, de forma a buscar soluções e direcionamento ao uso da arbitragem *online*, lançando mão de uma interpretação teleológica que permita encontrar respostas razoáveis e adequadas para possíveis questões controversas que surgirão no âmbito da arbitragem *online*, sendo importante também, como dito, a atenção dos envolvidos (árbitros, partes e câmaras) no sentido de estabelecer parâmetros, prevenindo problemas e obstáculos no desenvolvimento do procedimento.

5. CONCLUSÃO

A quarta Revolução Industrial, considerada ainda em curso, mudou substancialmente a forma de interação e desenvolvimento da sociedade.

O incremento tecnológico atual promove alterações paulatinas nas relações humanas, tendo influenciado mudanças substanciais na forma de surgimento e enfrentamento dos conflitos.

Nesse diapasão, a multiplicidade de novos litígios que surgem a partir do uso de inovações tecnológicas e da interação por estas viabilizada necessita ser tratada de acordo com suas peculiaridades, sendo os ODR importantes ferramentas para a resolução de demandas nesse contexto, considerando principalmente a comum distância física que existe entre as partes envolvidas no conflito.

Observou-se que os ODR são instrumentos que podem ser capazes de tratar tanto os novos tipos de conflitos que surgiram a partir da interação *online*, como também auxiliar na solução de controvérsias oriundas de relações estabelecidas no ambiente físico, conferindo diversas vantagens em ambos os contextos.

No que tange à arbitragem, como se viu, a utilização de recursos tecnológicos vem sendo paulatinamente empregada no desenvolvimento dos procedimentos, sendo, a partir disso, denominada arbitragem *online*, em razão do uso de ferramentas tecnológicas na totalidade dos atos ou em parte deles.

Ponderando-se as vantagens e desvantagens do uso da arbitragem *online*, é perceptível a conveniência de sua adoção, não obstante deva-se atentar para os possíveis problemas surgidos em razão de seu uso, como a potencialização da violação de confidencialidade e a maior dificuldade de confirmação da autenticidade das informações prestadas.

Conclui-se, assim, pela conveniência de elaboração de uma soft-law que confira maior segurança para o uso dos MESC e em especial para a arbitragem *online*. Enquanto essa situação não se materialize, é importante o cuidado dos envolvidos no sentido de estabelecer de forma clara e eficiente as regras aplicáveis ao caso concreto, preservando sempre a higidez, o bom andamento e a validade do procedimento.

REFERÊNCIAS

AMORIM, Fernando Sérgio Tenório de. A resolução *online* de litígios (ODR) de baixa intensidade: perspectivas para a ordem jurídica brasileira. *In*: *Pensar – Revista de Ciências Jurídicas*. Fortaleza, v. 22, n. 2, p. 514-539, maio/ago. 2017.

BAUMAN, Zygmund. *Vida Líquida*. 1925-B341v. Tradução de Carlos Alberto Medeiros. Rio de Janeiro: Jorge Zahar, 2007.

BRASIL. Código de Processo Civil (2015). *Código de Processo Civil Brasileiro*. Brasília, DF: Senado, 2015.

BRASIL. Constituição (1988) *Constituição da República Federativa do Brasil*. Brasília: Senado, 1988.

BRASIL. *Lei n. 9.307, de 23 setembro de 1996*. Dispõe sobre a arbitragem. Diário Oficial da União, Brasília, 24 Set. 1996. Disponível em: http://www.planalto.gov.br/ccivil_03/leis/L9307.htm. Acesso em: 30 maio 2017.

CASADO FILHO, Napoleão. *Arbitragem Comercial Internacional e Acesso à Justiça*: o novo paradigma do Third Party Funding. 2015. 2018 f. Tese (Doutorado) – Pontifícia Universidade Católica de São Paulo, São Paulo, 2015.

CAVANI, Renzo. "Decisão Justa": Mero Slogan? Por uma teorização da decisão judicial para o processo civil contemporâneo. *Revista de Processo*, São Paulo, v. 39, n. 236, p. 119-155, 2014.

COMITÊ BRASILEIRO DE ARBITRAGEM. *Arbitragem no Brasil* – Pesquisa CBAr-Ipsos. 2012. Relatório elaborado por André de Albuquerque Cavalcanti Abbud. Disponível em: http://www.cbar.org.br/PDF/Pesquisa_CBAr-Ipsos-final.pdf. Acesso em: 02 maio 2017.

CONTREIRAS, Pedro Augusto Rodrigues. A Quarta Revolução Industrial: Um estudo de caso realizado na empresa Lix de Tecnologia. *In*: *Revista Gestão, Inovação e Negócios* – N.1, V.1, 2015.

CORTÊS, Osmar Mendes Paixão; MAGALHÃES, Ana Luiza de Carvalho M. *O acesso à justiça e a efetividade da prestação jurisdicional* – o inciso LXXVIII do art. 5º da Constituição Federal inserido pela EC 45/2004. Revista de Processo, São Paulo, v. 31, n. 138, p. 79-91, jun. 2006.

DI FELICE, Massimo. As formas digitais do social e os novos dinamismos da sociabilidade contemporânea. *In*: KUNSCH, Margarida M. Krohling; KUNSCH, Waldemar Luiz (Org.). *Relações públicas comunitárias*: a comunicação em uma perspectiva dialógica e transformadora. São Paulo: Summus Editorial, 2007.

DIMAS, Isabel Cristina Dórdio; LOURENÇO, Paulo Renato; MIGUEZ, José. (Re)Pensar os conflitos intragrupais: desempenho e níveis de desenvolvimento. *Psicologia*, Lisboa, v. 21, n. 2, 2007. Disponível em: http://www.scielo.mec.pt/scielo.php?script=sci_arttext&pid=S0874 20492007000200011. Acesso em: 10 jan. 2017.

ECKSCHMIDT, Thomas; MAGALHÃES, Mario E. S.; MUHR, Diana. *Do conflito ao acordo na era digital*: meios eletrônicos para solução de conflitos – MESC. 2. ed. Curitiba: Doyen, 2016. 316 p.

KATSH, Ethan; RIFIKIN, Janet. *Online dispute resolution*: resolving conflicts in cyberspace. San Francisco: Jossey-Bass, 2001.

MOORE, Christopher W. *O Processo de mediação*. Estratégias práticas para a resolução de conflitos. Tradução de Magda França Lopes. Porto Alegre: Artmed, 1998.

MORAIS, Fernando Vinícius Tavares Magalhães. A exoneração da responsabilidade civil dos contratantes na Convenção das Nações Unidas sobre Contratos de Compra e Venda Internacional de Mercadorias de 1980. *Revista de Arbitragem e Mediação Empresarial* – Grupo de Estudos em Arbitragem da Pontifícia Universidade Católica de Minas Gerais, São Paulo, ano II, n. 3, jan./jun. 2015.

MUHR, Diana. *Arbitragem online*: Tendências e legislação aplicável à arbitragem *online* no Brasil. São Paulo: CLAMARB. 2013. Edição do Kindle.

NATALINO, Enrique Carlos. O petróleo e a governança energética global: dilemas contemporâneos. *In*: *Revice – Revista de Ciências do Estado*. Belo Horizonte, v. 2, n. 2, p. 165-188. ago./dez. 2017.

SCHWAB, Klaws. *A 4ª Revolução Industrial*. Tradução de Daniel Moreira Miranda. São Paulo: Edipro, 2016.